书香传家

家 庭 阅 读 指 南

万 宇　周晓舟　李海燕　曹 娟/编著

海天出版社（中国·深圳）

图书在版编目(CIP)数据

书香传家：家庭阅读指南 / 万宇等编著. —深圳：
海天出版社，2017.4（2017.11重印）
（书香中国·全民阅读推广丛书 / 王京生，徐雁主编）
ISBN 978-7-5507-1941-5

Ⅰ.①书… Ⅱ.①万… Ⅲ.①家庭—读书活动—研究
—中国 Ⅳ.①G252.17

中国版本图书馆CIP数据核字(2017)第056902号

书香传家：家庭阅读指南

SHUXIANG CHUANJIA：JIATING YUEDU ZHINAN

出 品 人	聂雄前
出 版 策 划	于志斌
项目负责人	孙 艳
责 任 编 辑	孙 艳
责 任 技 编	蔡梅琴
封 面 设 计	知行格致

出 版 发 行	海天出版社
地 址	深圳市彩田南路海天综合大厦 （518033）
网 址	www.htph.com.cn
订 购 电 话	0755-83460397(批发) 83460293(邮购)
设 计 制 作	深圳市龙墨文化传播有限公司 （电话：0755-83461000）
印 刷	深圳市华信图文印刷有限公司
开 本	787mm×1092mm 1/16
印 张	16
字 数	240千
版 次	2017年4月第1版
印 次	2017年11月第2次
定 价	65.00元

序　言

◎　王京生

　　今天，全民阅读活动在中国已渐成声势。这种声势的形成，有专家的倡导，有政府的支持，有舆论的推动，有个别杰出城市的示范和高贵的坚持，但最重要的动力还来源于民间日益高涨的热情，而其背后则是我国传统文化根深蒂固的影响，是国民素质面对世界潮流与挑战的提升。因为览古今中外，无论对于民族、对于城市还是对于个人而言，阅读，都是可持续发展的关键。

　　具体到个人而言，阅读是可持续发展的关键，是快乐的可持续。

　　所谓可持续发展，包括许多方面，如环境、能源、食品、卫生等，但最重要的可持续在于人的可持续，在于人类在文明进程中的承续相接与不断创造，而人的可持续最根本还是来源于读书学习。在中国，我们可以找到无数个因为阅读而改变命运的人。每个人的梦想无论如何产生和实现，阅读都是很重要的途径，而且这种可持续不是痛苦的可持续。当你真正把读书看成生活一部分时，你是快乐的。只有通过阅读，才能真正培养人的科学精神和人文精神。

　　强国自国民始，提升国民自教育始，教育自读书始，热爱读书的民族必将自强于天下。

　　中华民族文明何以历久不衰并且日益壮大？这与中华民族形成了一种对学习、阅读的推崇有关。《论语》以"学而时习之，不亦说乎"为发轫之辞，绝非偶然。没有一个民族像中华民族这么重视读书，这么刻苦。"忠厚传家久，诗书继世长"，中国人一直把阅读当作和生命一样重要的东西。中华文明源远流长，很重要的原因就是其自强不息的学习精神。几千年来，中华民族传承下来的书籍典藏汗牛充栋，勤学善学精神更是一脉相承。从孔子的"学而不思则罔，思而不学则殆"，到杜甫的"读书破万卷，下笔如有神"；从于谦的"书卷多情似故人，晨昏忧乐每相亲"，到苏轼的"发奋识遍天下字，立志读尽人间书"；从"凿壁借光"到"囊萤映雪"，对书本的热情、对阅读的推崇以及读书之刻苦，从中可见一斑。

非独我国，世界上任何优秀民族无不热爱阅读。以色列人、美国人善于创新，德国产品最经得起考验，日本是最善于接纳外来文化的民族。为什么这些国家和民族都擅长创新？当我们了解到他们的阅读指数，人均读多少本书时，你就知其所以然了。每年犹太人人均读书 64 本，俄罗斯人均读书 55 本，美国人均读书 50 本，日本人均读书 40 本，法国人均读书 20 本，韩国人均读书 11 本，匈牙利每 500 人就有一座图书馆。在创新和发展的背后，是默默无闻的阅读在发挥着根本作用。由世界知识产权组织、康奈尔大学和欧洲工商管理学院共同发布的 2016 全球创新指数中，排名前十的依次是瑞士、瑞典、英国、美国、芬兰、新加坡、爱尔兰、丹麦、荷兰、德国。前十强的排名基本稳定，瑞士连续六年名列第一，并且除了美国和新加坡，其余均为欧洲国家，北欧更是占了三席。国家创新能力和阅读息息相关，欧洲国家年人均读书量约为 16 本，北欧国家达到 24 本。由此可见，国民阅读力决定了国家创新力。

对于城市而言，阅读是城市前行与发展的重要动力。阅读，是涵养城市的创新源泉。

联合国教科文组织代表罗西在谈到深圳的阅读与城市发展时有这样一个观点，"对于一座城市而言，阅读是最有价值的投资之一。阅读之所以是一笔极其宝贵的精神财富，是因为它无法被任何东西所取代，也无法被外界的任何力量夺去，它代表这座城市的气质和心灵，也是这座城市发展的支柱和动力"。深圳近 20 年来坚持推动全民阅读，这是对人文价值的一种高贵坚守。而深圳之所以能够创造经济奇迹和文化奇迹，是因为人们保持着对阅读的巨大渴求、对知识的巨大热情，一座城市积累的丰富知识一定能转换成强大的创造力。

深圳强大的学习能力、创新能力、创意能力、创造能力，都与阅读密切相关，无数大胆的设想和创意都来源于持续阅读与勤学善学。这是一座生机勃勃的城市，但一开始确实很浮躁。近 20 年来，深圳人带着理想、感情、追求和担当，脚踏实地推进全民阅读，以大气压制浮躁，以优雅驱逐粗俗，于无声之中润化心灵，让许多躁动的心因为读书而充满宁馨欢愉，为这座年轻城市注入了沁人心脾的诗书之气，为城市的发展加注了充足后劲，创造了一种高尚的城市文明样式。

阅读，是可持续发展的关键，而全民阅读的可持续发展，需要我们在变化中坚守，在坚守中创新，以精彩创意来持续推动。深圳是"全球全民阅读典范城市"，是全球唯一获联合国教科文组织颁发此殊荣的城市。在全国首创的深圳读书月迄今已举办 17 届，在全民阅读推广中，深圳一直在做那些别人还在想或者别人想做而未做的事。

催生深圳读书月的，是深圳人在阅读上的"先知先觉"。

早在 20 世纪 80 年代，商潮涌动的深圳经济特区就有了浓郁的读书氛围，图书馆总是座无虚席，年轻人都排着长队进去读书。而 1996 年 11 月在深圳举行的第七届全国书市更是创下了短短 10 天书城销售额即高达 2177 万元的全国纪录。当时我在深圳市文化局工作，市民的读书热情和求知渴望，引发了我们的思索——作为政府主管部门，我们应该在市民阅读行为中发挥怎样的作用呢？也许，举办专门的读书活动，正是一条绝佳路径。这时，深圳市图书馆馆长、市政协委员刘楚材的提案上来了——《关于建立"深圳读书节"的提案》，与我们的设想不谋而合。考虑到设立"节"需要人大审批通过，设立"读书周"吧，时间太短，还没热起来就闭幕了，我就建议把"读书节"改为"读书月"。

2000 年 11 月，首届深圳读书月启动。读书月在深圳经济特区的率先诞生，体现了深圳人在阅读上的"先知先觉"，一种高度的文化自觉。从创办读书月那一天起，我们希望，深圳民间蕴藏的巨大读书热情可以通过读书月得到充分释放，市民的阅读权利可以通过读书月得到充分满足，城市的想象力和创造力被读书月持续点燃。

从首届读书月开始，"实现市民文化权利"的观念，进入深圳人的视野。当时，我提出，要保障市民实现基本文化权利，并且在首届读书月闭幕不久，在

《深圳特区报》发表《实现市民的文化权利——对首届读书月的若干思考》，阐述举办读书月的价值宗旨：实现市民的文化权利。2001 年 2 月 28 日，第九届全国人大常委会正式批准中国加入联合国的《经济、社会和文化权利国际公约》，而深圳在 2000 年就对文化权利做出了回应。

阅读权是市民最为基本和最为重要的文化权利之一。从这个意义上讲，深圳读书月的举办，是有效实现市民文化权利的一种途径、载体和方式。"图书馆之城"的建设，充分保障了市民的阅读权利。目前，深圳已有 600 多座各级公共图书馆，建成 200 多台自助图书馆，形成了星罗棋布、互联互通、虚实结合的无边界图书馆网络。随着读书月的开展，深圳市民阅读权利得到了充分实现。与此同时，市民享受文化成果、参与文化活动、进行文化创造等各种权利，都通过阅读得以体现、激发和推动。深圳从阅读出发，不断实现了市民的文化权利。

2010 年"实现市民文化权利"以及读书月理念"让城市因为热爱读书而受人尊重"双双入选"深圳十大观念"。"深圳十大观念"评选活动是由深圳市委宣传部、市网信办策划，网民倡导发起的。当时正值深圳经济特区建立 30 周年，评选活动缘起于深圳新闻网论坛的一篇帖文：《来深十八年，再回忆那些曾令我热血沸腾的口号》。发帖的网友呼吁将 30 年来由深圳土壤孕育产生的口号进行收集、总结，让更多喜欢、热爱深圳的人可以借此总结过去，展望未来。这篇帖文的跟帖和点击量很高，引起了媒体的注意。随后，由深圳报业集团主办的评选活动渐次展开，前后经历了网络征集 200 余条观念、评选出 103 条候选观念、"103 进 30""十大观念评选"四个阶段。最后由学术界、文化界、媒体代表、网民代表等组成评委会，结合市民投票权重和专家投票权重，最终评选出十条最具影响力观念。"深圳十大观念"的评选，完全由民间发起、参与，充分尊重和体现了市民意愿，反映了民间呼声与市民追求。"实现市民文化权利"以及"让城市因为热爱读书而受人尊重"双双入选，看似偶然，绝非偶然，而是充分说明了市民的理性判断和集体远见，充分说明了阅读在深圳人心目中的地位。

"实现市民文化权利"从读书月出发，逐渐扩大影响，成为指导深圳文化发展的重要理念。2003 年，深圳在全国率先提出实施"文化立市"战略，而实现市民文化权利是这一战略的核心价值之一，并由此推动深圳驶入文化发展快车道。

观念，是一种力量。在"实现市民文化权利"理念指导下，深圳读书月创意迭出。

2003 年，从第四届读书月开始，政府主办变成政府委托承办制，企业开始成为读书月的承办运作方。2004 年起，深圳出版发行集团（即原深圳市新华书店、深圳发行集团）干脆拿下读书月的总承办权，市委市政府有关部门、社会团体、新闻媒体、企事业等 30 多家单位共同承办。政府每年确定读书月活动主题，具体活动策划及运作全部交由企业完成，企业又与众多社会团体和机构合作，为读书月带来了更专业的服务、更有效率的运作、更充足的资源，使读书月的各项活动更加精彩纷呈、引人入胜。据不完全统计，17 年来，深圳读书月共举办各类读书文化活动 6000 多项，市民参与人数由首届的 170 万人次上升至今年的上千万人次，直接和间接参与总人次达 1.2 亿。

2015 年，在全民阅读中一直先行先试的深圳，再次创造了一个具有标杆意义的"第一"：2015 年 12 月 24 日，《深圳经济特区全民阅读促进条例》获市人大常委会议通过，并于 2016 年 4 月 1 日起实施。这是国内阅读推广领域第一部运用特区立法权制定的法规，将深圳阅读活动"深圳读书月"法定化，并将每年 4 月 23 日世界读书日确定为深圳未成年人读书日。

阅读立法，是保护每个市民的阅读权利。深圳率先实现阅读立法，这个"第一"，是深圳在创造无数个"第一"之后又一个辉煌的表现，是永恒的、与城市共存的传统。阅读立法不是限制市民的阅读权利和阅读行为，而是为权利的实现提供保障和条件，是对每个市民阅读权利和城市阅读活动的法律保障，是为市民阅读提供更多更好的资源、产品和服务，其所明确和规范的是政府在全民阅读活动中的行为。

今日回头看，深圳的阅读立法经历了一个比较漫长的过程。当很多人还不理解阅读立法的意义时，深圳没有受此影响，而是全力推动。早在 2005 年第六届深圳读书月时，深圳读书月独创的"政府倡导、专家指导、社会参与、企业运作、媒体支持"模式已日益成熟。企业、媒体以及创意推动着读书月高效运作，政府慢慢地退后。但政府退后不是政府职能缺位，我就萌生了推动地方阅读立法的想法。有了阅读立法，与阅读有直接关联和间接相关的部门都必须提供政府资源以促进城市阅读，而这种促进是以每个市民的阅读权利为依归的。阅读立法的实质，就是保护每个市民的阅读权利、文化权利。

经过近 20 年的发展，深圳读书月已经成为实现市民文化权利的重要载体，成为中国全民阅读的"深圳奇迹"和"深圳样本"。与此同时，在深圳，越来越多的民间阅读组织破土而出，茁壮成长。短短几年，深圳涌现出 100 多个民间阅读组织，其中，青番茄、深圳读书会、三叶草故事家族、彩虹花公益小书房、后院读书会等在深圳乃至国内都颇有影响。从更广泛的全民阅读来看，深圳应有更广阔的空间，努力推动民间阅读组织获得长足发展，使不同民间阅读组织自由健康成长。

放眼未来，深圳读书月也有望从"企业运作，全民参与"发展成为"阅读组织运作，全民参与"。在未来，越来越多的阅读组织将成为各种读书活动的组织者，而政府则成为全民阅读的"守夜人"。作为"全球全民阅读典范城市"，深圳在全民阅读中的探索还可放眼全球，参与国内外交流，纵览更波澜壮阔的阅读图景，站在更高处看到城市的阅读发展方向，也为中国全民阅读进一步做出贡献。

一日不读书，胸臆无佳想。一月不读书，耳目失精爽。现在，阅读已是国家的战略，全社会的共识，全民阅读渐成星火燎原之势，但依然任重而道远。"书香中国·全民阅读推广丛书"适时将备受人们关注的阅读话题，分解成为家庭阅读指南、校园阅读推广、数字阅读导航、全民阅读导论四个板块，以"书香"为名，依次是《书香传家：家庭阅读指南》《书香满园：校园阅读推广》《书香在线：数字阅读导航》《书香社会：全民阅读导论》，对包括深圳读书月在内的有影响的阅读活动与阅读现象进行研究，理论联系实际地加以阐发、分析。丛书具有重视经典阅读、重视未成年人阅读和面向未来阅读的特点，总结和丰富了阅读学的传统理论和成熟经验，深入阐述了当今阅读实践的新方法和新进展，在全民阅读的理论探索和现实实践方面均有建树，相信会对全民阅读推广工作提供有益的参考和借鉴。

深圳读书月创办以来，很多人问读书和读书月是什么关系，我常以比喻作答："'钱塘八月潮，壮观天下无'，八月的潮水使钱塘江闻名于世。八月潮水，是钱塘江一个壮观的景色，而钱塘江水是无声无息、浩浩荡荡、从古至今地一直流淌，正如我们的读书和读书活动一样。"阅读推广活动是壮观的钱塘潮，民间阅读和私人阅读就是一直流淌的钱塘江水。"书香中国·全民阅读推广丛书"问世，必将使全国读书大潮更加澎湃壮观。

（作者系国务院参事）

第一章

家庭与家庭阅读的发展

家庭是社会的细胞，也是联结每个家庭成员的幸福纽带。同时，家庭是一个包含着独立成员和子系统的复杂系统。夫妻系统、亲子系统以及兄弟姐妹系统的功能相互关联，并对儿童的发展产生影响。家庭阅读包括父母及其他人榜样式阅读、亲子阅读、儿童自主阅读，三部分相辅相成，互相促进。

　　"耕读传家躬行久，诗书继世雅韵长"，我国有着历史悠久的优秀阅读传统，从家庭层面上有"耕读传家""文化世家"等多种文化传统，家学、私塾、家族藏书楼等都为家庭阅读提供了扎实的文献基础。

　　以"耕读传家"、耕读结合为价值取向而形成的"耕读文化"是中国文化的优良传统，它影响了农学、科学、哲学与阅读风气等多方面。

　　"书香门第""文化世家""家学渊源因缘"为中国历代之所重。"家学渊源"成为一脉绵延不绝的文化传统，跟古代中国的教育方式和家族制度有关，同时也是"家庭阅读"的鲜明体现。名门世家，家学渊源，私塾和私家藏书楼为家族所有，家庭教育、家庭阅读、阅读氛围等，在个人的学业根基、气质培养、阅读写作、科举进阶中所起到的作用，可谓"渊源有自"，影响深远。

　　家庭是教育的起点，是阅读的第一个场所，倡导全民阅读，离不开家庭。家庭阅读是全民阅读的起点，对于建设"书香社会"，培育"读书种子"都有着重要的价值。

第一节　家庭与家庭阅读

一、家庭

什么是家庭？家庭是一个社会单元，身处其中的成人配偶或者伴侣以及他们的孩子共享经济、社会及情绪的权利和责任，以及相互之间的承诺和认同感。[1]

家庭同时也是社会化的系统，家庭成员将儿童引导为社会可接受的方式，并教给儿童适应社会所需的技能和规范。家庭是一个包含着独立成员和子系统的复杂系统。这些成员或子系统的功能会随着其他成员行为或关系的改变而发生变化。夫妻系统、亲子系统以及兄弟姐妹系统的功能相互关联，并对儿童的发展产生影响。

"家庭阅读"有两个方面的意义：一是家庭成员互相支持彼此读写能力的提高，二是家庭成员可以分享阅读给他们带来的乐趣。"家庭读写能力"是指至少两代人之间的读写活动。家庭读写活动主要包括三方面因素：孩子的读写能力、父母的读写能力以及父母对孩子读写能力提高的指导能力。"家庭学习能力"，指父母作为家庭成员与孩子一起学习，借此机会提高自己的学习能力。

最近，阅读能力的研究范围已经扩展到社会因素对阅读能力的影响。研究表明阅读能力的发展不仅局限于教室中，还存在于社会中，包括家庭和更广泛的社会群体。

---

[1]　罗斯·D. 帕克，阿莉森·克拉克－斯图尔特.社会性发展.北京：中国人民大学出版社，2014：160.

国内国外的很多研究成果都已经充分证明年轻人和家庭成员通过语言、读写和文化实践的交流，彼此可以产生巨大的影响力。

在这里，提供一些研究来供大家思考。当然由于社会文化因素、研究设计等限制，很多研究结果有值得商榷的地方。

（一）家庭的社会经济地位对儿童语言、阅读发展的影响

家庭价值观和活动的差异与社会经济地位（即包含教育、收入和职业地位这三个人口统计学变量的结构）之间关系的研究由来已久。同时，家长在语言使用上的差异非常引人注目，也会因此影响儿童的语言与阅读发展。

有研究指出，社会经济地位较低的母亲较少和孩子说话，并难以像高社会经济地位的母亲那样和孩子具有默契。社会经济地位较低的母亲通常表现得更为专制，使用更多处罚手段，更可能使用粗暴的命令而并不给予详细的解释。社会经济地位较高的家长，提供选择并潜移默化地影响儿童做出决定。受过较高教育水平的母亲在与孩子相处的过程中，运用更多的语言强化，如询问和榜样策略，并且与孩子一起阅读的时间更多，这些家庭环境都为儿童提供了学习支持。

（二）家庭与儿童叙事能力和阅读能力的关系

在 2004 年的一项对拉丁美洲成年人和年轻人讲故事能力的研究中，欧麦杜（Olmedo）建议孩子们和他们的团体可以相互交流学校之外学到的东西，通过交流，他们的语言能力、读写能力都能获得很大的提高。这些研究一般都在学校之外进行，并且社会各层面也鼓励他们的这种学习行为，尤其是在家庭中推广。

（三）家庭阅读的具体开展情况

家庭和父母对儿童阅读的影响一直以来都得到了很多人的重视。国外对家庭阅读的阅读推广研究强调普及。"大声为孩子读书吧"成为很多阅读推广活动的宣传语，也被称为最简单易学的亲子阅读的方式。美国学者在研究中发现，在小学低年级阶段容易产生阅读困难的儿童，常常是那些入学时在某些领域缺乏学前

知识和技能的儿童，在字母知识、语音的敏感性和对阅读基础目标的熟悉程度以及语言能力方面表现尤其明显。并且研究者也证实，婴儿及学步期儿童所生活的不同环境对他们阅读能力的发展具有很大的影响。

英国的小学生每天没有家庭作业，如果说有"家庭作业"的话，那就是"阅读"作业。学生的书包里装着老师与家长的联系本和一本课外阅读书。每天放学前，老师为学生选择相应级别的一本书，家长需要在联系本上说明孩子对读物掌握的情况。第二天，老师以背诵、朗诵、问答等形式检查孩子阅读的情况。这种家庭阅读的方式提高了孩子阅读的兴趣，也培养了他们的阅读能力。

同样，有关预防和干预阅读困难的研究也表明，父母和家庭对儿童阅读影响重大。父母对有关读写技能尤其是阅读的看法和态度，会对儿童读写技能的提高产生很大影响，父母对读写技能的态度和期望，甚至对儿童学习阅读的态度有长期影响。在对影响儿童阅读的父母行为的研究中发现，问答的形式是父母与孩子就文本内容进行互动的重要形式。父母与孩子之间的影响是相互的。父母应把读写活动当作一种娱乐，激发儿童积极参与的热情。研究证明，阅读流畅并且对阅读持肯定态度的儿童，都是来自将阅读视为乐趣的家庭。

以父母为导向的预防和干预为儿童语言和读写技能的开发提供了积极的途径。1996 年，美国实施了"父母当老师计划"（parents as teachers），该计划为怀孕 3 个月到孩子 3 岁的父母设计。对这项计划的追踪研究显示，参与计划的 3 岁儿童的语言表现明显好于对照组儿童。美国开展的另一项对父母进行指导的计划是"学前儿童家庭指导计划"，该计划为儿童提供学前预备技能，并使阅读成为父母和儿童共同参与的一项活动。此外，怀特赫斯特（Whitehurst）还进行了对话阅读培训计划，即鼓励儿童成为故事的讲述者，对儿童的反应进行评价并通过复述和增加信息扩展儿童的反应内容。

国外对特殊儿童的阅读的相关研究也比较丰富，主要集中在对各种特殊儿童的阅读辅导，以及对阅读障碍和困难的改善和矫正方面。相关的研究认为，对阅读困难的干预措施主要有三类：对于有困难的儿童实行改善疾病和预防并发症的干预措施，利用早期检测设备来识别可能发生的问题，对所有家庭进行预期指导。

此外，对患有残疾和认知障碍儿童的研究也是一个重点，主要包括对有听觉障碍的儿童的研究，对有语言障碍儿童的研究和对有认知缺陷儿童的研究。比如，有些学者认为，失聪儿童在阅读中的严重障碍使他们不具备阅读所普遍需要的言语基础，此外他们也受到阅读经验少的限制，因此对有听力障碍儿童的早期筛查和对符号语言学习的早期干预，对他们今后的阅读学习极其重要。除了阅读障碍之外，有关阅读治疗、阅读评价、阅读理解考试、阅读网站的研究内容与成果，都对我们服务于特殊儿童提供了很好的启发。

二、家庭阅读的组成元素

家庭阅读有以下三个组成部分：

一是父母或其他人（主要指家庭中的成年人或同辈年龄较大的兄姐等）要自己阅读。这是家庭阅读的首要特点，没有家长的自身带头表率作用，就没有榜样作用，就没有家庭阅读的环境和氛围，这是亲子阅读的前提和条件。

二是父母或其他人给孩子读书，尤其是亲子阅读。亲子阅读是家庭教育的途径和方法，是家庭阅读的意义所在。

三是孩子的自主阅读。无论是父母自己读书也好，还是亲子阅读也罢，最后都是为了培养孩子独立阅读的能力，实现孩子独立阅读这一目标。这是家庭阅读的目的所在。

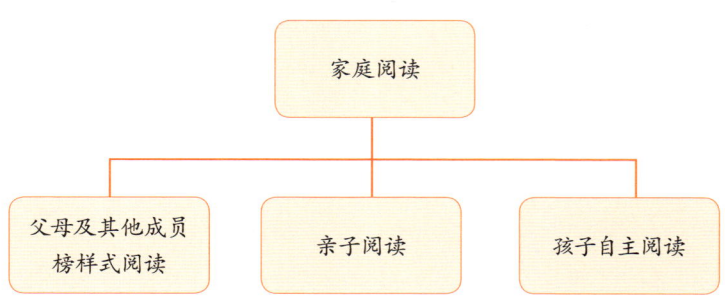

家庭阅读与亲子阅读既有区别又有联系。从概念的外延上看，亲子阅读和家庭阅读都属于阅读，而亲子阅读又属于家庭阅读，与亲子阅读在同一个层次上的概念还有父母或其他成年人阅读、孩子自主阅读等。因此，可以给家庭阅读下一个简单的定义，即：家庭阅读是指在家庭中，以父母阅读为榜样，以亲子阅读为核心的一种阅读行为。

三、家庭阅读消费

报纸、书籍和杂志等纸质阅读消费是家庭传统文化消费的重要组成部分。随着互联网等新兴媒体的快速发展，传统阅读消费受到明显影响。同时，在工业化和城市化背景下，家庭规模小型化、家庭构成多元化已经成为世界性趋势，对阅读消费产生了重要影响。下面以美国为例，研究家庭人口学特征变化趋势对阅读消费的影响，可为从家庭角度认识消费模式和行为提供参考。

（一）家庭阅读消费

家庭规模和家庭构成是影响消费的重要因素。家庭规模对消费的影响主要源于规模经济。家庭规模经济源于家庭成员对于家庭空间和设施等方面消费品的共享所带来的规模经济效应。家庭构成对消费的影响主要体现在不同年龄家庭成员消费方式不同。

（二）美国家庭阅读消费基本趋势

根据美国劳工部组织的消费者支出调查（Consumer Expenditure Survey）数据，自 20 世纪 80 年代以来，美国家庭阅读消费支出规模呈现明显下降趋势。按可比价格计算，如图 1-1 所示，1985—1989 年每个家庭阅读消费支出 129 美元，2006—2010 年下降到 53 美元；1985—1989 年全国家庭阅读消费年均支出总额为 109 亿美元，2006—2011 年下降到 64 亿美元。阅读消费占家庭消费的比重呈现明显下降趋势，1985 年占 0.6%，2010 年下降到 0.2%。这种变化主要因为在互联网等新媒体环境下，传统纸质阅读受到越来越大的冲击，市场份额不断萎缩，导致家庭纸质阅读消费下降。

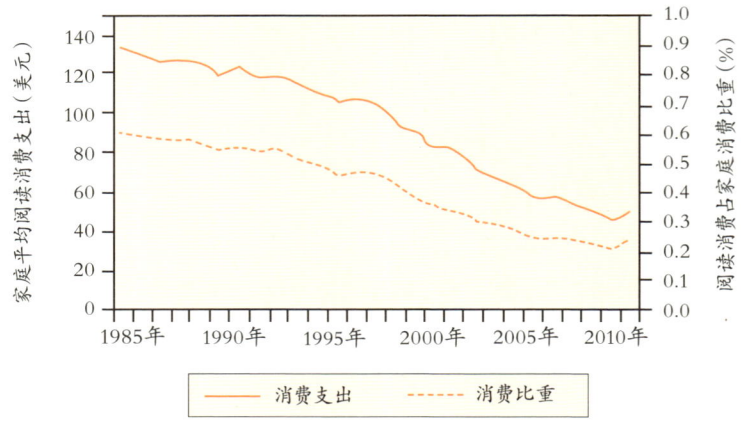

图1-1　美国家庭阅读消费及其占总消费比例

20 世纪 50 年代，美国人口年增长率为 1.7%，20 世纪 70 年代初下降到 1% 以下，此后虽有缓慢上升，但是基本没有超过 1%。伴随着人口增长率的下降，家庭规模不断缩小。1950 年，美国家庭平均人口数为 3.37 人，2000 年为 2.62 人，2012 年下降到 2.55 人。随着家庭规模下降，家庭数量呈现上升趋势。1950 年美国家庭数量为 0.436 亿户，2000 年增加到 1.05 亿户，2012 年增加到 1.21 亿户。1950 年，户主年龄在 25 岁以下家庭的阅读消费支出为 59.7 美元，25—34 岁的家庭为 128 美元，35—44 岁的家庭为 156.9 美元，45—54 岁的家庭为 155 美元，55—64 岁家庭为 135.7 美元，65 岁及以上家庭为 99.6 美元。而 2011 年，户主年龄在 25 岁以下家庭的阅读消费支出为 20 美元，25—34 岁的家庭为 32.9 美元，35—44 岁的家庭为 44.5 美元，45—54 岁的家庭为 50.2 美元，55—64 岁的家庭为 66.2 美元，65 岁及以上的家庭为 69.8 美元。

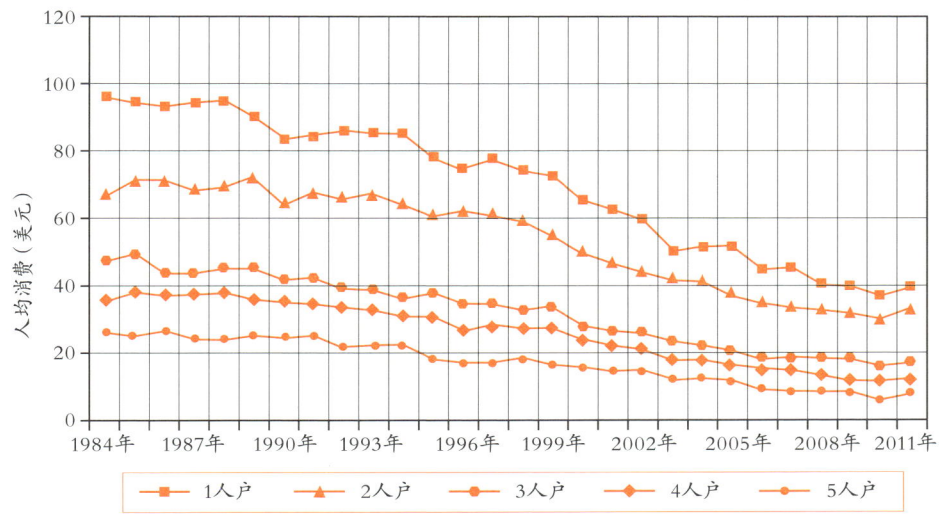

图1-2 家庭规模与阅读消费需求变化趋势

图 1-2 数据显示，1 人户的家庭阅读消费支出最少，2 人户最高，这可能与 2 人户一般为成年人有关。以 2011 年为例，1 人户家庭的阅读消费支出为 40 美元，2 人户为 65.4 美元，3 人户为 52 美元，4 人户为 49.8 美元，5 人户及以上为 40.9 美元。在规模经济作用下，随着家庭成员增加，人均消费下降。这种差异源于阅读消费具有较高的公共品性质，家庭成员可以共享。①

从前面的分析中大致可以看出，阅读消费具有规模经济性质。家庭规模越大，人均消费越低。但是，对于其规模经济的程度，不能直接从家庭规模和消费水平的数量关系上得到，因为不同规模家庭有不同的成员构成。

（三）中国家庭阅读消费概述

据第十三次全国国民阅读调查数据可知，2015 年我国成年国民综合阅读率（综合阅读率涵盖图书、报纸、期刊、网络在线、手机、电子阅读器、光盘、平

---

① 王钦池 . 家庭规模、家庭构成与阅读消费——基于美国消费者支出调查的实现研究 . 出版科学，2014（2）：94.

板电脑阅读等方式）为 79.6%，较 2014 年上升 1.0 个百分点；人均纸质图书阅读量为 4.58 本，比 2014 年增加 0.02 本；人均每天手机阅读时长为 62.21 分钟，比 2014 年增加 28.39 分钟；人均报纸阅读量和期刊阅读量均有所下降。

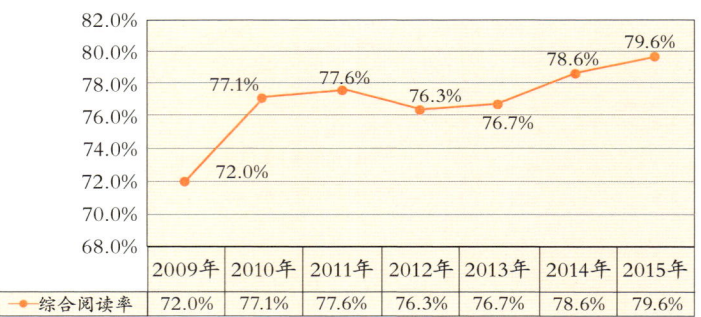

图1-3　2009—2015年我国成年国民综合阅读率

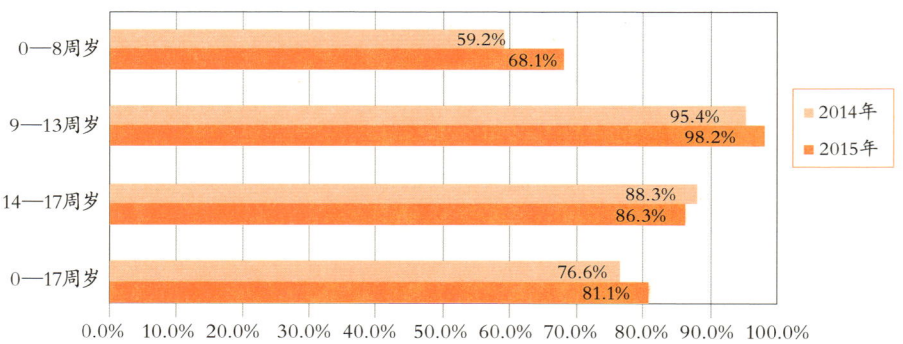

图1-4　2014年、2015年我国未成年人图书阅读率

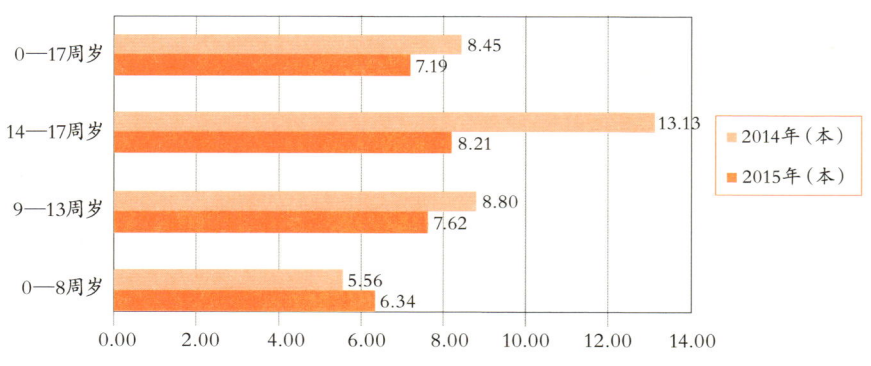

图1-5　2014年、2015年我国未成年人图书阅读量

而从图 1–4、图 1–5 中不难发现，0—17 岁未成年人，2015 年图书阅读率为 81.1%，较 2014 年的 76.6% 增加了 4.5 个百分点，2015 年人均图书阅读量为 7.19 本，比 2014 年的 8.45 本减少了 1.26 本。

从不同阅读方式而言，据调查数据显示，2015 年我国成年国民图书阅读率为 58.4%，较 2014 年的 58.0% 上升了 0.4 个百分点；报纸阅读率为 45.7%，较 2014 年的 55.1% 下降了 9.4 个百分点；期刊阅读率为 34.6%，较 2014 年的 40.3% 下降了 5.7 个百分点；受数字媒介迅猛发展的影响，网络在线阅读、手机阅读、电子阅读器阅读、光盘阅读、Pad（平板电脑）阅读等数字化阅读方式的接触率为 64.0%，较 2014 年的 58.1% 上升了 5.9 个百分点。综合各媒介，2015 年我国成年国民包括书报刊和数字出版物在内的各种媒介的综合阅读率为 79.6%，较 2014 年的 78.6% 上升了 1.0 个百分点。

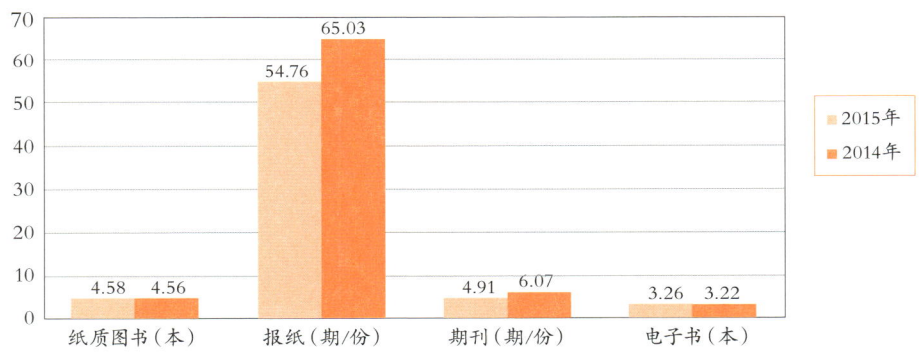

图1–6　2014年、2015年我国成年国民各类出版物阅读量对比统计表

从阅读量来看，2015 年我国成年国民人均纸质图书的阅读量为 4.58 本，与 2014 年的 4.56 本相比，增加了 0.02 本；人均报纸阅读量和期刊阅读量分别为 54.76 期（份）和 4.91 期（份），与 2014 年相比分别下降了 10.27 期（份）、1.16 期（份）；人均阅读电子书 3.26 本，较 2014 年的 3.22 本略有增加。成年国民人均纸质图书和电子书合计阅读量为 7.84 本。

这一系列数据表明，国民阅读率呈全面上升态势，随着数字化阅读率持续提高，手机和在线阅读成为主流，所以，移动阅读也将是未来发展的新趋势。

在中国，全民阅读不断推向高潮，伴随着国民阅读率变化的就是国民阅读消费的水平。

据国民阅读调查数据可知，我国成年国民接受一本 200 页左右的文学类简装书的平均价格为 14.39 元，比 2014 年的 16.01 元减少了 1.62 元；接受一本期刊的价格为 6.93 元，比 2014 年的 7.42 元下降了 0.49 元。可见，对传统媒体价格承受力是在下降的。而从 2015—2016 年中国数字出版产业年度报告数据发现，以互联网和移动互联网为核心的新型媒介传播环境渐趋成熟，数字出版产业再创新高，突破 4400 亿元，传统出版与新兴出版融合发展格局初步形成。

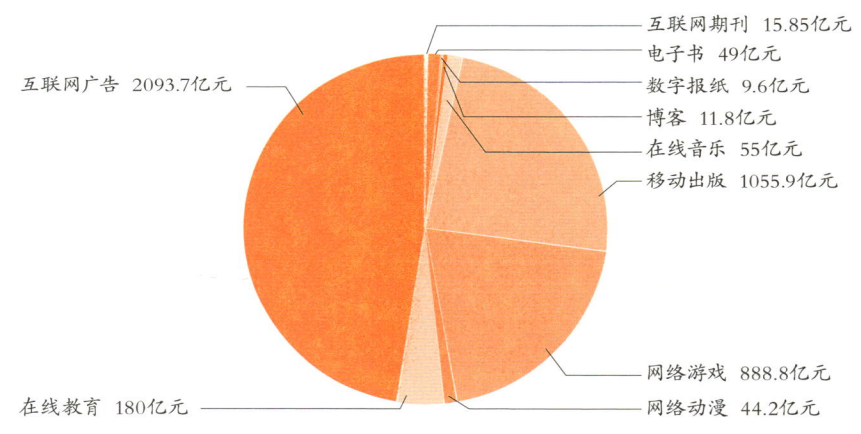

图1-7　2015年数字出版产业整体规模

2015 年国内数字出版产业整体收入规模为 4403.85 亿元，比 2014 年增长 30%，其中互联网期刊收入达 15.85 亿元，电子书（含网络原创出版物）达 49 亿元，数字报纸（不含手机报）达 9.6 亿元，移动出版达 1055.9 亿元。

在接触过数字化阅读方式的国民中，有 50.2% 的国民表示能够接受付费下载阅读电子书，比 2014 年的 44.3% 上升了 5.9 个百分点。数字化阅读接触者能够接受一本电子书的平均价格是 1.64 元，价格接受程度比 2014 年的 1.58 元略有上升。手机阅读群体中，有 27.6% 的人能够接受付费阅读。不管是业界收入，还是国民价格接受程度，都能看出消费者的阅读消费能力在不断上升。

四、家庭阅读研究方法

关于家庭阅读，有不少新的研究方法，这里也介绍给大家。

第一，人种志的研究方法。人种志研究是以研究文化为基础，研究者与研究对象"交互作用"的实地调查研究。研究者对研究对象进行长期的观察、访问、记录，获得研究数据，最后通过分析数据得出结论。这种方法对读写能力研究人员的启发作用就在于它可以拓展研究人员的研究思路，使他们的研究范围不仅局限于学校，而是把读写活动作为群体中的社会实践来观察学习和应用，这种研究方法能够把社会和文化统一起来。

第二，对知识传播方法的模式研究。知识的传播，是学习的方式之一。目前学术界正在反思"缺乏模型"的知识传播方法。这种方法是指知识永远都是通过学校传递给父母和孩子。这种知识流向使人们产生许多错误的主观臆断。概括地讲，人们把孩子读写能力的欠缺归结于家庭的不足，这些主观臆断最终导致了"缺乏模型"。这种知识传播方式是读写能力研究者一直批判的。

第三，"健康模型"研究方法。这种模型要求家庭读写指导者找出已经存在于家庭中的读写训练模式，而不是把那种传统的学校式的读写活动强加给爸爸妈妈。这种研究方法希望，如果可能，儿童的父亲也能够参与进来，再为他们录音家庭故事。

每一个家庭都拥有不同的家庭文化、背景环境，随着对家庭阅读的研究，家庭各成员类型不同的阅读需求，儿童的读写能力的提高，亲子阅读及阅读活动的设置等，都将更为深入。

五、国外家庭阅读活动介绍

（一）英国"阅读起跑线"（Bookstart）计划

英国一直是一个崇尚阅读的国家。全球第一个专为学龄前儿童提供阅读指导服务的计划，就是 1992 年由英国公益组织——图书信托基金会、伯明翰图书馆服务部和基层医护服务信托基金会联合发起的。该计划包括"阅读起跑线"计划、"一起写作"计划和"国际儿童图书周"。"Bookstart"结合英文"书籍"（Book）及"开始"（Start）两层意思。以伯明翰图书馆与当地健康中心为执行单位，在宝宝 7—9 个月回到当地健康中心检查听力时，免费赠送"阅读大礼包"给每一个育有婴幼儿的家庭。"阅读大礼包"包括：2 本图画书、《宝宝爱看书》（*Babies Love Books*）导读手册、推荐书目、图书馆借书证申请表、当地阅读说明宣传资料等。如果家长错过了婴幼儿的健康检查时间，则由儿童保健员家访并赠送"阅读大礼包"，以提倡和鼓励婴幼儿尽早接触图书——特别是图画书，让家长与孩子一起分享亲子共读图画书的快乐，为培养婴幼儿终身阅读习惯奠定良好基础。从英国伯明翰第一批的 300 位宝宝参与"阅读起跑线"实验计划开始，到 2004 年获得英国政府全面经费资助，该项读书运动已从一个地方性读书运动上升到由英国政府主动参与推广的全国性读书运动。由于该读书运动历经十多年实践、发展和研究过程，效果日益显著，逐渐发展成为一个引起广泛响应，并得以全面推广的世界性婴幼儿阅读推广活动，受到许多国家和地区效仿，日本、韩国以及我国台湾、香港、澳门等都先后加入该项目。

英国"Bookstart"运动的特色：

（1）Bookstart 是全世界第一个由基金会发起，主要针对婴幼儿及家长免费发放"阅读大礼包"的读书运动。它倡导每一个孩子都有阅读好书的权利，践行着国际图书馆协会联合会倡导的《公共图书馆宣言》。2000 年，已发展至根据不同年龄段设计阅读发展计划，其中 0—1 岁婴幼儿可获得 Bookstart Pack 礼袋；

1 岁半至 2 岁半学步儿可获得 Bookstart ＋礼袋；3 岁至 4 岁幼儿可获得 My Bookstart Treasure Chest 礼袋；全盲或视力受损、耳聋或听力受损的 0—4 岁婴幼儿可分别获得 Booktouch 和 Book–shine 礼袋。主张阅读图书永远不会嫌太早，很小的宝宝就可以看书，需要看书，也喜欢看图画书。

（2）"Bookstart"是整个社会关怀婴幼儿阅读的运动。它是一个由民间基金会、政府、公共图书馆、出版社、企业等机构携手推动的阅读运动，同时也是一个家长、老师、图书馆员、医生、出版商、阅读指导专家、阅读志愿者一起共同参与的阅读运动。英国图书馆利用各种阅读活动推广婴幼儿阅读，内容包括图画故事、童谣、乐器、玩具，以及图画歌谣和手工作品等。

（3）"Bookstart"倡导亲子阅读效果显著，使越来越多婴幼儿家庭加入阅读运动之中，让婴幼儿把家长带回书本之中，带回图书馆。为鼓励 0—6 岁婴幼儿利用图书馆，培育他们日后成为图书馆潜在读者和终身利用图书馆的习惯，公共图书馆举办"阅读快乐"集点活动（Bookstart Book Crawl），所有到馆的婴幼儿和学龄前儿童可获得 1 张贴纸并贴到收藏卡上，集足 4 张者，可获得由绘本书插图画家绘制的证书一张，来图书馆次数越多，获得越多；小小读者和家长沐浴在阅读欢乐中，享受阅读带来的愉悦，让更多家长常为孩子阅读，使"图书陪伴孩子们健康成长"的理念逐步深入家庭、深入人心、深入社会。

（二）德国"阅读测量尺"活动

德国是一个政治、经济、文化方面都很发达的国家，德意志民族的历史文化积淀丰厚，传统悠久，阅读一直是其精神生活的重要组成部分，无论是人均阅读量还是人均购书量，德国均居世界各国前列。而德国政府和民间组织不遗余力地促进阅读，也使得阅读成为市民日常生活中的重要组成部分。1995 年，德国略文出版社开展了一项四级的 "阅读阶梯"工程，面向 5—8 岁的儿童进行阅读推广。而成立于 1988 年的"促进阅读基金会"，虽然属于民间组织，但是历任名誉主席都由德国总统担任，因此在提升基金会的知名度、筹集经费、联合其他社会团体、促进阅读活动项目实施、开展国民阅读调查研究等各方面工作均起到重要作用。

如其经费来源主要是德国总理基金及企业、机构、个人支持捐款，该组织每年可获得 350 万欧元的赞助。这些钱不仅用来赞助失学儿童，还专门培训家长的阅读能力和朗读水平。

从 2006 年起，德国一些地区的婴儿出生后就会得到当地图书馆赠送的"阅读礼包"，里面有木头书、塑料书和父母阅读宣传手册，其中包括一个经得住啃咬的"图书玩具"，目的就是培养婴幼儿的阅读习惯。德国各地公共图书馆非常重视儿童阅读推广，针对 0—3 岁、4—6 岁以及 7 岁以上各个年龄阶段儿童的不同身心特点，开展了许多富有创意的阅读活动。

"阅读测量尺"由德国布里隆市图书馆馆长乌特·哈赫曼（Ute Hachman）女士根据教育认知理论及阅读理解能力亲自设计，现已成为一项国际性标准，在很多国家得到普及。"阅读测量尺"分为赤、橙、黄、绿、青、蓝、紫以及粉红、桃红、桔红 10 段，分别对应 0—10 岁的孩子。每个色段都会根据该阶段内孩子的心理状况和发展特性提供相应的阅读玩具、阅读书籍和育儿知识，以更好地指导家长为孩子选购适合的图书。家长带孩子到图书馆后，只要让孩子测一下身高，就知道应该怎样辅导孩子阅读，因而受到家长的喜爱。"阅读测量尺"活动的学龄前的内容特点见下表：

表 1-1　0.5—6 岁儿童主要阅读建议、家长必知信息汇总表

年龄（岁）	身高（厘米）	主要阅读建议	家长必知信息
0.5（婴儿）	60	在这个年龄段，书还是婴儿的玩具。触摸书、木头书和塑料书是婴儿的第一本书	爱读书的家长是婴儿最好的榜样
1	70	在这个年龄段，一页一图的厚页小书是最佳选择。幼儿们能独立翻页，一岁之前识出书中的每件物品	将真正的物品摆放在书旁，容易看到和接触到
1.5	80	在这个年龄段，幼儿的感官协调能力得到升华。幼儿们可以认出书中的图片，乐意听大人讲	家长和幼儿一起看书和一起说出书中物品的名称

续表

年龄 （岁）	身高 （厘米）	主要阅读建议	家长必知信息
2	90	在这个年龄段，幼儿们能逐渐理解书中含有两人至三个人的小情景。简短的小故事深受小孩子青睐	家长用自己的语言给孩子讲述书中的故事片段
3	100	在这个年龄段，书对孩子学习语言有着积极影响作用。每个孩子已有自己喜爱的主题	家长们在孩子睡前为他们朗读
4	110	在这个年龄段，孩子能把书中的情景和自己的生活结合起来，有愿望和要求	家长应当观察孩子的心理活动、愿望和爱好。时时关注儿童图书馆的活动信息
5—6	120	在这个年龄段，幼儿园的孩子应学习怎样融入集体生活中去。孩子们学会理解其他孩子的观点	给孩子们阅读的书应涉及这方面内容
7	130	在这个年龄段，学习阅读占重要位置。爸爸一句，妈妈一句，孩子一句，轮流朗读增添无限乐趣	如果孩子要求，请家长们继续朗读

哈赫曼馆长认为，丰富多彩的活动吸引着孩子们走进图书馆，图画书是孩子们的首选，激发了他们的阅读兴趣。如同身体不断长高一样，孩子们的阅读需要也是不断成长变化的，每一个年龄段的阅读需求是不一样的，阅读兴趣需要持续培养直至成为终身习惯。"阅读测量尺"起到协助父母选择适龄读物及指导孩子们阅读技巧的作用。

（三）美国"阅读从出生开始"（Born to Read）计划

促进儿童阅读，长久以来是美国的国家工程，无论前总统克林顿的"美国阅读挑战"运动、布什的"阅读优先"方案，还是任职期间的奥巴马，美国每位总统上任后都大力倡导阅读。据 2011 年美国政府财政预算，教育部资助"阅读是根本"非营利组织和"写作工程"在提高全美读写能力方面所开展的各种活动。除了各项阅读措施，政府更是以推动立法的形式，将美国儿童阅读能力培养法律化，同时成立国际阅读协会（IRA）及全美阅读小组等专业机构从事儿童阅读的相关研究和促进工作。

美国加州卡美尔小镇社区书店招牌
（万宇摄）

1995 年，美国"阅读从出生开始"计划，由保德信基金会资助，儿童图书馆服务学会管理，最早在北卡罗来纳州 H.Leslie Perry 纪念图书馆、宾州匹兹堡卡内基图书馆（Carnegie Library of Pittsburgh）及犹他州普洛佛市立图书馆（Provo City Library）共同展开。这是基金会、图书馆、医疗照护机构携手合作项目，目的是为读写能力较差的、未成年儿童的父母提供儿童读写能力相关知识与有关资料，以提升儿童读写能力，减少文盲可能出现的数量，增强阅读与学习重要性的教育，使父母认识和了解家长在儿童早期阅读与读写能力发展进程中所扮演的重要角色和关键作用，做好孩子的第一任老师。"阅读从出生开始"计划发展迅速，1996 年美国加州萨特（Sutter）郡图书馆加入，1997 年田纳西州孟菲斯 – 谢尔比（Memphis–Shelby）郡公共图书馆与资讯中心也加入该计划，共有 5 家图书馆推广和发展着"阅读从出生开始"计划，佛罗里达州利用联邦政府的"图书馆服务与技术法案"（The Library Services and Technology Act，LSTA）经费在整个州范围内开展"阅读从出生开始"计划，还与社区服务机构和医疗机构合作，为家庭处于困难之中的婴幼儿和家长提供有关儿童发展与读写能力的阅读资料和活动，并制作和赠送阅读指导手册，促使家长从孩子出生时就认识到阅读对成长的重要作用，关心孩子的阅读，营造共同阅读成长的良好氛围。

美国"阅读从出生开始"计划特色：

（1）由基金会、图书馆、医疗机构携手合作，促进阅读从小抓起。"阅读从出生开始"计划从 1995 年启动至今，基金会、图书馆、医疗机构共同推动，经费有保障机制。通过 3—5 家公共图书馆多年不懈践行，影响面越来越广泛，也受到越来越多的父母亲欢迎。因此，加入该计划的地区、机构和图书馆越来越多，该计划阅读活动越来越丰富多彩。尤其关注社会的弱势群体，为低收入地区的托儿所和社区的儿童开展图画书阅读和讲故事活动，为父母和婴幼儿办理借书证，吸引婴幼儿领着家长重新回到图书馆，创造第一次踏进图书馆及更多走进图书馆的可能。孩子们阅读的重点，不是究竟能够学会多少字词，能够写多少个字词，而是帮助儿童在人生的最初阶段学会"学习阅读"，掌握自主阅读的基本技能。只有将儿童向自主阅读的方向培养，孩子才会知道阅读对自己的重要性，养成热爱阅读的习惯，同时能够享受阅读带来的乐趣，最终成长为好的阅读者。

（2）美国前第一夫人劳拉·布什高度重视儿童阅读，特别是积极促进图画书阅读，为美国"阅读从出生开始"计划开展起到推动作用。劳拉·布什毕业于得克萨斯大学儿童图书馆系，对图书馆儿童阅读有深刻认识。她认为："一个人的阅读习惯是从小养成的，若错过了儿童时期的培养，则将很难在成年后再培养。"自从劳拉·布什入住白宫后就以热心倡导阅读而出名，致力于推进开展美国的儿童阅读，尤其是积极推荐儿童阅读图画书。学前阶段的幼儿最需要的不是系统全面的知识，而是渴望学习的兴趣、习惯和不断增长的学习感受力与吸引力。她举办了白宫有史以来的第一届"国际合作鼓励阅读会议"，并促使国会图书馆发起了美国第一届"全国图书节"，掀起全国促进阅读活动的新高潮。

（四）美国公共图书馆"暑期阅读项目"

在美国，到公共图书馆参加"暑期阅读项目"（Summer Reading Program）是孩子们度过三个月悠闲暑期时光的绝好选择。

美国公共图书馆"暑期阅读项目"始自 19 世纪 90 年代，经过百余年的发展已较为成熟，如今上至州立图书馆，下至社区图书馆，全美已有 95.2% 以上的公共图书馆开展了"暑期阅读项目"，并得到了联邦政府基金"图书馆服务和技术法案"的支持。此项目以儿童和青少年为主要开展对象，旨在激发他们对图书馆和书籍的兴趣，提高他们的阅读技巧并鼓励将阅读作为终身爱好，部分图书馆还针对成年人设计了相关活动。

对美国"暑期阅读项目"的发展起到推波助澜作用的是一个民间非营利组织——"暑期图书馆合作项目"（Collaborative Summer Library Program，CSLP）。目前除得克萨斯州外，已有 49 个州加入成为其会员。CSLP 自 1987 年创立起，每年都会为儿童、青少年和成年人制订一个阅读主题，并有专门团队设计插画海报和专门的材料供应商制作相关宣传物品；同时 CSLP 还会为每个会员图书馆分发一份暑期活动指导手册，就如何设计活动环节、如何进行活动宣传、如何获得当地商业机构资金或实物支持等方面提出可行性建议。会员在图书馆可以以最优惠的价格购买高质量的活动材料，如印有主题插画的海报、书签、证书以及各类奖品；各馆还有权将这些插画印制在本馆的推广材料上，并可在组织内与其他图书馆馆员分享项目开展经验。各州还可根据自身情况结合 CSLP 主题开展别具特色的"暑期阅读项目"。

针对学龄前儿童，目前美国国内所开展的活动类型主要是"讲故事"（Story Time）。许多图书馆的"讲故事"活动主讲人由儿童图书馆馆员担任。以俄勒冈州蒙诺玛郡图书馆为例，该馆"讲故事"活动分别针对 0—12 个月、1 岁、2 岁、3—6 岁儿童，需要家长陪同。这个活动向孩子介绍书籍并为他们大声朗读。在朗读过程中，孩子们能从中听到未掌握的词汇，而一遍遍地重复朗读将有助于他们积累词汇。在活动中，馆员还让孩子们听歌，唱歌给孩子听，通过打节拍、游戏和读书给孩子听等活动来培养孩子们的语言技能，并教会家长如何让孩子对书籍产生兴趣，家长们也从中学习如何培养孩子的早期读写能力。

除了用英语交流外，俄勒冈州蒙诺玛郡图书馆还有专门的汉语、越南语、西班牙语和俄语"讲故事"活动。此外，许多图书馆的"暑期阅读项目"多辅助以"游戏"的形式，如俄勒冈州蒙诺玛郡图书馆就曾为参加"暑期阅读项目"的每个孩子准备了被分割成若干个区间的棋盘游戏板。当孩子们阅读了 30 分钟或参加了一个图书馆活动或听别人朗读了 15 分钟后就能在其中一格填色。十格为一阶段，当完成一个阶段后，就可将游戏板交还给图书馆馆员，并获得玩具、零食等奖励。

针对青少年，一直保留着的传统项目是"阅读日志"（Reading Logs）。图书馆分发给参加"暑期阅读项目"的青少年一份"阅读日志"。青少年可参考图书馆开列的推荐书单，或者自己选择与主题相关的书籍，每日将自己的阅读页数或阅读分钟数记录在"阅读日志"上。当青少年在活动时间内阅读了一定数量的书籍或积累了一定的阅读总时长时，图书馆将给他们颁发相应的阅读证书以及提供书签、纪念 T 恤、杯子、装书袋、免费餐券等奖品。

近年来，许多图书馆也特别为学龄前儿童设计了"读给我听"（Read to Me）的"阅读日志"，以便父母记录下与孩子们共同分享的书籍。随着网络的普遍应用，很多州的孩子们还可以通过暑期阅读网站记录自己的线上"阅读日志"，并可在线听故事、填色、玩游戏等。

此外，"暑期阅读项目"还提供音乐会、手工艺制作、计算机培训以及一些作家的来访等基于一定兴趣和年龄段的特别活动。

作为社会公益机构，图书馆还针对残障儿童、犯罪受害人、新移民等弱势群体开展"暑期阅读项目"，体现了美国公共图书馆对社会弱势群体的关注。

美国公共图书馆的"暑期阅读项目"以其生动活泼的活动形式吸引了儿童青少年参与其中，大大提高了他们的阅读热情。同时在与媒体、家长、学校的紧密合作中，不断对家长和教育工作者强调暑期阅读的重要性，并通过不间断的媒体报道提高了"暑期阅读项目"的关注度，从而让"暑期阅读项目"越来越深入人心。

（五）俄罗斯的国民阅读推广活动

俄罗斯家庭阅读最早始于 11—12 世纪，当时在斯摩棱斯克和弗拉基米尔地区的家庭中都出现了私人图书馆。家庭是俄罗斯人进行学习的第一场所，也是家庭成员加强交流和沟通感情的重要场所。从 1990 年起，家庭阅读已经成为人文类大学一门独立的课程。1994 年俄罗斯的"全国家庭年"激活了家庭阅读这项活动，使图书馆的服务延伸到家庭，逐步形成图书馆离不开家庭、家庭离不开图书馆的态势。

今天在众多公共图书馆和儿童图书馆里都设有指导阅读的家庭阅读研究机构——家庭阅读服务中心。在"俄罗斯家庭年"中，图书馆往往结合自身独特的服务方式开展多种多样的活动，如：举办反映家庭内容的图书展览、诗歌朗诵会，举办东正教家庭故事会，播放有关家庭题材的电影，举办以家庭为题材的图书作品的读者座谈会、学术研讨会等。各图书馆还着重开展了以家庭阅读、儿童阅读为中心，以培养儿童阅读习惯为目的的儿童阅读活动。

为了传承文化精品，促进家庭的发展，俄罗斯图书馆制订了适合各个年龄段读者的家庭阅读大纲，使阅读活动走进家庭，充分调动了图书馆馆员进行阅读辅导的积极性，也进一步促进了家庭成员阅读的积极性。每到假期，图书馆都举办各种图书展览、读书讲座、阅读竞赛、围绕阅读内容的游戏、诗歌朗诵会、家庭阅读比赛等活动，形成家长与儿童共同到图书馆参与阅读活动的良好氛围。家庭阅读模式对每个家庭成员的成长及其创造力的培养起着至关重要的作用。

婴幼儿的阅读活动一般是从听爷爷奶奶讲民间童话故事、听父母和兄弟姐妹朗读开始的。为了达到阅读效果，儿童图书馆还经常举办儿童读者见面会，对儿童读者进行解难答疑的咨询服务工作、开展书评活动，受到儿童读者们的普遍欢迎。乌德摩尔梯青少年图书馆从 1992 年起，就为 3 岁前的小读者设立了专门的阅览室，购置了玩具和玩具图书，受到孩子们的欢迎。该馆成立了各类学习小组，包括入学准备，培养好习惯和各种能力等。该馆还根据孩子的心理生理特点开辟了借阅通道，馆员们用彩色书架装饰了两个儿童借览区，书架的上方做成屋顶造型，蓝色的书架上摆放科普读物，红色和黄色书架上分别摆放故事寓言和文学艺术类读物，使孩子们在游戏中找到所需读物。此外，该图书馆馆员针对儿童读者在寒暑假期间较频繁地进入图书馆的现象，特地从经典读物中筛选出相关的内容制成幻灯片、动画片，或是重组网上儿童阅读信息资源，以吸引更多儿童到馆阅读。

在 2008 年俄罗斯"家庭阅读年"和布里亚特共和国"儿童阅读年"，布里亚特共和国的图书馆力图使图书馆成为家庭的休闲空间，开展家庭阅读服务。耶拉夫尼恩斯克儿童图书馆开设了名为"全家走进图书馆"的多媒体中心，奥金斯克儿童图书馆创建了家庭接待室，盖达尔儿童图书馆创建了名为"和书籍一同走进这个世界"的家庭阅读中心及关心家长俱乐部。俄罗斯儿童图书馆注重同每一个家庭保持密切联系：经常举办家庭阅读活动，邀请儿童及其家长到图书馆阅读，或是举办纪念某个节日、开展某一主题的阅读活动；还以家庭为单位，为妈妈和准妈妈们开设妈妈学校，大力宣传婴幼儿及少年儿童早期阅读的益处，并且将倡导儿童早期阅读内容的彩色广告画张贴到妇幼保健院及幼儿园等处，使家庭阅读的理念深入人心。

（六）国外阅读推广案例启示

1. 政府、基金会、医疗机构、公共图书馆共同携手，是促进阅读从婴幼儿抓起的重要发动机

无论是英国、美国、德国还是俄罗斯，政府领导人都很重视促进全民阅读，尤其是婴幼儿阅读习惯和兴趣的培养，亲子家庭阅读氛围的培育，从建章立法、倡导设立"读书节"或"读书日"到经费投入、自身典范作用等都是有目共睹，效果显著；基金会、医疗机构、公共图书馆联合起来促进婴幼儿阅读习惯培育，每一个机构都充分发挥各自在阅读者培育中的优势。图书馆有丰富的文献、布置优美的馆场和专业的阅读辅导馆员，根据每一个儿童不同年龄段的特点能力、阅读兴趣、家长作用，设计好阅读启蒙引导计划，注重从婴幼儿成长细节中指导家长如何创造良好阅读氛围；基金会有经费支持，阅读指导专家、教授推动阅读计划调查研究，及时从宏观上把握促进阅读计划发展趋势；医疗机构利用婴幼儿定期回院体检的机会，支持、配合图书馆给家长送上"阅读大礼包"，包括阅读指导手册，对指导家长开展亲子阅读起到积极促进作用。

2. 建立经费保障机制，是促进阅读计划可持续发展的重要基石

若没有充裕的经费支撑，最优秀的促进阅读计划也是不可能取得成功的。英、美、德等国家通过基金会的社会募捐资金，以及政府拨款给基金会，共同资助各公共图书馆开展形式各样的促进阅读活动。正如前文的成功案例所述，阅读"计

划"或"活动"持续开展十多年，而且不断创新发展，除了各机构和图书馆积极推进之外，经费投入的保障机制是不可或缺的重要因素。

3. 丰富精彩的阅读活动，是促进和吸引婴幼儿和家长亲子阅读的磁场效力

各国公共图书馆常年开展许多阅读活动，如 2008 年英国主题为"海盗啊"（Pirates Ahoy）活动，图书馆、学校、儿童中心与书店共同参与，共举办了 4000 多场活动，送出图书超过 50 万本，鼓励父母与孩子分享书籍。德国阅读促进专家们认为，"阅读推广必须从儿童抓起"，"如果一个人 13—15 岁之前还没有养成阅读习惯，其今后的一生中很难再从阅读中找到乐趣，阅读的窗户将永远对其关闭"。德国阅读促进会尤其重视儿童阅读习惯的培养，着力儿童阅读兴趣和能力培养，专门针对儿童和家长的"0 岁阅读计划"或称之为"阅读入门工具"，包括活动海报、联邦总理的一封信、信息手册、阅读发展记录等活动相关资料，吸引更多婴幼儿带动家长走进图书馆，家长也成为图书馆培育的潜在阅读者。

综上所述，无论是英国"阅读起跑线"运动、美国"阅读从出生开始"计划，还是德国"阅读测量尺"活动等，都是促进阅读从婴幼儿抓起的成功案例，值得仿效和学习、思考。我国受制于促进阅读方面仍未建章立法，主导机构或公共图书馆、人员、经费等诸多因素困扰，在婴幼儿阅读促进方面仍比较薄弱。朱永新先生说："一个人的精神发育史，实质上就是一个人的阅读史；而一个民族的精神境界，在很大程度上取决于全民族的阅读水平。"所以，阅读将关系国家未来文化的竞争力，我国政府尤其是公共图书馆应加强对婴幼儿和家长阅读意识和行为的培育，通过各种主动关怀儿童阅读的策略或计划，将阅读种子深深植根于每一个家庭、每一个婴幼儿、每一个角落，使之能生根、发芽、开花、结果，为中华民族文化强盛而努力。

中国有着优秀的阅读传统，从家庭层面上有着"耕读传家""文化世家"等多种文化传统，家学、私塾、家族藏书楼等都在物质层面为家庭阅读提供了基础。

一、中国历史传统中的"家庭阅读"

（一）耕读传家

"耕读传家"是中国传统文化中源远流长的文化传统。关于"耕""读"关系的认识可追溯到春秋战国时期。孔子（前551—前479）把学稼、学圃当作"小人"的事，说"君子谋道不谋食。耕也，馁在其中矣；学也，禄在其中矣"。与孔子同时的以杖荷蓧的"丈人"则讽刺孔子四体不勤，五谷不分。孟子（约前372—前289）主张劳心劳力分开，"劳心者治人，劳力者治于人"。农家学派许行则主张"贤者与民并耕而食"。

在漫长的后世文化发展中，逐渐形成两种传统：一种提倡"书香门第""万般皆下品，唯有读书高"，看不起农业劳动；一种提倡"耕读传家"，以耕读为荣，敢于冲破儒家的传统。南北朝以后出现的"家训""家教"一类书多数都有耕读结合的劝导。

《颜氏家训》提出"要当稼穑而食，桑麻而衣"。张履祥（1611—1674）在《训子语》里说"读而废耕，饥寒交至；耕而废读，礼仪遂亡"。《朱子家训》中提出，"子孙虽愚，经书不可不读"，"诗书不可不读，礼义不可不知"。

中国的耕读文化孕育了众多的农学家，产生了大量的古农书。中国的古农书，其数量之多、水平之高是其他国家少有的。古代的农书大都出自过耕读生活的知识分子之手。他们熟悉古代典籍，有写作能力，又参加农业生产，有农业生产知识，具备写作农书的条件。崔寔（？—约170）出自清门望族，少年熟读经史，青年时经营自己的田庄。他根据自己的经验写成了《四民月令》这一部月令体农书。陈旉隐居扬州，过耕读生活，他自己说"躬耕西山，心知其故"，"确乎能其事，乃敢著其说以示人"。他示人的著作就是反映江南农业的《农书》。张履祥在家既教书又务农，他说"予学稼数年，咨访得失，颇知其端"，"因以身所经历之处与老农所尝论列者，笔其概"，48岁时写成了《补农书》。

中国历史上动乱时期，反而出现较多的农书。因为在动乱时不少知识分子失去做官的机会，或不愿在动乱时做官，于是在乡间务农。中国的农耕文化对中国古代哲学的天地人相统一的宇宙观和知行统一的知识论的形成起了积极的作用。古代的学者常常从农耕实践中提炼哲学思想，《吕氏春秋·审时》曰"夫稼，为之者人也，生之者地也，养之者天也"，《淮南子》曰"上因天时，下尽地才，中用人力，是以群生遂长，五谷蕃殖"，贾思勰认为"顺天时量地力，用力少而成功多；任情返道，劳而无获"。过耕读生活的知识分子既有理论修养，又有农业生产经验，有条件完成从农业到农学思想到哲学思想的提升。张岱年先生（1909—2004）在《中国农业文化》序言中说："中国古代的哲学理论、价值观念、科学思维及艺术传统，大都受到农业文化的影响。例如中国古代哲学有一个重要的理论观点'天人合一'，肯定人与自然的统一关系，事实上这是在农活儿上的反映。古代哲人宣扬'参天地、赞化育'，'先天而天弗违，后天而奉天时'，可以说是一种崇高的理想原则，事实上根源于农业生产的实践，也只是在农业生产的活动中有所表现。"

耕读文化也影响了文学艺术。知识阶层通过耕读，接近生产实际，接近农耕生活，创作出了一定程度上反映农村生活、反映农民喜怒哀乐的作品。中国古代的"田园诗"就是耕读文化的产物。东晋的陶渊明（365或372或376—427）是典型的田园诗人代表。他"既耕亦已种，时还读我书"，从41岁辞官，过了20多年的耕读生活。他根据自己的体验，写了《归去来辞》《归田园居》等，也成就了中国知识分子阶层的"桃花源"式的梦想生活方式。

宋代的辛弃疾（1140—1207）在被迫赋闲的 20 年内居住在江西农村。他把上饶带湖的新居名之曰"稼轩"，自号稼轩居士，"意他日释位后归，必躬耕于是，故凭高作屋下临之，是为稼轩。田边立亭曰植杖，若将真秉耒耨之为者"。辛弃疾很重视农业，他说"人生在勤，当以力田为先"。他有耕读的体验，写出了不少反映农村生活的诗词。宋代的范成大（1126—1193），晚年退居石湖，自号石湖居士。他自己可能没参加多少农业劳动，但生活在农村，生活在农民中。他的《四时田园杂兴》（60 首），富有乡土气息，一定程度上反映了农民的苦乐。

中国的耕读文化以半耕半读为合理的生活方式，以"耕读传家"、耕读结合为价值取向，形成了一种"耕读文化"传统，它影响了农学、科学、哲学与阅读风气等多方面。

（二）家学和私塾

"书香门第""家学渊源"为历代国人所看重，古代尤甚。"家学渊源"成为一脉绵延不绝的文化传统，跟古代中国的教育方式和家族制度有关。出身名门世家，不仅是一种荣耀，更重要的，是血缘遗传、家庭教育、环境熏陶对个人的学业根基、气质培养、阅读写作的奠定，可谓"渊源有自"，影响深远。若言人生的三立——立德、立功、立言，世家弟子自然最易成功，幼承庭训，长而渊博，经史子集靡不贯通，是产生大家的天然机缘。现代大学者鲁迅、胡适、汤用彤、钱穆、钱锺书、俞平伯等人都与"家学渊源"有着密切的关系。检索一番中国文化史，傅斯年（1896—1950）尝论："中国学术，以学为单位者至少，以人为单位者转多，前者谓之科学，后者谓之家学。家学者，所以学人，非所以学学也。"确实，中国传统学术的特色在于家学，以"家"为特色，而不是"学"。中国文化传统中注重的是士人的气节、品行、门风，立身做人是第一要紧，学还在其次，所以，古代名门望族留下了家学，也留下了诸多"家训"。

在中国古代，家学传统最早出现在史官家庭，因为史官要懂得数学、天文、历法，这些东西是不靠学校讲的，靠父子相传。所以，二十四史的第一部——《史记》就是由父子两代人完成的，这就是家学的影响。二十四史的第二部是《汉书》，主要作者是班固（32—92），但是班固的父亲班彪（3—54）首先写了几十篇，然后班固接着写，班固没有写完，坐牢死了，他的妹妹班昭（约45—约117）接着写。所以，《汉书》实际上经过了班彪、班固、班昭之手才最后完成。

"唐宋八大家"里有父子三人的"三苏"，苏洵、苏轼、苏辙，诗书相传，一门三杰；历史上最有名的书法家是王羲之和他的儿子王献之；曹操，还有他的儿子曹丕、曹植，历史上号称"三曹"，都是著名的文学家；和"三曹"同时代的著名女作家蔡文姬，其父蔡邕，也是大学者、大作家。

很多家族家风是代代相传的，而且有教育子女的格言，叫家训。所以从魏晋南北朝开始出现了很多家训的书，最有名的是颜之推的《颜氏家训》，一直到今天，《颜氏家训》仍然被誉为家教典范。中国古代家学、家风兴盛，这些家庭重视文化教育，提供良好的阅读资源与指导，家风中重视文化，勉励子孙读书好学，以此为职业进阶、娱乐爱好甚至人生旨趣，这么多中国古代的文化名人都以家庭、家族的形式出现也就容易理解了。

家学与私塾，是家庭教育与家庭阅读的重要根基。包括家长对孩子的亲子启蒙教育，创办家学，延聘有名的老师上门来教家族子弟。魏晋南北朝以后，家族观念逐渐强大，家族开始办学。刘禹锡有两句很有名的诗："旧时王谢堂前燕，飞入寻常百姓家。"王谢，六朝望族琅琊王氏与陈郡谢氏之合称。王谢家族是当

清代私塾学堂

时最有实力的大家族，东晋时期，这两大家族扶持了一代王朝。这些大家族重视家教，往往一个家族办一所学校，代替了地方政府办学的职能，不仅收本姓人，外姓人也可以来上学。家学在中国古代非常兴盛。汤显祖的《牡丹亭》里，杜老爷请了一个私塾先生到家里来教他唯一的女儿杜丽娘。《红楼梦》中贾宝玉闹学，也是发生在贾氏家族为子弟们开设的家学当中。这些都提供了鲜活的例子。

（三）家族藏书传统

"耕读传家躬行久，诗书继世雅韵长"。

中国私人藏书经过长期发展，到明清进入全盛时期。秘惜珍藏的私人藏书的产生往往跟家族教育、家庭阅读有关系。私人藏书楼的产生基于对家庭阅读的文献需求，在重视科举的文化背景下逐渐繁荣。但其家族藏书的私人性慢慢呈现，明代著名的藏书楼天一阁保管严格，立有族规"代不分书，书不出阁"。

藏书楼服务于家族，服务于乡里，服务于家庭。清代孙衣言（1815—1894）建造"玉海楼"，张贴通告："乡里后生，有读书之才、读书之志，而能无谬我约，皆可以就我庐，读我书。天下之宝，我固不欲为一家之储也。"不仅供有需要的人"恣其阅览，且供膳宿"。为充分发挥藏书的价值，张金吾（1787—1829）更是"乐与人共，有叩必应"，提出："若不公诸同好，广为流布，则虽宝如珠璧，什袭而藏，于是书何裨？于余又何裨？"

周永年（1730—1791）则认为如果能将私人收藏公开，那么"古人著述之可传者，自今日永无散失，以与天下万世共读之"。他不仅这样说，而且身体力行，将自己一生辛苦积蓄的万卷藏书全部公开，以"招致来学"，并把他的藏书室命名为"藉书园"。藉者借也。至清道光年间，内阁中书国英（1823—1884）将这种"天下共读"思想推向极致。国英鉴于保守藏书家将自己的所藏"秘不示人，而寒儒又苦于无书可读"的状况，建藏书楼五楹名曰"共读楼"，意即将藏书让大家共读。谈及为什么这样，国英说："其所以不自秘者，诚念子孙未必能读，即使能读，亦何妨与人共读，成己成人，无二道也。"

致用开放的私人藏书家们普遍认为藏书不应是私有财产，应是人类的共同财富，藏书除藏书家本人及家族利用外，更重要的是为天下人共同使用。藏书家李如一（1556—1630）认为"天下好书，当与天下读书人共读之"，建造"得月楼"，允许所藏普通书籍出借。

"成己成人，无二道也"道出了这些推崇"储书供众""互借共读"的藏书家们的肺腑之言。据史料发掘，我国古代还有一些私人藏书家辟出专室，供众人借阅，有些还要代办食宿。最早可以追溯到晋代的范蔚。据丁申《武林藏书录》载：范蔚"有书七千余卷，远近来读者常百余人，蔚为办衣食"。此后各代都有此类代表，如五代时期的窦禹钧，"聚书千卷，礼文有行之儒，延置师席。无问识不识，有志于学者，听其自至"。江州陈氏"建家塾，聚书延四方学者，伏腊皆资焉。江南名士皆肄业于其家"。到宋代，胡仲尧家"有华林山斋，聚书万卷，大设厨廪，以延生徒"。蔡瑞"念族人多贫，不能尽学，买书置石庵，增其屋为便房，愿读者处焉"。北宋建昌人李常（字公择），也曾将自己的李氏山房藏书九千卷捐予庐山五老峰白石庵僧舍，供众阅读，苏子瞻曾撰《李氏山房藏书记》褒扬之。

二、文化世家与阅读风气

江庆柏在《明清苏南望族文化研究》一书中分析指出：长洲《彭氏宗谱条例》说"宗人生业，以读书习礼为上，次则训徒学医务农，次则商贾贸迁"……因为长洲彭氏等家族基础较好，所以在职业上能毫不犹豫地将文化型作为首选或唯一的职业，而对于一般家族来说，当然不会如此绝对。

《金坛上城费氏宗谱》卷一"谱训"说："男不辍耕，女不废织。出则负耒，入则横经。书声与机声相间，庶乎耕读传家，永垂勿替。"金坛费氏是当地一个有实力、有影响的家族，不过与长洲彭氏等家族相比，其文化储备还显不足，所以这个家族无法把文化型职业作为家族的首选职业。作为折中，也为了更贴近家族的实际能力，它提出了"耕读"并重的基本策略。耕读并重，平安度日，这是许多人所追求的理想，望族同样如此。当然在许多望族心中，耕与读还是有区别的，或者说是有高下之分的，关键就在两者的发展前景不同。"耕"最终只能保证生活富足，而"读"则有可能通向仕途。

在中国文学史上，关于农村和农民的描述真是多得难以计数。几乎在所有中国大诗人的笔下，除了"感怀"而外，写得最多的便是"悯农"诗和"田园"诗了。他们不仅在社会行为和人格行为上遵照着农业文明的模式，作为文人、作为艺术家，他们更经常通过自己的诗歌，强烈地抒发出他们对于乡土的认同。那些千百年来广为流传的诗句，和那个也是千百年而不变的乡土的历史，牢牢地铸就了中国人几乎是不可改变的深层心理结构。当"乡土"二字在现代文明的冲击下，变成了"落后"与"保守"的同义词的时候，那些深藏于心的"悯农"或是"田园"也在不期然之中，变成中国文人身上的"慢性乡土病"。

江庆柏还提出："现在已经不会有谁再去写什么'悯农'或是'田园'的诗句，但那个潜在的感情方式却更为曲折又更为无孔不入地渗透到当代作家的字里行间"，"时至今日，我们仍可看到这个'悯农''田园'的旧模式，在形形色色的作品中以形形色色的方式流露出来"。其实岂止是咏怀"悯农""田园"的旧主题模式，会在各种场合以各种方式不期而然地表现出来？

当代江苏作家费振钟在《乡儒们的理想家园》中，以写意笔法，探索了"亦耕亦读"的乡儒们所实践的一种理想生活图景："他们身为农家，前几天还在土地上耕种，刚刚放下犁把和锄柄，手上的老茧依旧。但是他们现在却坐在书房里，打开发黄的书本，沉浸到诗云子曰中。显然，这些从土地回到书房的乡儒们，在读书和种庄稼之间取得了一种平衡和完美的结合。他们通过土地上耐心而勤勉的劳作自给自足，但他们是一些有理想的农夫，他们知道温饱富足，知道这是生存的根本，他们更知道温饱富足之后，读书能够给予生活另外一种趣味"，乡儒们"书房里的匾额题写着'耕为本务，读可荣身'八个字，八个字记录了几十代人不变的信仰，信仰就像书房外的蕉叶永远庇护着一片精神的绿荫"。

"贫者因书而富，富者因书而贵"，在"耕读传家"的理念中，确实蕴含着不少值得研索的人文底蕴。其中应当包含着若干亟待深入发掘、值得全面弘扬的现代精神文明因子，诸如"读书种子"的养育、"书香氛围"的营造、"精神家园"的重构、"万卷藏书宜子弟，一蓑春雨自农桑"的价值观念建立等等，似乎都能够从华夏源远流长的耕读文化传统中，寻找到若干思想文化的因子。

对华夏耕读文化的传统，尤其是对"耕读传家"的人文理念，进行洋溢着温情敬意的具体而微的研究，将为中国文化史的研究提供若干实证，并为汉族农耕文化、士人隐逸精神、江南区域文化、乡村教育思想和如今现代化背景下的精神家园建设诸问题的研究提供启迪。"耕读传家"观念，仅仅传达出中国乡土社会中一种封建功利主义的读书观吗？假如不完全是，那么在这一观念中，又蕴含着怎样的人文思想底蕴而让人们为之怀想不已？曾经紧密附着于我国乡土社会的"耕读传家"思想，还能够给当代人怎样的一种观念启迪？它对于以科技和商务为主导的工业文明社会中精神家园的人文重构，还可能提供何种启示？

耕读传家的家风、家训、家学、家族藏书传统、文化世界等都代表着中国的家庭阅读的源远流长。

家庭是一切教育的起点。全民阅读当然也离不开家庭，而家庭中能够引起全家人共同关心的话题就是子女的教育。在教育当中，阅读是个受到普遍关注的问题。正是有了阅读，人类才拥有了揭开社会文明新篇章的能力，而随着世界教育潮流逐渐向终身学习的趋势发展，人们越发地认识到阅读能力是一个人学习、发展的基础能力。

一、家庭阅读对于全民阅读的意义与价值

"全民阅读"理念越来越深入人心，并被多次写入政府工作报告。2015 年 3 月，李克强在回答《人民日报》记者有关书的问题时说，"我希望全民阅读能够形成一种氛围，无处不在。我们国家全民的阅读量能够逐年增加，这也是我们社会进步、文明程度提高的十分重要的标志。把阅读作为一种生活方式，把它与工作方式相结合，不仅会增加发展的创新力量，而且会增强社会的道德力量。这也就是为什么我两次把全民阅读这几个字写入政府工作报告的原因，明年还会继续。"

国家新闻出版广电总局相关负责人表示，"全民阅读工作中需要立法推动解决的主要问题包括：需要采取推进保障措施，提高我国国民阅读率和阅读水平；改善未成年人阅读状况；需要改变国民阅读公共资源和设施不足、不均衡；阅读内容良莠不齐，需要积极引导和扶持；全民阅读工作需要统一规划、组织保障和经费支持。"我国阅读立法的动议源自 2013 年全国两会期间 115 位政协委员联合签署并提交的《关于制定实施国家全民阅读战略的提案》。2015 年 1 月 1 日起，我国首部地方全民阅读法规《江苏省人民代表大会常务委员会关于促进全民阅读

的决定》正式实施。2015 年 3 月 1 日起《湖北省全民阅读促进办法》施行。全民阅读深入人心，家庭阅读是全民阅读的重要组成部分。

二、家庭阅读对于社会的意义与价值

家庭是孩子来到人世间的第一片天空，是他们认识自然与社会的第一个驿站。父母的言谈举止、文化素养、家庭氛围与为人处世等，对孩子的身心发展与个性养成均起着重要作用。

家庭阅读教育是基于家庭阅读场景的，通过阅读的方式让孩子提高认知能力，感受语言世界，培养美德品性的教育方式。家庭阅读中，以亲子阅读为核心。

亲子阅读就是父母亲与孩子一起阅读，亲子阅读的行动者是父母亲等家庭成员与孩子，亲子阅读的场所主要是家庭。亲子阅读是在家庭场景里，在亲情关系的牵引下，为了孩子的心智成长，家长所进行的儿童阅读教育实践。亲子阅读最理想的场所是家庭，尽管父母可以与孩子在公共图书馆、社区以及其他公共场所开展亲子阅读，但是家才是父母与孩子朝夕相处的地方，家才可能保证孩子的心灵宁静。

家庭阅读能力是当今社会个体一项重要的学习能力。美国最新的研究资料表明：一个人阅读能力的蓬勃发展是在 3—8 岁这个时期；这一时期是孩子基本阅读能力发展的关键期，所以家长与教师一定要把握好这个时机，充分发展儿童的阅读能力。

三、国内外"家庭阅读"的研究内容

目前对于"家庭阅读"的研究主要集中在儿童阅读上，包括：

（一）对儿童阅读社会环境的研究

与儿童阅读关系紧密的是家庭、教育机构、出版机构与图书馆。家庭对孩子阅读的影响是最直接的。家庭对于教育的态度、父母对孩子的期望、家庭藏书及阅读的条件，家庭成员的对话（往往体现着家庭成员的价值观）与开展的文化活动（如带孩子上书店、图书馆、博物馆等），这些因素影响着孩子对正直、金钱、知识的看法，也影响着孩子读书的热情。

家庭成员，特别是孩子的母亲，更多地承担着孩子教育的重任。母亲的素养影响着孩子教育的质量。近来很流行的亲子阅读，强调父母在儿童阅读中的重要作用，特别在独生子女家庭，父母的任务就更重了。在孩子还不能独立阅读的时候，父母每天要抽出一些时间读书给孩子听，即便孩子可以自己读书了，家长陪孩子一起读书，也能增强孩子阅读的兴趣。

（二）对儿童读物的研究

家庭阅读中很重要的就是阅读资源文献的建设。从内容上看有科普、文学科幻、励志、文化、历史等；从形式或文本上看，有绘本、动漫、少儿杂志等。在读物研究中，儿童推荐书目更受重视。在儿童推荐书目研制方面，学者朱永新是重要代表。2007 年，在北京大学第二届图书馆学开放论坛中，他做了《阅读与中国教育改造》的演讲，重视儿童阅读。自上世纪 90 年代以来，他组织编写《新世纪教育文库》，出版小学、中学等推荐书目，产生较广泛的影响。2006 年，又推出"毛虫与蝴蝶"儿童文学书包，旨在让孩子读到最好的文学经典。2010 年，研制"中国小学生基础阅读书目"，已正式发布。他们的研究成果为家庭阅读提供了资源建设。

自 2004 年起，新闻出版总署每年向青少年推荐一百种优秀图书，得到了不少人的认同。这些推荐书目，可作为家庭阅读指导的参考。很多学者、研究机构也在研制阅读书目上做过很多贡献，在亲子阅读章节中会有专题介绍。

（三）对儿童阅读行为的研究

这方面研究多集中于教育学领域，其成果未受到图书馆界的重视，因而图书馆界需要与之合作。儿童阅读行为与儿童的年龄紧密联系在一起，不同年龄的儿童在阅读接受能力上有很大差异。推荐书目产生的直接背景是阅读需求多元化和大批量文献信息的产生与传播之间的矛盾，这种矛盾在青少年阅读行为中表现得十分明显，而且在不同年龄阶段差异巨大，而重视阅读的差异性是新时代推荐书目发展的最重要特色。青少年推荐书目的蓬勃发展与文化事业的兴盛相辅相成，成为阅读生活的重要组成部分。

四、国外开展家庭阅读的概况

欧美国家有着优良的家庭教育传统，远在古希腊雅典时期，雅典贵族的儿童在 7 岁之前，由家庭负责教养，家长经常给孩子讲述《伊索寓言》《荷马史诗》中的英雄故事以及一些简单的神话故事。德国也是十分重视家庭教育的国家。19 世纪中叶，德国幼儿教育的创造者福禄培尔（Friedrich Wilhelm August Froebel）出版了家庭必备图书《母亲与儿歌》，书中系统地介绍了通过歌谣及相关的游戏活动教育婴幼儿的方法，并明确了母亲在幼儿早期教育以及亲子阅读中无可替代的作用。

英国为了培养儿童的阅读习惯，专门发起了"阅读起跑线"（Bookstart）运动。美国许多总统上任后都大力倡导阅读。关于亲子阅读，美国前总统克林顿曾有一句名言：人应该控制电视遥控器，而不是让遥控器控制你的生活；特别是父母，不能让遥控器控制孩子们的成长。

犹太民族也非常重视儿童教育。在犹太家庭里，孩子出生不久，母亲就会让他舔舐一下粘有蜂蜜的《圣经》，让其感觉到"书甜如蜜"。与我国隔海相望的日本同样重视家庭阅读。20 世纪 60 年代，由儿童文学家发起的"亲子读书运动"，要求父母每天最少陪伴孩子看书 20 分钟，此举带动了家庭式图书馆的发展，也扭转了当时日本儿童把漫画视为"主食"的局面。

为全面反映儿童和家长在数字化时代对阅读的态度和现状，探究影响儿童成为经常阅读者的因素及家长所起的作用，全球知名的童书出版、教育和传媒公司学乐出版公司（Scholastic）联手领先的营销、战略研究咨询公司哈里森集团（Harrison Group）在 2006—2012 年期间，每两年出一期，共推出了四期《儿童与家庭阅读报告》。该报告基于美国有代表性的抽样调查，覆盖全美25 个主要城市，包括黑人家长和西班牙裔家长。前两次的样本分别为 500 名5—17 岁的孩子和他们的家长（共 1000 人）；后两次则分别为 1000 多名 6—17 岁的孩子及其家长（共 2000 多人）。研究和分析该调查结果，对发现儿童和家庭阅读的恒定需求和新需求具有重要的现实意义。这四期的《儿童与家庭阅读报告》所形成的共识包括：

（1）儿童普遍重视阅读；

（2）大多数孩子阅读的还不够；

（3）暑期阅读弥补了孩子们阅读的不足。

如今的孩子在充满数字信息的世界中长大，在这样的快餐时代，良好的阅读习惯对他们尤为重要。正如学乐出版公司的首席执行官理查德 · 罗宾逊（Richard Robinson）所说："阅读能力是年轻人打开 21 世纪之门的金钥匙——找工作，认识世界，发现自我，无不与阅读有关。"下面介绍一些相关的家庭阅读项目：

（一）" 分享阅读" 研究

20 世纪 60 年代，新西兰教育学家候德伟 （Holdway）等人对阅读过程进行了系统分析后，提出"分享阅读"的概念。主要指在轻松、愉快的亲密气氛中，成年人和儿童并非以学习为目的，共同阅读一本书的类似游戏的活动。近年来分享阅读逐渐引起研究者的兴趣。

我国香港地区亲子阅读会是一个非营利组织，由一群热心童书出版、图书馆、亲职教育等的专业人士创立。其宗旨是培养家庭阅读的健康社会风气；鼓励亲子阅读；透过阅读，父母与子女终身学习，共同成长。

（二）"交叉小说"

在英国"交叉小说"逐渐变得流行。"交叉小说"指同时以成年人和未成年人为写作对象的小说。这种类型的书适合父母和孩子阅读，并且也为家庭阅读创造了条件。父母与孩子共同阅读这种小说，在培养了良好的家庭氛围的同时也养成了孩子家庭阅读的习惯，从而进一步提高孩子的阅读能力。

（三）图书馆开展的阅读活动

国外图书馆亲子阅读活动按照对象年龄划分为婴儿、学步儿、学龄前儿童及学龄儿童，活动较具针对性。如美国伊利诺伊州厄本那公共图书馆针对 0—2 岁的婴儿及其父母开展"为婴儿大声朗读""大腿上的时光"活动，针对 2—3 岁蹒跚学步儿童开展重复讲述有趣的童话故事等活动。

另外，国外图书馆更注重亲子阅读活动的规律性和系统性。如厄本那公共图书馆举办的"大腿上的时光"、学龄前儿童故事时间等系列活动一般安排在每周固定的时间举办，内容由浅及深，较为系统全面。

日本东京浦安市公共图书馆的"和婴儿一起享受童谣"，是针对 6—15 个月婴儿及其家长开展的大声阅读童谣与图画书的活动。大阪府立中央图书馆"摇篮里的故事"活动，为 15 个提前预约的家庭提供童谣朗读、图画书及互动游戏等；活动划分为两个年龄段，分别是 5 个月至 1 岁及 1 岁至 2 岁 3 个月。

澳大利亚新南威尔士的肖尔黑文图书馆针对婴儿及其父母开展"婴儿亲子识字计划"（Hush-a-Bye Parent and Baby Literacy Program），针对学步儿及其父母开展"蹒跚学步孩子，亲子识字计划"（Ring-o-Roses Parent and Toddler Literacy Program）。活动特点是强调父母对孩子的个性化阅读和指导；强调每个孩子的阅读水平和理解能力是各不相同的，父母应选择孩子能接受的方式指导阅读。肖尔黑文图书馆表示如果资金允许的话，他们打算把这项活动扩展到学龄前儿童。

美国"母女读书会"与"母子读书会"一直是公立和私立图书馆的重要活动之一，旨在为母女/子们提供一个讨论学习、情感交流的平台。美国另一较具特色的亲子阅读项目是"亲子阅读之夜"（Family reading night），是一个由美国图书馆、学校、文学机构共同举办的全国性活动。"亲子阅读之夜"每年 11 月的第三个星期四举办，活动形式活泼多样。如在美国森特勒利亚区域图书馆举办的以"在星空下阅读"为主题的亲子阅读夜活动，图书馆工作人员在青少年阅览室里布置灯笼、睡袋和帐篷，在黑暗天花板上装上发光的星星；参与活动的家庭可在"星空下"阅读，并可参加图书馆寻宝活动。

五、我国家庭亲子阅读综述

目前，随着我国经济社会的快速发展，人们物质生活的日益提高，越来越多的中国家庭开始重视家庭早期教育。尤其是一些经济发达地区的中产家庭与知识分子家庭，对孩子的早期教育非常用心，也舍得资金投入。但是，不可否认的是我国很多地区的很多家庭并不十分重视孩子的早期阅读。

根据我国幼儿教育专家徐琴对深圳、浙江等地的 340 个家庭的关于早期阅读情况的调查分析，受调查的家庭中，拥有幼儿图书数量最少的只有 3 本，最多的 232 本，其中近 1/5 的家庭，幼儿图书数量在 10 本以内，20—100 本的家庭约占 46%，只有近 15% 的家庭拥有 50—100 本幼儿图书。该调查还显示，故事书，包括百科全书在内的知识类书籍和期刊占到总量的 84%，16% 的是有关儿童绘画、拼音识字、数学练习、幼儿英语与智力开发等方面的书籍。这表明，我国幼儿早期家庭教育还停留在功利性阅读状态，即很多家长把早期教育与知识教育等同起来，家长购书基本上是按照自己的教育理念来进行的。

该调查还设计了一项内容，即家长陪孩子看书或讲故事的频率。调查结果显示，很少或有时陪孩子的占到近 42%，0.6% 的家长从来不陪孩子看书或讲故事。当孩子向父母提出看书请求时，愿意陪孩子看完书的有近 55%，和孩子看一会儿后又去做自己的事情的有 37%，有 4.8% 家长会建议孩子自己看书或让孩子找其他人。这说明当孩子有阅读动机或愿望时，大多数家长会不同程度地允许孩子或支持孩子的看书行为，但家长与孩子互动式的亲子阅读还不够。同时，家长的文化程度与陪孩子阅读的频率间有高度的相关性，即学历高的家长更愿意主动地花时间和孩子阅读，并在陪伴孩子阅读上表现出更多的支持。

此外，受调查的家长在回答"给孩子讲故事后是否要求复述"这个问题时，有近 70% 的家长偶尔要求复述，18% 的家长总是要求复述，有近 14% 的家长从不要求复述。由此可见，受访家庭中的家长在发挥亲子阅读主导性作用方面做得还很不够。

徐琴的该项调查透视出目前我国家庭早期教育的一个重要问题是，不少家庭把早期阅读视同为"知识教育""语言教育"，甚至简单地把它与识字联系在一起。其实，在早期的亲子阅读活动中，最为重要的是帮助孩子萌发出对接受书面语言的最初步的也是最根本的情感倾向，帮助他们掌握一定的阅读技能，使其感受到语言文字世界里的美妙。

六、方兴未艾的"绘本阅读"风潮

阅读是儿童成长不可缺少的重要一环，而亲子阅读则是家庭教育极其重要的方式。我国著名儿童文学家金波曾说："亲子阅读"不仅是婴幼儿的心理需求，也是对婴幼儿进行启蒙教育的好形式；即使是今天有了录音机、电视机、放映机等声光传媒工具，它们仍不能替代"亲子阅读"的方式，因为妈妈拥抱着孩子亲口读书的声音是最有生命力、最亲切的声音。这种亲近的接触，既有身体的接触，更有精神的接触。所以，我们可以说，"亲子阅读"给家庭提供了一份最宝贵的财富，这就是将文字文化转变为声音文化的文学语言财富。

作为早期阅读的重要资源，绘本阅读正好可以将不同层次的爸爸妈妈分散的教育理念和活动整合成亲子共读活动，这是一个基于儿童的、文学和审美结合的甚至蕴含着人文素养的过程。

绘本共读的过程也是幼儿感知、联想、想象与思维等心理过程，很多父母和教师并不清楚其中的关系，也就无法把握绘本阅读的本质，容易将其与普通的文字阅读（或者是成人化的阅读）混为一谈，也就无法了解其重要性。

绘本阅读可以当成是一种游戏，一种文、图和声音的游戏。那么，在绘本阅读时，孩子听也好，思考也好，动手动脚参与互动也好，动口发言讨论也好，都必须是游戏，而不要成为父母手中的"早教利器"。它是一种经验，这种经验是通过参与故事的讲述、图画的欣赏和自我表达的过程获得的，它是一种综合教育。

　　推动阅读要从孩子抓起，从亲子共读绘本开始，并为此营造家庭和社会的阅读环境。当成人开始为孩子读书，推动全民阅读就胜利了一半。因为，全民阅读不能成为一股风，而要一代一代地从共读开始，将美好的感受沉淀心里，从家庭的纵向传递出发，真正形成"全民"阅读。

附录：

国际儿童图书日

伟大的丹麦作家安徒生（Hans Christian Andersen）一生创作的文学作品很多，他把一个个幼稚粗糙的民间传说，谱写成一篇篇引人入胜的童话故事，为后世作家留下了经典的范文，为少年儿童留下了宝贵的图书。1967年，为了纪念安徒生，激励儿童的读书热忱，国际儿童读物联盟（IBBY）确定每年的4月2日——安徒生的生日为国际儿童图书日，又叫世界儿童图书日，以此唤起人们对读书的热爱和对儿童图书的关注。

国际儿童图书日每年由一个国家分会主办并确定主题，邀请本国一位杰出的作家为全国儿童写一篇短文，同时邀请著名的插画家设计海报。

各国分会将会以不同方式来推广图书和促进阅读。在国际儿童图书日当天，许多国家分会还通过媒体和在学校及公共图书馆组织活动的方式来进行宣传。

通常，国际儿童图书日还与各种儿童图书庆祝活动、作家和插画家见面、作文竞赛或公布图书奖等活动联系在一起。

2007年，在教育部基教司和团中央少年部共同支持下，中国儿童读物促进会（即国际儿童读物联盟中国分会）与首都图书馆共同主办了"纪念国际儿童图书节40周年暨中国儿童阅读日系列活动"。在活动启动仪式上，主办方提出，从2007年起，将每年4月2日的"国际儿童图书日"定为"中国儿童阅读日"。

2007年首届"中国儿童阅读日"开展了系列活动，如国内外专家就如何引导青少年使用图书馆召开交流研讨会，在德州、深圳、上海等地举办海峡两岸图画书教学观摩交流、儿童自创图画书展、世界精品图画书展、国际经典插图作品展、百名"故事义工"讲故事、快乐书市、故事接龙等。

国际儿童图书日自举办以来，吸引了多方的注意，在这个节日里举办各类活动的除了教育系统、图书馆系统、出版系统，还有社会其他部门，如公安边防支队、航空公司等也纷纷参与了这一活动，为青少年营造了一个良好的阅读氛围。

国际儿童图书日期间，幼儿园和小学会号召学生捐赠图书，成立班级"读书角"；图书馆常举办一些相关的活动或讲座，让孩子们从小就亲近图书馆，爱上阅读；部分出版社也会借力国际儿童图书日，与学校、教育系统合作，一起举办作家签售、推荐好书等活动；其他社会各界也会通过形式各异的活动为儿童阅读献计献策，共同出谋划策。

《长满书的大树——安徒生文学奖获得者与儿童的对话》（黑马译，湖北少年儿童出版社2005年9月第1版），是一本有关国际儿童图书日的书。该书编选和汇集了历届世界儿童图书日上作家们的美丽献词、安徒生奖得主精彩的获奖演说词，以及历届世界儿童图书日的彩色招贴画。这是世界各国儿童文学大师们所描绘的"书的世界"，讲述出一个个昨天的故事和明天的秘密。

国际儿童图书日历年主题

年份	主办分会	主题
1967	瑞士	儿童书籍之常青树
1968	南斯拉夫	传递给全世界儿童的爱的信息
1969	瑞典	裹着黑色西班牙斗篷的男人
1970	南斯拉夫	孩子——书籍对你意味着什么？
1971	奥地利	马丁和书籍
1972	美国	与书籍交朋友
1973	捷克斯洛伐克	面向全世界儿童的书籍
1974	英国	无论你去何方，都要携带一本书
1975	丹麦	山间的精灵
1976	伊朗	神秘的金鱼
1977	法国	阅读的乐趣
1978	澳大利亚	生活在充满书籍的世界中
1979	保加利亚	书籍是友谊之源
1980	波兰	书籍是通往世界的窗户
1981	德意志联邦共和国	阅读是愉快的
1982	塞浦路斯	书籍是和平的太阳
1983	委内瑞拉	每个人都需要吃饭和看书
1984	巴西	阅读书籍与分享快乐

年份	主办分会	主题
1985	奥地利	读书与生活分不开
1986	捷克斯洛伐克	谁都偷不走太阳
1987	苏联	儿童、书籍与世界
1988	奥地利	有魔力的地毯
1989	加纳	分享阅读的美妙体验
1990	加拿大	在林间的空地上
1991	希腊	书籍是黑暗中的萤火虫
1992	哥伦比亚	梅瑞安，一个喜爱故事书的女孩子
1993	伊朗	书籍是昨天的故事和明天的秘密
1994	美国	属于读者的世界
1995	日本	书籍——共同分享体验
1996	丹麦	书籍是通往内心世界的彩虹桥
1997	斯洛文尼亚	童年是生命的诗歌
1998	比利时	打开书籍，绽放魔法
1999	西班牙	我的书籍，我的挚爱
2000	芬兰	秘诀在书中，书籍就是秘诀
2001	匈牙利	书籍拥有一切
2002	奥地利	攀登书山
2003	巴西	醉人的网络世界
2004	希腊	书籍之光
2005	印度	书籍是我的魔眼
2006	斯洛伐克	书籍的命运写在星星上
2007	新西兰	故事环绕世界
2008	泰国	书籍的启示
2009	埃及	我的世界
2010	西班牙	一本书正等着你，找到它
2011	爱沙尼亚	春光无限，绽放指尖
2012	墨西哥	很久很久以前，有一个全世界都在诉说的故事
2013	美国	快乐图书环游世界
2014	爱尔兰	读故事，想象那些国家
2015	阿联酋	多种文化，同一个故事
2016	巴西	从前……

第二章

家庭阅读环境创设

家庭是孩子第一个温暖的阅读场所。家庭可以为孩子们的阅读创设什么样的阅读环境呢？英国当代著名青少年文学大师艾登·钱伯斯在《打造儿童阅读环境》中说：阅读总是需要场所的。阅读的场所和我们阅读的乐趣、情绪、专心度有极大关系。阅读的乐趣绝不仅仅取决于场所，它和读什么书、当时的心情、什么样的时间以及是否被打扰等因素，都有很大的关系。对儿童阅读来讲，更是如此。

　　从广义上讲，阅读可分为外部物质环境和周围情绪环境，即阅读硬环境和软环境。阅读硬环境包括家庭与幼儿园丰富多彩的阅读材料，如阅览场所中的坐卧装备、室内色彩、光线照明、以及声控环境等这些因素。除了良好的物质环境，还需要有放松舒适的心理环境，温馨和蔼的阅读互动活动、良好的阅读习惯、科学的阅读指导等等软性环境。

　　家庭阅读环境创设，就是让儿童处身于一种亲切、美好的话语环境中，同时，再配上优美、动听、富有想象空间的音乐以及形象生动的玩具，使儿童在轻松愉快的气氛中，自由有序地阅读，尽情地抒发自己的情感和愿望。

第一节　家庭阅读空间的设置

家庭阅读环境包括显性的物质环境和隐性的心理环境。良好的物质环境如丰富的书籍可以激发阅读兴趣，为构建良好的心理环境如亲子阅读等提供基础。书房是家庭的阅读心脏，它不仅可以体现一个家庭的文化品位，更是营造家庭阅读氛围、放松心情、品茶论道的场所。所以在居住环境中，一个舒适而又有格调的阅读空间显得尤为重要。

一、家庭阅读的物理环境

（一）家庭阅读的硬件设施安排

在书房的大部分时间是用来学习或娱乐休闲，由于它具有这一特殊性，在一般情况下，书房的装修风格和其他房间都不一样。一个好的书房，能够让我们更好地进入学习状态，更易感受到求知与休闲氛围。

书房的光线不能太强，尽量使用良好的自然光。太强的光线会刺伤眼睛，不适宜阅读，因此以读书或办公为主的书房可以选择住宅的北面房间。为了更好地利用自然光源，我们可以把书房的工作区安排在窗边，考虑到

永丰诗舍中的安静蓝（文刀摄）

我在这边，你在那边（周晓舟摄）

可爱的展架（周晓舟摄）

电脑显示屏幕的反光性，最好把位置选择在窗户的两侧，稍有距离即可。良好的自然光线不但可以满足照明要求，还能给我们带来愉悦自然的好心情。

书房的色彩以简洁为主。统一简洁的颜色往往给人一种清静雅致而又不错综复杂的感觉。书房里家具的设计造型和主体颜色，都要以简洁为主。人体对不同的色彩会产生不一样的反应，根据这一定律，书房用比较直观的色彩来配合居室的冷暖感是一个比较不错的选择。如果简洁的色彩让家的整体效果看起来不太和谐，我们还可以配以适当的装饰画，来调节家居的整体视觉效果。

选取相对比较隔音的装修材料。书房是阅读和办公的场所，环境要求相对安静，这样才能提高学习和工作效率，所以在装修书房时要选取那些隔音、吸音效果比较好的装修材料。比如：书房顶部可以选用吸音式的石膏板，墙壁可采用软包装饰布，地毯和窗帘可挑选吸音效果佳或是比较厚的材料，以此来阻隔书房外的噪音。

书房装修完毕后，就可以选择适合自己的书柜或是书架。一般来说，居家书房中的书架或书柜不会选择图书馆中金属类的书架或书柜，大多数读书人会选择木制书架或柜架来装点自己的书房，因为实木家具给人以温暖感觉，不像金属类书架或书柜冷冰冰的。

书架或书柜的样式选择，也要考虑房间的整体装修风格，颜色最好与住宅全局相搭配，统一简洁仍旧是书柜选择的首要原则。另外，书架或书柜的数量取决于自身藏书的规模。另一方面，也取决于我们购书生涯所处的阶段。有着文化象征的书籍是装点书房的最佳装饰品。藏书家罗杰·罗森布拉特（Roger Rosenblatt）也曾说过："用图书装饰一面墙壁的效果远胜于用涂料粉刷的效果。"

布置适宜的阅读空间，便于营造良好的家庭阅读氛围。书籍的摆放要有一定的规律，以方便我们日后查阅。一旦我们将书放在书架上，尽量让书籍按照某种顺序排列整齐。不过，不同的人会选择不同的排列方式，如拼音法、主题法、书籍版本的大小或者是购书的时间等等。其实，任何一种组织方法都是可行的，但无论哪种排列方式，都要以方便为中心，需要的时候可以比较容易地找到。

另外，书房也可以安置一些个性的艺术品，比如可以在墙壁上挂书法和绘画作品，甚至在书架上放置一些小型雕塑、艺术照片等，小尺寸的照片或艺术品是填充书架与图书间空隙的最佳选择。

（二）儿童的阅读空间设置

孩子在家中要有专门的阅读区域。这块阅读区域可以随着孩子年龄的增大而发生变化，比如：当孩子在幼儿时期，我们的阅览区可以收藏五彩斑斓的绘本图书、幽默的漫画书籍；当孩子稍稍大一些，上小学、初中或高中时，我们可以根据学校推荐的阅读书目以及孩子本身所形成的阅读兴趣，为孩子购置他们喜欢的各类图书。

另外，阅读空间图书的陈列方式不容忽视。它不仅对吸引孩子的注意力和培养孩子的阅读意识起着至关重要的作用，还可以影响到孩子的阅读兴趣和阅读情绪。展示在阅览区的图书本身就是最好的宣传者和最佳的代言人，亮丽光鲜的图书封面和五颜六色的书脊都会吸引住孩子的注意力。书架上的图书要根据实际需要分门别类地摆放，比如：把故事性的图书摆放在一起，将漫画、绘本等类型的

铜陵少儿图书阅览室
（周晓舟摄）

图书摆放在一起。孩子在索拿图书的过程中，也可以慢慢接触并逐步学习图书分类的相关知识，形成将类似的事物摆放在一起的意识，这也会给将来的工作与生活带来益处。展示图书的目的是为了让孩子来读书，所以这样的图书陈列应该是持久的，让孩子深深地感受到书是可以接近的，是可以阅读的，更是可以使用的。

家庭是孩子第一个温暖的阅读场所。家庭可以为孩子们的阅读创设什么样的阅读环境呢？

其中在设置阅读区时，需要注意的因素，包括光线、陈设、家具布置等。美国著名阅读研究专家吉姆·崔利斯（Jim Trelease）建议，一个希望自己的孩子拥有阅读能力的家长，应为孩子准备以下一些东西：

（1）书籍。孩子拥有自己的书，并在书上写上自己的名字。

（2）书架。将它们放在可以最常被使用到的地方，以便随时取阅。

（3）床头灯。为孩子安装一个床头灯或阅读小灯，让它陪伴孩子开始愉快的阅读之旅。

详细一点说，就是3个B，被称为3B原则，而这三样东西是几乎所有的家长都有能力负担的。

第一个B是书籍（Books）：让孩子拥有自己的书，在书内写上自己的名字，而且这些书不用归还给图书馆，甚至不必和其他兄弟姊妹分享。有一项针对以色列的幼儿园学童所做的调查发现，阅读能力好的小孩所拥有的书籍，是阅读能力较差的小孩所拥有的十倍之多。

第二个 B 是书篮或杂志架（Book Basket or Magazine Rack）：将其放在可以最常被使用到的地方。在美国，人们在厕所阅读所花的时间，可能比在图书馆和教室里阅读所花的时间还多，因此，建议你在厕所内放个书篮，并在里面装些书报杂志。

另外，再放个书篮在餐桌附近。一般在快餐餐厅前摆的投币式报纸贩卖机并不是用来作为装饰的，假如你将车停在停车场内，坐在车内观察哪些人会从贩卖机买报纸，你会发现，几乎都是单独用餐的人在买报纸。而现在有愈来愈多的小孩每天至少有一餐独自解决，那么对他们而言，餐桌旁就是个最重要的休闲阅读的地方。如果有本书放在桌上，他们将会拿起来翻看。

第三个 B 是床头灯（Bed Lamp）：孩子的房内是否有床头灯或阅读小灯？如果没有，而你想培养他们的阅读习惯，那么第一件事便是不妨先去帮孩子买盏灯。买了灯并将其安装好，然后像这样告诉孩子："我们认为你已经够大了，可以晚一点睡觉，在睡前，你可以像爸爸、妈妈一样，先在床上看点书，所以我们帮你买了这盏小灯，如果你想在睡前阅读一下，我们会让它多亮着十五分钟（或

铜陵少儿阅览空间（周晓舟摄）

更长，视孩子的年龄而定），如果你不想看书也没有关系，我们会照往常的熄灯时间将它关掉。"事实上，大多数的孩子会为了要晚一点睡觉而愿意做任何事，即使是阅读。

布置儿童的阅读区，应该注意温馨和舒适氛围，让孩子喜欢阅读区，他才愿意在这里读书。最好选择有木质地板或者是铺着地毯的房间，因为瓷砖和大理石的地面冰冷的感觉不适合儿童。阅读区里可以布置舒适的椅凳或沙发，适合儿童高度的开放式书架。书架上不仅可以陈列图书，还可以配上家庭成员的照片，以及适当的玩具摆设。

阅读区的墙面也可以充分利用起来。可以在墙面贴上带文字的图画，也可以贴上宝宝自己画的画，甚至是贴上白纸。宝宝看过书以后，把自己喜欢的书中人物画在大白纸上。同时要定期更换，更替下来的图画，家长要妥善地收藏起来，背面写上日期，以后将成为孩子成长的真实记录。[①]

二、家庭藏书的选择

家庭藏书是家庭阅读所应该具备的硬件基础，我们可以从多个方面、多个角度来进行分类归纳。家庭藏书要顾及家庭里每个成员的阅读需求。我们在做家庭藏书建设方面往往只考虑孩子的需求，其他家庭成员的阅读需求也需要考虑。除了文学作品，生活中所涉及的实用类图书，例如食谱、旅游类图书，以及老年人可能需要的报纸、期刊等阅读资源都需要充分考虑。

在为孩子选择图书的时候需要注意哪些问题呢？我们在进行儿童图书推荐的时候，往往关注的是年龄。在制订阅读计划时，我们更关注的是专家的推荐、老师的布置。各种推荐书目中最常使用的标准也往往是自然属性、年龄、性别等等。这忽略了儿童的个体差异性。笔者有一个儿童定制个性化阅读计划。哪种衣服最合自己的身材？自然是定制。哪种阅读计划最适合孩子？自然也是为儿童进行的

---

① 陈世海，万宇.阅读，种下一棵幸福树.上海：中国福利会出版社，2013：80—84.

个人定制的阅读计划。定制的基础是对孩子的全面了解、全面评估。在对现有情况的评估基础之上，设立阅读的目标，进而设计具体可行、容易推进的阅读计划。这样的阅读计划，符合孩子的发展现状，易于执行并推进，目标明确。

作为父母，大概都能体会个体差异性。而如何对儿童的发展现状进行评估，似乎又陷入一个悖论。因为儿童的发展水平多样，我们要进行量体裁衣，要进行个性化评估。但正是因为儿童的发展水平多样，评估的标准很难制定。

下面我们大致按照儿童的发展水平从以下几个方面进行评估：

（一）语言

语言状况中最外显的指标应该就是识字量。这从儿童平时的阅读状况很容易判断。我们曾经在公立小学的一年级学生中进行过识字量的统计。使用 2500 字常用字表，由专人来一对一地对刚入学的小学生进行具体的测量，我们发现儿童进入小学时的识字量差异性很大。我们测量的样本中，最多的可以认识到 1300 字左右，那么他就可以比较轻松地阅读报纸，而识字量最少的样本仅仅认识 7 个汉字。因此，我们从孩子的识字量入手，可以为孩子选择合适的读物。如果在识字上没有太多的障碍，那么自主阅读就可以开展，一些字数比较多、字形比较复杂的儿童文学也可以为孩子选择。

语言状况的评估还包括对词汇的掌握，尤其是对书面词汇的理解。儿童在六岁左右，口语发展已经相当于成人的百分之九十，可以理解大多数成人世界的口语，并熟练使用口语来表达自己的需求、感受、感情等，家长往往感受到孩子在这个阶段似乎成了"小大人"。但是对孩子而言，书本中的书面语世界仍是个比较陌生的未知世界。语言学中有一些关于词汇方面的测试，如皮博迪测试等，可以给我们提供孩子大体对于词汇的理解。所以，我觉得，没有语言学家参与的分级阅读，很难保障其科学性。

（二）儿童的兴趣喜好

兴趣是很个别化的喜好。虽然我们也能经验性地得出一些男孩子对工程机械、车辆等有兴趣，女孩子对公主、童话等有兴趣的结论，但是这种推论往往过于主观，或者人为塑造。兴趣是非常强的推动力。借由兴趣，儿童打开了未知世界。了解孩子的兴趣，经常和他讨论，推动兴趣的发展，给孩子寻找相关读物，对于爱护、激发、发挥孩子的兴趣都非常有帮助。有个孩子对昆虫非常有兴趣，他的爸爸为孩子找了很多相关的读物，甚至为孩子准备了大学本科的教材《昆虫分类学》，孩子很喜欢，吸收了很多内容。所以，这就需要家长对孩子有所了解，进而有所引导。

但在选择时也不可一味偏食，只给孩子他所感兴趣的，甚至过多地给孩子感兴趣的材料。要注意扩大阅读面，给孩子比较丰富全面的阅读大餐。

（三）明确的目标

我们制订计划，往往需要目标。目标可以设置得具体一点，这样操作起来会更容易一些。我看过一些"阅读治疗"的例子，例如针对孩子怕黑，针对孩子怕狗，设计一些阅读方面的计划，引导孩子比较顺利地度过心理害怕期。还有一些疗愈性故事，是针对孩子们需要纠正的行为特别创作的，可以引导孩子有针对性地阅读。设计计划阶段，有了有针对性的目标，我们就可以设计具体的实施步骤了。国外的教育系统会针对特殊儿童（发展特别好和发展相对落后）做 IEP（个

宜温柔以待（刘志刚摄）

性化教育计划），其实每个孩子都需要 IEP，个性化的教育规划和个别化的教育观照每个孩子都需要。每个家长都在为孩子进行个别性的评估。也许这个评估没有量表，没有专业人士的参与，但是家长的感受也许能提供很多参考。希望未来的研究者们能为阅读评估提供更多的参照和评价体系。[①]

那具体说来，适合小朋友阅读的书籍是什么呢？

（一）适合年龄特点的图书

图书是孩子进入阅读殿堂的阶梯。随着孩子年龄的增长，他们在视觉、心智、认知上都有着阶段性的变化，父母在选择图书时也应该符合该阶段的特征。

3—4 岁这个时期的孩子，在视觉捕捉上已经相当敏锐，他们喜欢明亮的色彩，不过图画最好简单清晰，不要过于抽象，在比例上也应该与实物相符，以免孩子在理解上发生困难，儿歌、童话和民间故事是最佳选择。

5—6 岁这个时期，随着孩子生活经验的扩大，词汇量的增加，想象力的丰富，家长可以给孩子多层面的书本选择，如历史故事、童话、民间故事等，还可以根据孩子的阅读能力选择一些历史、自然科学等方面的知识性图书。

学龄段的孩子的认知能力提高，阅读需求增加，课内学业压力较大，阅读中教辅的需求也比较大。在选择图书时，要多注意非虚构性作品的选择。知识、百科、小说类的图书类型需要平衡。学龄段的孩子还会面临课内学习与课外阅读的时间分配，以及娱乐性阅读与信息获取性阅读等方面的规划与平衡。这些都需要做好规划与平衡。

（二）不同体裁的图书

儿歌、古诗是孩子们的诵读材料首选。教授儿歌与古诗是对孩子进行母语教育的一个重要手段，它们具有节奏感强、短小精悍、内容简单的特点，好的古诗和儿歌往往具有很强的感染力，能够使孩子在潜移默化中受到良好的教育。

---

① 万宇. 为儿童定制个性化阅读计划. 图书馆杂志，2013（02）：112.

故事是孩子必不可少的成长维生素。故事涉及面广，孩子在故事中不仅能认识社会，而且还可以了解自然、增长知识，故事能哺育出聪明的孩子。

寓言是醒神的薄荷糖。寓言具有鲜明的哲理，它并不是对孩子疾言厉色地说大道理，而总是巧妙地给孩子以哲理的启示。

童话是多彩的幻想世界。童话内容丰富，设计新颖，给孩子提供了很大的想象空间，能更好地引导孩子。

（三）有针对性地选择图书

家长可以根据孩子的行为习惯有针对性地选择图书，以帮助孩子及时地纠正其中的不良部分。如果想要规范孩子的行为，可以选择一些文明行为的图书，如《有魔力的话》。

（四）符合个性特点和兴趣爱好的图书

父母还应从自己孩子本身的特点出发，选择一些孩子特别感兴趣的图书，既保护孩子的探究欲望，又增加孩子的阅读兴趣。除了书籍以外，与孩子日常生活密切相关的报纸、杂志、包装纸、路牌、书信、多媒体、音像资料都可以作为孩子阅读的材料，阅读的范围是宽泛的、丰富的。

说到吃饭，我们会给孩子五谷杂粮、肉蛋奶蔬，注意营养搭配，争取做到全面均衡。说到阅读，家长朋友则多侧重在文学性书籍上，如儿童文学或故事书上面，往往忽略了阅读的全面性，给孩子的阅读材料往往种类集中，而孩子们也在阅读方面有"偏食"或"挑食"的毛病。

还是用食物来打比方，没有一种食物是"完美食物"，只要吃了它，其他什么都不需要。同样，在儿童阅读中也没有任何一本书，或一种题材可以全面满足孩子们的阅读需求。阅读是儿童了解世界、认识世界的最重要的渠道，多种类、多层次的阅读往往会丰富儿童的世界，开启更多认识世界的窗户。

以儿童图书的种类来划分，可以按照不同标准来划分成很多类型。在这里，我来说说几种比较容易被忽视的类型。我们平常所熟悉的儿童图书基本以散文、白话文的形式出现，在给孩子选择阅读材料的时候往往会无意间忽略掉韵文的形式。儿童阅读材料中的韵文，包括我国传统的童蒙韵文材料、儿歌、儿童诗。

在儿童阅读领域，我们似乎都太注重洋面包的引进了，其实我们的祖先为了我们的"中国胃"留下了很多好消化好吸收的中国食物。《三字经》《千字文》等不赘述了，这里特别要说说《笠翁对韵》和《声律启蒙》，都是古人为儿童熟悉声韵而创作的韵文作品。意境优美，文字洗练，读起来朗朗上口，"过天星似箭，吐魄月如弓。驿旅客逢梅子雨，池亭人挹藕花风。茅店村前，皓月坠林鸡唱韵；板桥路上，青霜锁道马行踪"①，这一幅幅中国审美的图景，为孩子们提供了多少理解古代中国的线索。

除了有韵律的童蒙韵文、儿歌之外，儿童诗也是很重要的领域。除了我们耳熟能详的古诗之外，儿童诗包括丰富的内容，有韵文部分，也有散文部分。诗歌是对书面语言的精妙使用，对瞬间的诗意化再现，再现震颤心灵的细节。儿童诗是指以儿童为主体接受对象，适合于儿童听赏、吟诵、阅读的诗歌。儿童是天生的诗人，他们对世界的理解细微而充满个性，让孩子读读诗相当有益。"我要是能够喜欢上／一切一切和一切／葱和番茄和鱼儿／我要都能喜欢上／我家饭菜全都是／妈妈亲手做好的／我要是能够喜欢上／一切一切一切人／医生抑或是乌鸦／我要都能喜欢上／这个世界全都是／老天亲手做好的"②，诗中所写都是儿童熟悉的生活，温暖又浅显，而奇思妙想让人难忘。

地图，又是一种经常被遗忘的阅读材料类型。其实，地图对于儿童的发展，有着独特的作用。它用简单明了的方式来表达，让孩子理解空间的位置，了解世界的存在。地图可以使儿童准备体会地理位置，能够对坐标等概念有所体验，而且当孩子在地图中找到自己的家或者熟悉的地方时会有自豪感和由衷的喜悦。中国地图、世界地图会让儿童对于外在的世界有更为真实的感受，同时对儿童的抽象能力发展也有益处。由于儿童的特点，可以选取形式更为活泼的旅游漫画类地

---

① 李渔.笠翁对韵.北京：中国文史出版社，2015：7.

② 金子美铃.向着明亮那方.北京：新星出版社，2009：157.

《声律启蒙》

图，或有一定情节的导引。

　　没有只需服用一颗就能不吃饭的灵丹，想让儿童健康成长，那就为他准备好材料丰富、类型多样的全面营养餐吧，让孩子自由地吸收，广泛地摄入，培养一个健康积极的好胃口吧。

三、营造良好的家庭阅读心理环境

　　心理环境营造包括亲子阅读的心态、家长本身的阅读习惯与行为、培养孩子阅读兴趣及一些必要的阅读规则。对儿童阅读来讲，阅读环境可分为外部物质环境和周围情绪环境，即阅读硬环境和软环境。阅读硬环境包括家庭、学校、社区、图书馆乃至网络上丰富多彩的阅读材料，阅览场所中的坐卧装备、室内色彩、光线照明，以及声控环境等这些因素。除了良好的物质环境，还需要有放松舒适的心理环境、温馨的阅读互动活动、良好的阅读习惯、科学的阅读指导等软性环境。

　　儿童文学创作、儿童阅读环境的建立，都应本着"儿童本位"的原则。图画对儿童的吸引力大于文字，儿童喜爱鲜艳的色块和生动的形象，因而儿童的阅读场所应是色彩鲜明的，并且在观赏性和艺术性的基础上辅助以文字，用图文并茂的阅读场所引导儿童产生阅读的兴趣，帮助他们在文字和实物之间建立联系，逐渐从具体向抽象转化，培养其阅读能力。

为儿童阅读提供的读物，应当是儿童喜爱并容易理解的：图画色彩鲜明，容易吸引儿童的注意力；与儿童生活有关，图画内容简单、具体、生动有趣，让儿童有兴趣看下去，并有发挥创造力和想象力的机会；搭配的文字优美、简练，句型短，利于儿童理解。

此外，儿童还需要丰富多彩的阅读活动，以提升阅读的趣味。在各种阅读活动中，让儿童身处一种亲切、美好的语感环境中，同时，再配上优美、动听、富有想象的音乐以及形象生动的教具，使儿童在融融的气氛中，尽情地表达自己的情感和愿望。

（一）亲子共读的心态

亲子共读是一件温馨又愉快的事，情绪上是一种享受，父母不应多考问孩子，以免造成孩子情绪紧张。亲子共读一本书是最好的阅读方法之一，这不仅有助于孩子语言能力、认知能力的发展，最重要的是一家人在共读、讨论书中内容的过程中，拉近了彼此情感，变得更加亲密。

（二）培养幼儿阅读的兴趣

孩子入学后最重要的技能之一是阅读，阅读兴趣的浓淡、阅读能力的强弱都是孩子入学以后学习成绩优劣的先决条件。

（三）父母的阅读习惯和阅读行为

父母自身良好的阅读习惯对孩子有着潜移默化的影响，父母是否有意为孩子进行阅读准备是造成孩子阅读能力、语言运用能力和学习能力差异的一个重要因素，父母应从培养自身阅读兴趣入手。

（四）阅读方法的指导

在家庭中的阅读方法指导主要要照顾到儿童的行为习惯、学习方式等。

游戏法：在家庭阅读活动中，和孩子玩串字游戏、排图游戏、编故事结尾等，让孩子运用语言与父母交流，在此过程中说得越来越正确，越来越完善。

表演法：父母与孩子共同扮演书中的角色，学说角色的对话，使孩子得到更多运用语言的机会。

谈话法：在家庭阅读活动中，父母与孩子交流对作品的理解和自己的想法，给孩子留下提问质疑的空间，鼓励幼儿大胆用语言表达自己的"预期"和"假设"，提高其创造性运用语言的能力。

第二节　家庭阅读指导策略

一、倾听、感受家长的阅读

孩子最初的阅读主要是依赖父母的朗读，他们是在用自己的耳朵"阅读"，倾听、讲述是孩子的主要阅读方式。家长每天应当安排一个固定的时间为孩子朗读，不仅可以增进亲子关系，还可以培养孩子良好的阅读习惯。

二、帮助孩子观察、理解故事内容

家长在与孩子一起看书时，不仅要求孩子认真听，还应要求孩子认真看画面，通过每一页画面帮助孩子理解故事内容，培养孩子的观察能力，也可提出一些观察性的问题。

三、理解符号和语言的对应关系

在阅读中，对于小班的孩子，家长应帮助他们建立图画符号和语言的对应关系。对于中、大班的孩子，可以引导他们注意观察画面上的文字以及页码的位置、顺序等，这样不仅有利于培养孩子的观察力，还可以为今后孩子的独立阅读打下基础。

四、启发思考，假设想象

在引导孩子阅读的过程中家长可以引导孩子看图编故事或续编故事的结尾，

来培养孩子的想象力和理解力。

五、阅读后的交流至关重要

家长在讲完一个故事后，应当和孩子进行有目的的交谈，以此了解孩子的理解程度和思想动态。

六、点读认字，激发对汉字的敏感性

家长在指导幼儿阅读时可用手指点读一些简单的常用字，以提高孩子对汉字的敏感性。孩子在阅读中识字时，能将图、文结合起来，有助于孩子对汉字的理解。

全民阅读应从塑造家庭阅读环境入手。比如，通过教育机构、妇联、工会、党建部门和社区居委会等不同的渠道，持续地向家庭赠送不少于 100 本的儿童阶梯成长书籍。书目可以由专业机构推荐，统一配送。

同时，要有像举办共建文明城市、卫生城市那样的推动力量进入家庭，定期检查、表彰家庭成员的阅读，在社区的各项考核指标中加上一条有关阅读的内容，

思维导图式阅读是怎样的体验
（周晓舟摄）

特别是要包含亲子阅读的评估。

在家庭中，亲子共读能促使爸爸妈妈和孩子密切接触，培养家庭阅读习惯。对于一些工作繁忙的爸爸来说，每天花费最少的时间（读一本绘本大概需 7 分钟）能给孩子最有品质的陪伴，这是促进父子关系和谐的重要手段。而爸爸妈妈为孩子读书，自己也体会到爱的付出以及读书给自己带来的愉悦感受，反过来也会促进自己多读书。

因为共读，家庭和孩子会有更多间接经验的交叉点，孩子经由这些共同点找到与成人"对话"的基石，我们也有了了解孩子成长的密钥。共读的书本越多，越能互相了解，越能将我们成人所希望的一些真善美通过读书传递给孩子。

附录1：

适合家庭藏书的指南类书目推荐

1.《中国读书大辞典》，王余光、徐雁主编，南京大学出版社 1993 年 5 月初版，1994 年 8 月重印。

这部大辞典属国家"八五"重点图书选题规划项目。在北京大学勺园举行的《中国读书大辞典》品评会上，有些国学大师称此书为读书人不可不读的可以医愚的"医药大辞典"，是读书史上填补空白的创举。这部独具一格的大辞典分名人读书录、读书知识录、读书环境录、读书博闻录、读书门径录等。

2.《中国读者理想藏书》，王余光主编，光明日报出版社 1999 年版。

有人将胡适等开过的共 80 个推荐书目做了一次统计，排列出《中外名著排行榜》。这就是《中国读者理想藏书》的新颖之处。它会循序渐进地向你介绍最应读的中外名著。

本书作者将胡适、钱穆、鲁迅、海明威、毛姆、托马斯·曼，以及近年来北京大学教授、哈佛大学教授等开过的共 80 个经典书目做了一个统计，排列出《中外名著排行榜》。以这个《中外名著排行榜》为依据，给中国读者推荐理想的藏书，分首批推荐、二次推荐、三次推荐三个层次。作者对最切要的首批推荐、二次推荐图书共 800 余种名著做了提要，取材严肃，晓畅可读。涉及文化、历史、哲学、政治、经济、法律、科技等多种领域，侧重传统经典和近代名著，优秀的当代作品也包含在内。一册在手，既可作为构建家庭藏书的参考读物，又可作为随时浏览的枕边书，一窥中外经典名著的大略。

3.《理想藏书》，皮埃尔·蓬塞纳主编，贝尔纳·皮沃介绍，余中光、余宁译，上海人民出版社 2011 年 8 月版。

这本工具书除提供 49 个专题 2401 篇书目之外，还对入选的每一部作品做了一个极其扼要的介绍，旨在向读者传达作品的基本信息：作者、书名、出版年代、出版社、重要性、特殊性、趣味性、已经出版的中译本信息，等等。

这 49 个专题可分两大类。第一类是文学，以大国文学分，有德国文学、英国文学、西班牙文学、意大利文学等；以地区文学分，有美洲西班牙语文学、亚洲文学、中欧文学、北欧文学、东地中海及马格里布文学等；以体裁分，有历险小说、历史小说、侦探小说、短篇小说、游记、科幻小说、日记、书信、戏剧、自传回忆录、少儿读物等。更细的分类则有美国小说、法国小说、法国诗歌等。第二类是文化，我们可以看到音乐、艺术史、连环画、历史、战争、革命、哲学、政治、宗教、风俗、美食等专题。

书尾附有诺贝尔文学奖和法国五大文学奖（龚古尔奖、勒诺陀奖、费米娜奖、美第契奖、法兰西学士院小说大奖）的全名录，以及《读书》杂志 1977—1987 年评选的每年 20 本最佳图书的书目。

4.《全民阅读推广手册》，徐雁主编，海天出版社 2011 年 11 月版。

由徐雁主编的《全民阅读推广手册》，科学布阵九大单元，内容包括第一篇中外阅读理论、第二篇阅读推广组织、第三篇阅读媒体介绍、第四篇阅读推广方案策划、第五篇书目指南、第六篇国内阅读推广活动、第七篇国外阅读推广活动等。

既有给力人生的阅读智慧，又有给养心灵的"阅读疗法"，既有积淀丰厚的藏书文化，又有精彩纷呈的都市阅读，并且介绍了阅读机构、导读书目、读书媒体，以及方兴未艾的数字化阅读等有关方面的内容，不仅总结了阅读学的传统理论和成熟经验，而且展示了阅读实践的新方法和新进展，乃是一部开卷释疑、读之益智的重要工具书。

5.《如何阅读一本书》，莫提默 · J. 艾德勒、查尔斯 · 范多伦编，赫明义、朱衣译，商务印书馆 2004 年 1 月版。

初版于 1940 年，1972 年大幅增订为新版。不懂阅读的人，初探阅读的人，读这本书可以少走冤枉路。对阅读有所体会的人，读这本书可以有更深的印证和领悟。一本书出现在面前时，肌肉包着骨头，衣服包裹着肌肉，可说是盛装而来。读者用不着揭开它的外衣或是撕去它的肌肉来得到在柔软表皮下的那套骨架，但是一定要用一双 X 光般的透视眼来看这本书，因为那是了解一本书、掌握其骨架的基础。

6.《普鲁斯特与乌贼：阅读如何改变我们的思维》，玛丽安娜·沃尔夫著，王惟芬、杨仕音译，中国人民大学出版社 2012 年 9 月版。

《普鲁斯特与乌贼：阅读如何改变我们的思维》主要讲述大脑如何进化出阅读能力，并同时揭示智力进化的奥秘。人类之所以能够学会阅读，仰赖的全是"脑部可塑性"的设计；反之，人类在阅读时，大脑在生理及智力层面都发生了改变。

沃尔夫以备受世人推崇的法国小说家马塞尔·普鲁斯特为象征性例子，将其与相对而言无比单纯的乌贼进行对照，探索"阅读"的两种截然不同的层面。普鲁斯特的阅读圣殿与科学家的乌贼实验恰巧提供了互补的角度，帮助我们了解"阅读"的繁复之美。《普鲁斯特与乌贼：阅读如何改变我们的思维》从苏美尔人、苏格拉底，探讨到阅读障碍的各个面向，带领读者重新认识我们的大脑，惊叹于大脑如此珍贵的进化奇迹。

7.《中国阅读大辞典》，王余光、徐雁主编，南京大学出版社 2016 年 4 月版。

本书包括名人读书录、读书知识录、读书环境录、读书博闻录、读书门径录、读书品评录、读书释疑录，以及中国古典名著、中国现代名著、汉译世界名著导读等部分，内容精深，包罗读书之万象，是一本品位较高的工具书。

附录2：

亲子阅读书目推荐

参考"接力儿童分级阅读研究中心"所编"中国儿童分级阅读参考书目"中的分级标准编制了"少年儿童阅读书目"，按0—3岁、4—6岁、7—8岁、9—10岁、11—12岁五个年龄段划分，每个年龄段介绍若干本优秀书目。而对于一个系列的多册丛书，一般成套进行介绍，家长可以根据自己孩子的兴趣点，有针对性地挑选其中分册。另外，因为不同的孩子接受能力和适应能力不同，家长们不用十分局限于年龄的划分，尽量根据孩子成长的需要进行阅读。

一、0—3岁阅读书目

1.《无字书》（全8册），莫妮克·弗里克斯著，明天出版社2003年3月版

2."嘟嘟熊系列"丛书（全8册），葛冰著、吴带生绘，中国少年儿童出版社2003年10月版

3.《彩虹色的花》，麦克·格雷涅茨原作／图，细野绫子文，蒲蒲兰译，二十一世纪出版社2005年8月版

4.《月亮的味道》，麦克·格雷涅茨著，漪然、彭懿译，二十一世纪出版社2007年1月版

5.《奥莉薇》，伊恩·福尔克纳著，郝广才译，河北教育出版社2007年4月版

6.《大卫，不可以》，大卫·香农著，余治莹译，河北教育出版社2007年4月版

7.《好饿的毛毛虫》，艾瑞·卡尔著，郑明进译，明天出版社2008年4月版

8.《一园青菜成了精》，周翔绘，明天出版社2008年7月版

9.《蝴蝶·豌豆花》，金波、蔡皋主编，河北教育出版社 2010 年 4 月

10.《圆白菜小弟》，长新太著，彭懿译，南海出版公司 2011 年 3 月版

二、4—6 岁阅读书目

1.《稻草人》，叶圣陶著，人民文学出版社 2000 年 5 月版

2.“阿罗系列”丛书，克罗格特·约翰逊著，孙晓娜译，接力出版社 2004 年 1 月版

3.“贝贝熊系列”丛书（共 30 册），斯坦·博丹、简·博丹绘著，张德启等译，新疆青少年出版社 2004 年 1 月版

4.《不一样的卡梅拉》（全 6 册），克利斯提昂·约里波瓦文，克利斯提昂·艾利施图，郑迪蔚、漪然译，二十一世纪出版社 2006 年 10 月版

5.《云朵面包》，白嬉娜著，陈艳敏译，上海人民美术出版社 2007 年 3 月版

6.《三只小猪的真实故事》，乔恩·谢斯卡文，莱恩·史密斯图，方素珍译，河北教育出版社 2007 年 4 月版

7.《爱心树》，谢尔·希尔弗斯坦著，傅惟慈译，南海出版公司 2007 年 7 月版

8.“嘟嘟和巴豆”系列（共 10 册），霍利·霍比著，彭懿等译，二十一世纪出版社 2008 年 2 月版

9.“彩虹鱼系列”丛书（全 5 册），马克斯·菲斯特著，彭懿译，接力出版社 2008 年 3 月版

10.《严文井童话》，严文井著，上海人民美术出版社 2008 年 10 月版

11.《月光男孩》，依卜·斯旁·奥尔森著，杨玲玲、彭懿译，湖北美术出版社 2009 年 3 月版

12.《三字经·百家姓·千字文·弟子规》，李逸安译注，中华书局 2009 年 3 月版

三、7—8岁阅读书目

1.《皮皮鲁和鲁西西》，郑渊洁著，北京少年儿童出版社 1989 年 3 月版

2.《我和小姐姐克拉拉》，迪米特尔·茵可夫著，陈俊译，二十一世纪出版社 2005 年 9 月版

3.《宝葫芦的秘密》，张天翼著，湖北少年儿童出版社 2006 年 1 月版

4.《我的妈妈是精灵》，陈丹燕著，少年儿童出版社 2006 年 8 月版

5.《一只想飞的猫》，陈伯吹著，湖北少年儿童出版社 2006 年 9 月版

6.《少年音乐和美术故事》，丰子恺著，湖北少年儿童出版社 2006 年 12 月版

7.《石头汤》，琼·穆特著，阿甲译，南海出版公司 2007 年 6 月版

8.“I SPY 视觉大发现”系列（共 8 册），沃尔特·维克摄，吉恩·玛佐洛著，代冬梅译，接力出版社 2007 年 9 月版

9.《我的爸爸叫焦尼》，波·R·汉伯格著，爱娃·艾瑞克松摄，彭懿译，湖北美术出版社 2007 年 9 月版

10.《没头脑和不高兴》，任溶溶著，浙江少年儿童出版社 2008 年 11 月版

11.“花袜子小乌鸦成长故事”系列丛书（共 8 册），奈乐·莫斯特文，安妮特·卢道夫图，王星译，中国少年儿童出版社 2009 年 6 月版

12.《小王子》（美绘版），圣埃克絮佩里著，谭旭东译，中国少年儿童出版社 2010 年 5 月版

四、9—10岁阅读书目

1.《男生贾里全传》，秦文君著，少年儿童出版社 2000 年 4 月版

2.《窗边的小豆豆》，黑柳彻子著，赵玉皎译，南海出版公司 2003 年 1 月版

3.《林汉达中国历史故事集》，林汉达著，中国少年儿童出版社 2003 年 10 月版

4.淘气包马小跳系列（全 20 册），杨红樱著，接力出版社 2004 年 2 月版

5.《三毛流浪记》（全集），张乐平画，少年儿童出版社 2005 年 4 月版

6.《长袜子皮皮》，林格伦著，李之义译，中国少年儿童出版社 2006 年 6 月版

7.《小飞侠彼得·潘》，詹姆斯·巴里著，任溶溶译，少年儿童出版社 2006 年 10 月版

8.《小灵通漫游未来》，叶永烈著，湖北少年儿童出版社 2006 年 12 月版

9.《秘密花园》，弗朗西斯·伯内特著，张建平译，少年儿童出版社 2007 年 6 月版

10.《小淘气尼古拉绝版故事》，勒内·戈西尼文，让－雅克·桑贝图，戴捷译，中国少年儿童出版社 2007 年 10 月版

11.《亲爱的汉修先生》，贝芙莉·克莱瑞著，柯倩华译，新蕾出版社 2008 年 3 月版

12.《时代广场的蟋蟀》，乔治·塞尔登著，盖斯·威廉姆斯绘，傅湘雯译，新蕾出版社 2008 年 3 月版

13.《女儿的故事》，梅子涵著，江苏少年儿童出版社 2009 年 1 月版

14.《查理和巧克力工厂》，罗尔德·达尔著，任溶溶译，明天出版社 2009 年 3 月版

15.《有老鼠牌铅笔吗》，张之路著，浙江少年儿童出版社 2010 年 8 月版

五、11—12岁阅读书目

1.《冰心儿童文学全集》（上、下册），冰心著，中国少年儿童出版社 2000 年 8 月版

2.《夏洛的网》，E.B. 怀特著，任溶溶译，上海译文出版社 2004 年 6 月版

3.《诺贝尔奖获得者与儿童对话》，贝蒂娜·施蒂克尔编，张荣昌译，生活·读书·新知三联书店 2005 年 7 月版

4.《我要做好孩子》，黄蓓佳著，江苏少年儿童出版社 2006 年 3 月版

5.《城南旧事》，林海音著，湖北少年儿童出版社 2006 年 12 月版

6.《蓝色的海豚岛》，斯·奥台尔著，傅定邦译，新蕾出版社 2007 年 3 月版

7.《万物简史》(少儿彩绘版)，比尔·布莱森著，严维明、陈邕译，接力出版社 2007 年 5 月版

8.《腰门》，彭学军著，二十一世纪出版社 2008 年 6 月版

9.《草房子》，曹文轩著，江苏少年儿童出版社 2009 年 6 月版

10.《狼王梦》，沈石溪著，浙江少年儿童出版社 2009 年 10 月版

附录3：

《松居直喜欢的50本图画书》

"冬天来了，春天还远吗？"——《快乐的一天》

罕见而经典的图画书——《MoKo MokoMoko》

越读越有趣的图画书——《绅士的雨伞》

打破常规的科普图画书——《大家来大便》

用精彩的插图讲述传说故事的图画书——《狼和七只小羊》

大人应该好好读的图画书——《在森林里》

能看见时间的图画书——《小房子》

百年经典的图画书——《彼得兔的故事》

让你会心一笑的图画书——《蟹猴之战》

培养语言能力的图画书

听一首摇篮曲——《天亮了》

生动的译文——《米菲》

自尊心的萌芽——《阿立会穿裤子了》

无与伦比的魔力——《我的连衣裙》

荒诞中的喜悦——《鳄鱼阿鳄爱洗澡》

语言的力量——《拔萝卜》

最适合讲述的图画书——《小玛丽和羊》

朗朗上口的图画书——《蒸汽火车》

感受亲子温情的图画书

布偶意味着什么——《小熊可杜罗》

克服害怕的图画书——《拉兹和狮子》

传递冬日温暖的图画书——《萝卜回来了》

这就是我妈妈！——《小猫》

与爸爸共读的图画书——《飞吧！小飞机》

纯真无邪的猜谜游戏——《猜猜我有多爱你》

韩国图画书中的杰作——《小狗的便便》

了解孩子内在世界的途径——《野兽出没的地方》

给孩子生存活力的图画书

与孩子共展未来之梦——《好大好大的红薯》

感受树木果实的力量——《嗷嗷》

追问孩子淘气的根源——《好奇的乔治》

培养孩子与自然的亲近感——《树真好》

生命的意义和生存的喜悦——《黎明》

故事图画书的真谛——《手套》

先从插图读起的图画书——《蕗姑娘》

韩式图画书——《和爸爸在一起》

读图的图画书

真正的图画书！——《不来梅的音乐家》

孩子们能读懂吗？——《小蓝和小黄》

带来翻页乐趣的图画书——《好饿的毛毛虫》

教你读图画书的方法——《月亮，晚安》

了解图画书的美——《下雪天》

法国孩子也爱读这本书——《第一次上街买东西》

自我认同的图画书——《小黑鱼》

讲述生活的真谛——《阿春奶奶的手》

培养阅读能力的图画书

从读图画书到读书——《蓝眼睛的小猫咪》

在欧洲也众所周知的故事——《桃太郎》

内心不安的终点在哪里——《三只熊》

给没有失去"童心"的大人们看的图画书——《驴小弟变石头》

精辟的语言——《田鼠阿佛》

不断追求梦想的故事——《两个神秘的小鞋匠》

构筑讲者与听者之间的信赖关系——《壁橱里的冒险》

安徒生童话的图画书代表作——《野天鹅》

共同学习就是共同生存——《日本语教科书》

第三章

亲子阅读：家庭阅读的核心

家庭亲子阅读作为一种早期教育的方式，其本身就是幼儿成长的人文环境最优良的一部分。英国著名儿童教育专家马丁·洛森认为："父母首先是提供基因、能量和组成身体的物质，然后是养育孩子。我们提供给孩子社会和文化的背景。由于人是不完善的社会存在，需要从家庭、朋友和社会的交往中学习丰富。"

　　亲子阅读是一种传递情感和知识的活动，可以增长孩子阅读的积极情绪，促进语音加工能力的发展，从而提高孩子的阅读能力。父母是儿童的启蒙老师，父母的阅读热情和示范作用能帮助儿童养成终身阅读的良好习惯。

　　有研究结果表明，小学三年级儿童已经具备了一定的汉语拼音知识，能够较好地运用视听觉加工进行语音意识作业和阅读，父母有阅读习惯并经常鼓励孩子阅读，多给孩子购买喜欢看的课外书，都有助于儿童语音加工能力的提高，促进其阅读能力的发展。同时，父母也应该注意，并不是给孩子买书越多越好，而是要加强与孩子在阅读中的交流，鼓励孩子分享他们的阅读感受。

　　"分级阅读"，是根据少年儿童不同年龄段的智力和心理发育程度，科学设计儿童阅读计划，并提供相应的、具有科学性和系统性的读物，方便家长和少年儿童有针对性地选购图书。分级阅读的目标是为少年儿童提供"最合适的文本"。分级阅读是一种世界性的阅读趋势，英美国家在"分级阅读"方面已有多年的实践经验。

　　亲子阅读很重要的一点就是家长要起到主导作用。家长在创造优越的家庭经济条件的同时，应该积极地参与和实行亲子阅读，多给予儿童鼓励和正确引导，培养儿童独立阅读和学习的兴趣。儿童屏幕阅读时，父母也要参与其中，适当引导。

家庭亲子阅读作为一种早期教育的方式，其本身就是幼儿成长的人文环境最优良的一部分。英国著名儿童教育专家马丁·洛森认为："父母首先是提供基因、能量和组成身体的物质，然后是养育孩子。我们提供给孩子社会和文化的背景。由于人是不完善的社会存在，需要从家庭、朋友和社会的交往中学习丰富。"

一、儿童的发展与阅读

儿童的发展与阅读的发展息息相关。根据儿童的发展历程，可以分为以下几个阶段：

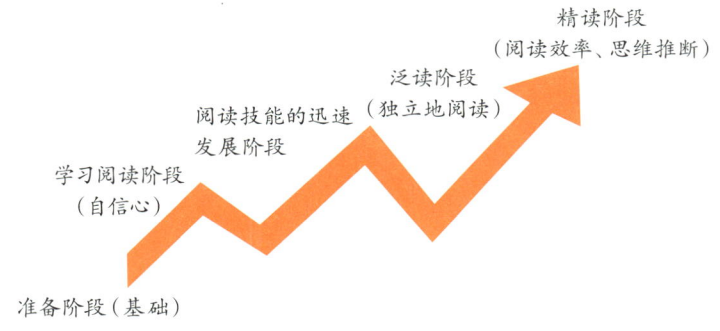

精读阶段
（阅读效率、思维推断）

泛读阶段
（独立地阅读）

阅读技能的迅速
发展阶段

学习阅读阶段
（自信心）

准备阶段（基础）

（一）第一阶段：准备阶段

这个阶段是阅读发展的基础，是指孩子从出生到 6 岁期间。从教学角度看，在这一阶段应教一些与阅读发展有关的基本能力，如视觉辨别、听觉辨别，眼、手及动作协调能力等。同时，这一阶段也要注意培养孩子积极的情感，扩大孩子的阅读概念等。

（二）第二阶段：学习阅读阶段

这一阶段主要目的是培养儿童学会建立发音与语言符号之间的关系，强调认识词汇，建立阅读的自信心。听知觉与视知觉、更好地倾听与运用语言等能力也需在这一阶段得到不断发展。这一阶段的任务主要有：学习拼音及字的发音，利用前后关系和图片线索获得意义，用不同的语调进行大声朗读，理解言语与书面语言之间的联系与区别，会用字典等。

（三）第三阶段：阅读技能的迅速发展阶段

在这个阶段，学习全面的基本阅读技能十分必要。从二三年级开始，其间的主要任务有：扩大词汇量；提高阅读理解能力；增强对词的独立分析能力；建立阅读兴趣；鼓励学生对各类材料进行广泛的阅读；加强默读能力；鼓励儿童的娱乐性阅读，如看小说、杂志、报纸。

（四）第四阶段：泛读阶段

此阶段一般发生在小学中高年级，是运用多种阅读方法和材料的时期，需提高对研究性材料的选择、评价及组织技能和默读速度，强调独立地阅读。这一阶段的任务有：不断提高对材料的阅读兴趣，进一步扩大词汇量，发展理解技能（主要观念、次序等的理解），提高词分析技能，增强理解和学习的技能，较好地把握阅读的速度与节奏。

（五）第五阶段：精读阶段

这阶段的任务是可以根据不同的目的来改变阅读的速度以提高阅读效率，越来越精确地理解阅读材料，强调对结论和中心思想的推断，注重音调和语气的应用。

儿童的阅读有一个从浪漫到精确再到综合的路线，有一个从图画书到桥梁书再到文字书的台阶，总体而言，是一个从有趣引入门到有用去拓展再到有益去提升的阶段。每个阅读台阶都有不同的阅读策略，学前是亲子共读引发兴趣，小学是海量阅读奠定基础，中学就是休闲阅读张弛有度。其中，最重要的就是浪漫的、快乐的、以绘本为主要读物的亲子共读，这是让孩子爱上阅读的最佳时期，也是让父母重新认识到读书重要性的最佳时期。

二、儿童心理发展与阅读

婴幼儿时期，是儿童心理发展过程中最重要的时期。广泛重视幼儿早期教育已成为近年来世界性的趋势。日本教育家松原达哉指出："婴幼儿时期，是孩子一生中身心发育最显著的时期。"教育的可塑性在幼儿期很明显，如果在早期对幼儿进行特殊的教育和培养，大器早成是很有希望的，望那些盼子成才的父母，切莫错过幼儿心理发展的最佳年龄期。

思维从发生到发展、成熟，要经历 18—20 年的时间。0—1 岁是婴儿思维方式的准备时期。凭借手摸、体触、口尝、鼻闻、耳听、眼看，发展起感觉、知觉能力，并在复杂的综合知觉的基础上，产生萌芽状态的表象。1—3 岁阶段主要产生的是人类的低级思维形式，即感知动作思维，又称直觉行动思维。感知动作思维是指思维过程离不开直接感知的事物和操纵事物的动作的思维方式，婴儿只有在直接摆弄具体事物的过程中才能思考问题。具体形象思维是一种依靠事物或情景的表象及表象的联想进行的思维活动。3 岁左右在感知动作思维的基础上，逐步发展起具体形象思维，并在 3—6 岁的思维活动中逐步占有主导地位。

想象是对已有的表象进行加工改造，建立新形象的心理过程。新生儿没有想象能力。周岁之前的婴儿虽然可以重现记忆中的某些事物，但还不能算是想象活动。1—2 岁的婴儿，由于个体生活经验不足，头脑中已存的表象有限，而表象的联想活动也比较差，再加上言语发展程度较低，所以只有萌芽状态的想象活动。3 岁左右的婴儿，随着经验和言语的发展，可以产生带有简单主题和角色的游戏，能够反映婴儿模仿成人社会生活情节的想象活动。3 岁以前的婴儿想象的内容也比较简单，一般是他所看到的成人或其他大孩子的某个简单行为的重复，属于再造想象的范围，缺乏创造性。

想象是人脑对已有表象进行加工改造，形成新形象的过程。想象中的形象，并不是记忆表象。想象力是创造发明的基础。有了大胆的创想，科学才不断发展，有了丰富的想象，时代才不断前进。爱因斯坦说过："想象力比知识更重要，因为知识是有限的，而想象力概括着世界上的一切，推动着进步，并且是知识进化的源泉。严格地说，想象力是科学研究的实在因素。"可见，想象力对人类社会的发展是何等的重要。

进入信息时代的今天，创造性想象的培养，已成为早期教育中不可忽视的重要课题。尽早开展早期阅读，是培育儿童想象力的最佳途径之一。图书汇集了多种艺术表现手段，从婴幼儿开始早期阅读，针对幼儿想象的生理心理特征，通过幼儿对图书画面的感知与理解、对成人语言的聆听与关注培养幼儿想象力。

年龄	正常阅读反应	给家长们的建议
0—4月	只能用耳朵听或者眼睛看	阅读过程中，多抱抱孩子，使孩子感觉亲密
4—6月	对抓书咬书比对听故事更感兴趣	用磨牙的玩具转移孩子对咬书本的兴趣
6—8月	喜欢乱翻书，不喜欢静静地听故事	让孩子随便去翻，不要因此放弃朗读
8—12月	会帮着父母在阅读中有序地翻页	可以指点着书，教孩子辨认书上的物体
12—15月	对周围事物充满好奇，非常多动	慎重选择阅读时间，别阻挠孩子的活动欲
15月—2岁	会重复一些句子，喜欢模仿	阅读一些语句简单重复的故事，便于孩子模仿
2—3岁	会复述一些故事，语言渐渐丰富	多给孩子阅读一些情节有趣的故事
3—4岁	喜欢反复阅读一本书，喜欢在听故事的时候提问	尽量有耐心地满足孩子的要求，适当回答孩子的问题，回答不了的问题可以反过来问问孩子是怎么样想的
4—5岁	喜欢可以动脑子的游戏，开始对辨认书中的文字有兴趣	多给孩子准备一些如走迷宫、找错误一类的游戏性图书，不要刻意去训练孩子认字，但要抓住机会鼓励孩子认字的行为
5—6岁	对各种知识点感兴趣，喜欢动手做些书中提到的小玩意、小试验	为孩子准备手工书、有丰富插图的科普书，和孩子一起做手工劳动
7—8岁	已经有了一定自主阅读的能力，喜欢和自己的生活有密切联系的故事	为孩子准备一些文字量少的读物，满足孩子自己读书的欲望；同时为孩子读一些篇幅比较长的童话故事，每天读一点，保持孩子每天在固定时间听故事的习惯

续表

年龄	正常阅读反应	给家长们的建议
9—10岁	有了一定的理解能力和表达能力，喜欢讨论书里的人和事	多和孩子讨论他们喜欢的作品，可以讲一些书的背景，比如作家的故事；继续保持每天朗读一段文章的习惯，可以选择一些有文学气息、文字优美精练的作品，只读一部分，其余的部分鼓励孩子自己去读
11—12岁	视野更加开阔，同时也开始有明显的阅读上的喜恶的倾向	要有意识地引导孩子发展自己的兴趣爱好，同时也要多推荐孩子阅读和其兴趣有关联的其他书籍，让孩子不至于因为个人的喜恶导致知识面过窄
13—14岁	阅读理解的水平已经和成人相当，开始有更加强烈的自主选择各种读物的要求	要鼓励孩子的自主选择，让孩子也为你推荐和朗读一些自己喜欢的作品，同时也推荐一些经典的成人文学作品给孩子，多和孩子分享阅读同一本书的感受，但不要强求他们阅读的感受和你一样

（注：摘自公益小书房《阅读引导手册》）

三、早期阅读的重要性

幼儿早期阅读是当今国内外密切关注的热点研究之一，我国从 20 世纪 90 年代起就在幼教界开展了早期阅读的研究与教育。

（一）早期阅读

当前，随着幼儿早期阅读研究的深入，人们逐渐认识到早期阅读的重要性，并对其优劣性有了更加深刻的认识，所以将幼儿早期阅读定义为：幼儿园、家庭通过为婴幼儿提供与视觉刺激有关的材料（图书、图片、录像带、碟片、电视、多媒体、幻灯片、符号、标志等），让婴幼儿接受有关材料的信息，在观察、思维、想象等基础上对材料内容进行初步理解和语言表达，发表自己的观点、见解，倾听成人讲述的一种认知过程。由以上的概念可知，幼儿早期阅读是 0—6 岁的儿童依靠图像文字与色彩，以及成人形象性的讲读来理解书籍意思的阅读过程。儿童一岁半以后开始的阅读，主要由成人将儿童读物中的内容读给儿童听，儿童

城墙书吧中的书
（刘志刚摄）

识字后，自己阅读。早期阅读是由当代一些主张提早对幼儿进行教育的教育家所提倡的。他们认为，如果大脑没有在适当的时候受到刺激，有些东西就永远丧失。接受刺激的最佳时期是儿童早期，早到出生 18 个月时。他们还认为早期阅读对儿童的影响不仅会持续下去，而且还会随着他们学历的延长而不断增加。华东师范大学学前教育系副教授张明红也将早期阅读定义为婴幼儿凭借色彩、图像、成人的语言以及文字来理解以图画为主的婴幼儿读物的所有活动。

亲子阅读作为阅读心理环境的重要内容，是一种传递情感和知识的活动，可以增强孩子阅读的积极情绪，促进语音加工能力的发展，从而提高孩子的阅读能力。亲子读写活动的研究主要是关于父母的阅读行为和他们对于读写教育的态度，以及父母给孩子阅读的行为和亲子之间的分享阅读活动。父母的阅读热情和示范作用能帮助儿童养成终身阅读的良好习惯。

（二）家庭阅读环境下幼儿早期阅读的意义与价值

1. 有助于培养幼儿的阅读兴趣与良好的阅读习惯

兴趣是最好的老师，兴趣是使人从被动学习转化为主动学习的最好内在驱动力，是幼儿学习过程中必不可缺的强大动力所在。对于幼儿早期阅读而言，孩子的年龄越小越需要直接的兴趣来激发他们的阅读兴趣与动机。阅读习惯之所以重要，是因为习惯是一种相对稳定而且被自动化的行为方式与倾向，一旦形成就会伴随幼儿的终生。我国 2012 年以来一直主张用素质教育来培养我们的孩子，儿童如果在早期养成一系列的学习习惯与生活习惯，将会受益终生，并且能成为个人可持续发展的动力，能很好地促进他们在学习生活中不断进步发展。

在家庭阅读环境下进行幼儿早期阅读，就是家长要利用孩子的生理心理特征，努力培养幼儿愿意读书、喜爱读书的阅读兴趣，努力把阅读活动建立在幼儿感兴趣的游戏活动上，促使孩子喜爱阅读活动、产生积极的阅读态度，使他们爱读书、常读书。

2. 有助于使幼儿获得初步的阅读体验与经验

在家庭阅读环境中，家长对幼儿进行早期阅读教育，能为幼儿正式进入学校之后的阅读做准备。除了前文提到的培养阅读兴趣和阅读习惯外，这些阅读准备表现在：

第一，通过早期阅读，能为幼儿建立起口头语言与书面语言的对应关系，理解无论是口头语言还是书面语言都能表达个人的思想，是人与人交流的交际工具。幼儿在这样的阅读过程中能理解书面上的言语信息，慢慢地学习各种语音知识，同时在自己说话的时候能运用新学习的词汇与句子。

第二，让幼儿获得初步的读、写经验与阅读的基本技能。学前时期是儿童语言发展、获得阅读经验的关键期。在这个时期，他们要培养起基本的阅读技能，获得丰富的读、写经验，这就要求父母要培养孩子的阅读技能，比如如何翻书等。

（三）各国普遍重视早期阅读

法国高度重视小学阅读教学，认为阅读教学是小学教育的奠基工程，不掌握阅读，事业就不会成功。

美国也重视学前阅读。美国对入学前一年的儿童进行阅读教学的学习，通过提前对儿童进行阅读教学，促进其身心发展。20 世纪 60 年代，美国实施"提前开始"计划，非常重视对贫苦儿童入学前的阅读训练，建立了不少阅读班。

美国《芝加哥论坛报》早在 20 世纪 60 年代初，为帮助学前儿童阅读，出版了连环漫画特辑。《芝加哥论坛报》的编辑认为，通过连环漫画向父母宣传学龄前朗读计划是一个革命性的教育思想，有可能引起一场争论。特别是一年级教师可能反对把一部分小学教育工作放到家里，由父母来教。结果人们对"学龄前朗读"栏目表现的巨大热情使编辑吃了一惊，居然成为几年中扩大报纸发行量最好的主意之一。

6 万多名父母请求《芝加哥论坛报》重印他们错过或丢弃的部分内容，4 万人购买朗读连环漫画的平装单行本，数百名父母喜滋滋地致函《芝加哥论坛报》，讲述他们使用连环漫画教育孩子的过程。一位母亲在信中写道："感谢你们把朗读变成我小女儿的一大乐趣。"美国在实施 1993 年度国家教育目标的资料中，其中有一项关于幼儿是否每天阅读的调查，结果显示：以 3—5 岁的孩童为例，53% 的家庭都支持并实施儿童每天阅读。

在新西兰的教育体系中，读写能力被置于至关重要的地位。在新西兰，尽管正式开始上学的年龄是 6 岁，但基本上每个孩子在 5 岁就已经开始学习了。新西兰实施早期阅读康复方案。6 岁之前，有阅读困难的孩子被鉴别出来，于是，他们就能更早地接受阅读康复方案。从 1984 年起，阅读康复方案由政府提供资金，孩子们平均在 16 个星期内就能取得显著效果。这些方案已被澳大利亚和美国一些州的教育当局所接受。

你、我、他的大众书局
（刘志刚摄）

英国"家庭读写方案"制定于 1996 年 9 月，"国家读写战略计划"是 1997 年颁布的。这些战略计划是在读写发展咨询特别工作组的商议过程中产生的。1998 年 9 月起，英格兰所有的小学都要求设立读写目标，在学校读写计划中给出了小学课程详细的年度读写教学目标。这也适用于学前班，那里有不少 4 岁儿童。所有学前班的学习目标必须是系统教学，必须整个班级共同学习，小组阅读应该从一开始就进行。英国对 4 岁的孩子在语言及读写方面的要求是能够尽快运用英语，发展儿童在听说方面的潜力，成为一个阅读者和作者。英国实施"初步教学字母"（Initial Teaching Alphabet，简称 ITA）项目，用于早期阅读教学。儿童学习阅读过程中常常出现负迁移现象，如"city""cake""church"三个词中的三个"C"发音不同，容易出现互相干扰。ITA 是人工英文字母，可以克服这类负迁移。ITA 中有 44 个符号（字母），每一个符号只有一个发音，学会读一个符号就能在以后遇到该符号的所有情况下产生正迁移。如教儿童读"I went into my house"，用 ITA 就是"ie went intw mie hous"，在句中 I 和 My 的 y 发音一样，只要看到 ie 就能读出。

四、学龄段阅读

一般来说，低年级儿童由于拼音知识处于初学阶段，对语音符号的表征尚不巩固，他们进行阅读时多数要靠父母的帮助，很难独立完成阅读。随着年级的升高，通过拼音的学习，儿童对声母、韵母和声调的组合规则形成了外显的认识，能够运用字形—音位转换规则对字符再编码，语音意识和阅读能力快速提高。识字量的增加使儿童阅读书籍的内容和范围更加宽泛，独立阅读逐渐成为儿童主要的阅读方式。

有研究结果表明，小学三年级儿童已经具备了一定的汉语拼音知识，能够较好地运用视听觉加工进行语音意识作业和阅读，父母有阅读习惯并经常鼓励孩子阅读，多给孩子购买喜欢看的课外书，都有助于儿童语音加工能力的提高，促进其阅读能力的发展。

圣母圣子像（万宇摄）

研究发现，亲子阅读是后来阅读成就强有力的预测源。亲子阅读对小学高年级儿童阅读技巧的发展有着非常显著的影响。因此，并不是父母给孩子买书越多越好，而是要加强与孩子在阅读中的交流，鼓励孩子分享他们的阅读感想。

三年级儿童已经具备一定的独立阅读能力，相对于单纯地听故事，他们更愿意进行独立阅读并与家长交流互动。

儿童独立的阅读行为还包括儿童每天看电视的时间。有研究表明，每天看电视时间在1小时左右的孩子，语音加工能力较高。说明适当地看些有益的电视节目、多与父母进行交流，不仅能够锻炼语音短时记忆能力，还能促使语音能力的提高。但看电视时间过长，不仅对孩子视力发育有严重损害，还会因为沉浸于电视节目中缺乏与他人交流而导致儿童语言表达能力减弱，对儿童语音加工能力的发展产生负面影响。

总之，家长在创造优越的家庭经济条件的同时，应该积极地参与和实行亲子共读，多给予儿童鼓励和正确引导，培养儿童独立阅读和学习的兴趣。这样，对于儿童语音能力和阅读能力的发展都有重要的现实意义。

第二节　家庭亲子阅读指南

一、家庭亲子阅读策略

亲子阅读本身就是一种家庭文化环境的营造，是父母与孩子交流、进行精神培育、促进个性发展的一个重要方式。那么，为人父母如何开展亲子阅读活动呢？

（一）创设安静的书香氛围是开展亲子阅读的前提条件

父母是孩子的第一任老师。父母的行为对孩子有着很强的示范作用。亲子阅读要想取得预期效果，家长就必须做到言传身教。所谓身教重于言教，父母喜欢阅读，假以时日，孩子就会渐渐地喜欢上书，爱看书。此外，阅读要用脑思考，用心感受，需要有安静的读书环境。因此，家长应自觉地创造出安静的读书氛围，给孩子营造出读书与学习的氛围。

家庭阅读环境主要包括物理环境与人文环境。在家庭物理环境方面，大多数家庭是有书桌和书架的，但多是成人用的，并不适合学前儿童用，太高或者太大，对儿童而言都不合用（详细参见第二章）。因此，建议应为幼儿准备适合早期阅读用的书房、书橱与书桌。这样，孩子们有固定的阅读环境，就会愿意去读书。

家庭人文环境，主要是看家庭中有无良好的阅读氛围。家长本身没有阅读的习惯，并且不重视阅读，就会对幼儿的阅读活动缺乏热情与耐心，与孩子的共读的时间就会相对较少。因为，幼儿最初的阅读兴趣是在与大人一起读书的过程中产生的，成人的阅读行为会潜移默化地影响孩子的阅读行为。

（二）选择适宜的阅读材料是开展亲子阅读的关键

目前，我国家庭开展亲子阅读活动应该说日渐受到重视，但问题也不少。其中较重要的问题是家长在选择阅读材料时主观性较强，盲目性较大，不能或较少考虑到孩子自身的兴趣与喜好以及其年龄特点与接受能力。家长认为有价值、有意义的图书，孩子不一定就有阅读兴趣。应选择与孩子熟悉的生活有关的图书，比如表现孩子自己周围的人与物、环境与生活等的图书以及讲述的是孩子听到、看到、在生活中能够有所体验的人与事的图书，儿童自会获得深刻印象。

另外，不同年龄段，所选择的阅读材料也应有所差异，比如，婴儿与幼儿认知水平不同，接受能力有别，选择读物当有一定的区别。即使同一年龄段的孩子也存在个体的差异，在选择读物时都要考虑他们的接受能力，这样才能达到预期效果。

（三）阅读互动与家长主导是开展亲子阅读的主要手段

如前文所述，目前我国家庭阅读中，父母陪同孩子阅读的比例并不尽如人意，更谈不上阅读互动和家长的阅读指导了。其实，家庭亲子阅读很重要的两个环节就是阅读中的互动与阅读中的父母指导。亲子阅读贵在一同阅读，一起分享，在浓浓的亲情中，在有益的交流与互动中，增长知识，分享快乐，这是家庭亲子阅读独有的特征。

亲子阅读很重要的一点就是家长要起到主导作用。尤其是对婴幼儿来说，家

美国加州卡美尔小镇图书馆
阅览室（万宇摄）

长的主导更显得重要，对日后孩子阅读习惯的养成、语言水平的提高、理解能力的增强等方面发挥的作用毋庸置疑。

二、家庭阅读环境下幼儿早期阅读的指导策略

（一）家长应改变观念，树立正确的幼儿早期阅读观念

幼儿早期阅读重在培养阅读兴趣与阅读习惯，能为幼儿入学后的正式阅读做准备，能扩大幼儿的视野。家长应该改变对早期阅读的观念，可以树立以下几种新的教育观念。

首先，幼儿早期阅读重在阅读的过程。但是，幼儿的阅读主要是用直观的图画材料或者多媒体视频，借助有趣味的、生动的、色彩鲜艳的动画形象来理解内容，从中获得阅读的乐趣。因此，培养幼儿早期阅读不要过于关注他们学会多少字词，而是要着重在阅读的过程培养良好的阅读兴趣与阅读习惯。

其次，幼儿早期阅读是区别于单纯的识字、认字活动的。幼儿早期阅读并不是单纯的认字活动，通过阅读，幼儿不仅能认识文字符号，还能获得相关的识字经验，也就是说，在阅读的过程中孩子们认识到文字是一种语言符号，具有发音与意义，是我们日常交流的工具。事实上，幼儿从很小的时候就已经意识到周围环境中文字的存在，比如周围商店的名字、广告牌子，并且他们通过"涂鸦"，使用这样特殊的"文字"来表达自己的思想与想法。所以，幼儿的图画书阅读是一种听说读写的启蒙活动。

（二）家长要持之以恒地坚持亲子阅读

亲子阅读是父母与孩子一起按照早期阅读的理念与要求共同阅读，在这个过程中，父母给予幼儿必要的帮助与指导。父母与孩子共同读书，不仅能拉近亲子关系，还能拉近幼儿与书籍的距离。家长若能坚持在闲暇的时间与孩子进行亲子阅读，并鼓励孩子读完书后提问题，日积月累地坚持下去，幼儿就能潜移默化地

养成喜爱读书的习惯，将读书当作生活中必不可缺的一个部分。同时，亲子阅读能使幼儿在温馨快乐的气氛下从父母那里获得最基本的阅读技巧与技能，比如学会翻书，了解书本的基本结构，懂得要从上到下地阅读，这有助于幼儿养成良好的阅读行为习惯。

（三）家长要为幼儿提供多种阅读机会

在日常家庭生活中，除了为幼儿准备适合的书籍及图画外，父母要多为幼儿提供阅读的机会。比如带孩子到户外，可以指导他们学习各种店铺的招牌与广告语，认识文明礼貌用语和交通标志，不断地扩大幼儿的阅读范围，让他们获得更多的社会生活经验。

同时，家长也可以把大自然、大社会作为一个教育课堂，让幼儿多多阅读这样的"无字书"。父母可以经常带他们外出参观旅游，去各种类型的公园与博物馆，这既可以让幼儿欣赏各种自然风景、丰富其生活经验，又可以体验书中所描写的情节内容，加深对书中内容的理解，这就是古人说的"行万里路，读万卷书"。家长也可以经常带幼儿去书店或者图书馆，让幼儿选择自己喜爱的图书。在幼儿阅读遇到困难的时候，父母要与他们交流，对其进行耐心的鼓励，及时对孩子的进步进行表扬，这样有利于激发幼儿的阅读热情，产生美好的阅读愿望。

三、注重合理的阅读陪伴

"爱与快乐"，应该是进行亲子阅读的基础。爸爸妈妈柔和的声音，温暖的怀抱，熟悉的气味，轻柔的摇晃，这些看似微小的细节实际上都是亲子阅读重要的组成环节，能大大提高孩子阅读的有效性。

有一个孩子的爸爸在《亲子阅读之浅见》中说道：

　　　　每天，我们都要在孩子洗澡后，与孩子一起看绘本、讲故事、唱儿歌、念童谣、读诗歌。有些简单的内容，我们会与孩子一起背诵。为了激发孩子的积极性，我们还会与孩子一起比赛，看看谁先背出。从开始的单字、单词到一句、两句话再到现在的长篇故事，从大幅的图片到绘本再到如今的插图故事书，为孩子购买的书也渐渐将孩子的小床堆满。孩子也渐渐喜欢上了听故事、念儿歌。说话也是越来越溜了，这也是我们期待的结果。

多么温馨有爱的画面！舒舒服服洗完澡之后，和孩子一起看书、背诵、比赛，轻松又舒服。孩子拥有这样的亲子阅读环境，能不爱上阅读吗？若干年后，当孩子回忆起他的童年，这又是多少美好的记忆和财富啊！也许他不记得究竟在爸爸妈妈的怀抱中具体读了哪一本书，但是他一定会记得那些跟爸爸一起读书、一起游戏、一起度过的阅读时光。

亲子共读实在是一件温馨又愉快的事，情绪上是一种享受，不仅有助于孩子语言能力、认知能力的发展，最重要的是一家人通过共读、游戏、讨论书中内容的过程，让彼此情感更加亲密。"爱与快乐"，是创设家庭读书环境中最重要的原则。

父母在亲子共读中扮演着特殊的角色。在这里，我们要强调爸爸妈妈"齐加入"，特别是"爸爸"不能缺位。目前，在我国，尤其是对0—3岁的儿童，陪伴进行亲子阅读的人通常是妈妈。而针对孩子的调查表明，很多孩子都喜欢爸爸给自己读书。父亲陪孩子阅读的方式是深受孩子喜欢的。而父亲在进行亲子阅读方面的优势也很明显，例如选择图书时的男性视角，对阅读内容的理解与表达方式，在亲子阅读相关活动中的体力与性格上的优势，与妈妈相比，爸爸显然更为大胆、活跃、视野开阔。有调查表明，父亲在给孩子选择图书时，倾向于选择童话故事类、益智类、图画书类、科普类以及认知类，而较少选择英语类、艺术类、传统文学类、入学准备类。爸爸与妈妈共同参与到亲子阅读中来，是非常优质的亲子时光，有利于儿童心智的健全发展。

但从另一方面来看，父亲在亲子阅读活动中的参与程度还很低，特别是相对于孩子对父亲陪自己阅读抱有较高的希望，其参与程度尤其显得低了。工作太忙，压力太大，没有时间不应该成为爸爸们缺席亲子阅读的借口，只要有心，每天20分钟即可，毕竟孩子的成长是不可逆的，错过了某个特定的成长时期，对爸爸来说，也是一份遗憾。

同时，社会在提倡父亲亲子阅读时，要对父亲参与到亲子阅读中来提供足够的支持。婴幼儿出版物不应该太女性化，要兼顾父亲的阅读倾向与需求。画面的粗犷、明晰，表述方式的简洁、明快，主题的丰富多样，让男性化的表达方式在婴幼儿领域中也有充分体现。

爸爸们可以积极参与到亲子阅读的各个环节：

（一）选书环节：爸爸可以根据自己的兴趣、爱好及孩子的性格开书单

亲子阅读，选择适合孩子的图书，是很关键的环节。爸爸参与到亲子阅读环节中，要和孩子一起读书，更应该参与选书的环节。图书是孩子们在成长过程中的精神口粮。爸爸参与到选书环节中，可以从男性视角选择一些口味不同的图书，在亲子阅读的过程，阅读由爸爸选择出的书，也是父子情感沟通的渠道。东方主义大师萨义德（Edward Wadie Said）就曾说过"我能教学生什么？无非就是推荐一些好书，聊聊而已"，之所以这么说，是因为从本质上讲，图书本身就是作者在讲故事，有了好作者的帮忙，爸爸妈妈在讲述的过程中，更能与孩子们共享美好的阅读时光。

阅读除了能带来阅读的愉悦、增长见识外，还有塑造性格等作用，爸爸们一

旧金山有着百年历史的城市之光书店（万宇摄）

定要学会根据自己孩子的个性情况开书单。在众多的图画书和儿童文学中，男性读者通常会特别注意给儿子推荐冒险、分享、勇敢主题的，传递男性价值观。像《了不起的狐狸爸爸》《我爸爸》《你看起来好像很好吃》等，都是以男性视角叙述的优秀图书。

（二）朗读与讲述：热情是首要元素

在朗读与讲述环节，爸爸所需要的首要元素不是技巧，而是热情。讲给孩子听的书，一定是爸爸妈妈精心选择的。特别推荐爸爸们读一些经典的、能够勾起自己童年回忆的书，比如《巴巴爸爸》，如今的孩子，也依然能为"这就是巴巴爸爸、巴巴妈妈、巴巴祖、巴巴拉拉……"的饶舌式人物介绍感到疯狂、兴奋。这样爸爸的快乐就能传递给孩子，并在他身上得到延续。

书怎么读？有些爸爸比较忠于原著，对图画书上面的文字采取完全照着念的方式；有些爸爸喜欢不停地在阅读过程中向孩子提问题；有些爸爸喜欢用口语来替换书上的文字。图画书到底应该怎么讲，每个家庭都有自己特别的方式。

以上文提到的《巴巴爸爸》这套书为例，可以在讲的过程中根据孩子的反应适时提问题，可以多提画面上的问题，比如"哪个是巴巴爸爸装的？""你猜接下来主人公会有什么反应"等等，不要设置抽象且大而深的问题，类似"这本书内容是什么？""读完书你明白了什么道理"这类的。多从局部设问，问题也简单点儿，保证孩子能答得上来，不会引发其挫败感，也能增加阅读过程中的趣味性。

爸爸们特别适合讲述有颠覆感、另类的、比较特别的图书。比如米切尔·恩德（Michael Ende）的《出走的绒布熊》，爸爸对这种不同常态的书更为理智。妈妈一般讲的书都比较温馨甜蜜，中规中矩，那么"怪里怪气"的书就留给爸爸讲吧。特别的书能开阔孩子的想象力，而像《像爸爸一样》《松鼠先生和第一场雪》这样怪怪的书，也只有爸爸才能读出彩来。

对于书中的幽默，妈妈一般都会有所收敛，爸爸就不然了，读得越"胡闹"，越有味儿，孩子就越喜欢。例如《鳄鱼怕怕　牙医怕怕》使用相同台词扮演不用角色的冷幽默故事，《你看起来好像很好吃》充满温情的"恐怖"故事，都很适合爸爸演绎，甚至可以变成连讲带演的小戏剧。这会让爸爸成为受孩子欢迎的"幽默大师"。

在亲子阅读中孩子都非常喜欢玩图画书故事的表演游戏。一般来说，爸爸的表演欲更强。在一次阅读聚会中，孩子们玩起《三只小猪》的故事扮演游戏，孩子们扮演小猪们，一位妈妈主动要求扮演猪妈妈，另一位爸爸则在大家的鼓动下半推半就地扮演了大灰狼。可没想到在游戏中这位爸爸的童心和表演天赋逐渐被激活，他表情夸张，动作到位，迈着厚实的步伐，用独特的磁性声音"嘿嘿"坏笑，用恰当的力度吹倒了小猪们盖的房子。孩子们在与爸爸扮演的大灰狼的游戏互动中情绪非常高涨，表演也很生动尽兴。而妈妈的表演就显得"中规中矩"，可见，别看爸爸平时在大家眼里都是比较"有威严"的人，其实他们内心深处永远脱离不了孩子气，游戏与表演是他们潜在的天赋，爸爸的表演虽有点笨拙但很夸张，透着文雅的野，这些都非常吸引孩子。而且由于爸爸的加入，亲子阅读会变成一场有趣的全家总动员游戏，平时故事中的大灰狼、大老虎、大狮子这类妈妈怎么也表演不生动的角色，爸爸一表演就活灵活现了，久而久之爸爸们就成了表演比较强大事物的"专业户"，在亲子阅读中奠定了不可取代的地位。

现在有不少以父亲形象为主角的童书，爸爸更是当仁不让的讲述者了。在亲子共读过程中，父亲可以提升自我形象，父子间的共鸣感受在阅读过程中也会油然而生，一起欢笑一起游戏，而爸爸也一定已经将"惯有表情"——板脸训人或冷言冷语抛到九霄云外了。在《我爸爸》和《我的爸爸叫焦尼》中，多是对孩子关爱有加的父亲形象，书中的小朋友，也几乎是唱着赞美诗来歌颂他们的爸爸，读完以后，爸爸们定会感到自豪。

《月下看猫头鹰》《艾特熊和赛娜》《派老头和捣蛋猫》《猜猜我有多爱你》中不太相似的父子形象，都是满溢着爱意的，虽有不同的基调，却不由得让人想起那个关爱着弱小的家庭保护者。

父亲形象在现代图画书中的出现多是平等自由的，以孩子的伙伴形象出现，《月下看猫头鹰》中父亲是向前探寻的依托，在父亲的陪伴下，寂静的月下森林呈现给孩子的是优美的诗意空间，而不是恐怖的惊悚故事。

父亲也可以以温厚的形象出现。图画书中有各式血肉丰满的父亲形象，并借用了大量"熊"的外形来展现父亲那宽厚的形象，用男人的方式表达他们对孩子的呵护。幼儿园的孩子，小班园生可以看懂《你睡不着吗，小小熊》《给爸爸的吻》，中大班园生就可以理解《小熊和最好的爸爸》《艾特熊和赛娜》中父子相伴的活动了。

其实，"父亲"是终身职业，需要付出时间和精力、付出爱，并兼具责任。父亲与孩子建立深厚的情感及孩子的健康快乐成长是给予父亲的最好最长远的回馈，胜过任何一次加薪、任何一次升职。

在教养孩子的过程中，父母需要共同参与，而亲子阅读就是最好的亲子互动方式之一。日本的松居直先生不仅是享有国际声誉的图画书编辑，也是一个父亲，在孩子 10 岁之前他一直与孩子们一起亲子阅读，他说，在这个过程中，他已经在孩子很小的时候，把一个做父亲的想对孩子说的话都说完了。

（三）巧用其他方式，间接参与亲子阅读

可能由于一些客观因素，如工作性质、作息时间等等，爸爸们参与亲子阅读的实践还是远不如妈妈们，为了弥补这个"差距"，聪明有心的爸爸们可以巧用其他方式，间接参与到家庭亲子阅读中。比如在自己出差回来时为孩子买回一套孩子喜欢的图书当作礼物。一位大班小男孩说过他收到过的最棒的礼物不是美食，不是玩具，而是爸爸某次出差回来送给他的一套图书《不一样的卡梅拉》，而且每每兴奋地与同伴聊起书中卡梅拉和卡梅利多的奇妙故事，他都会说"这书是我爸爸送的"。

爸爸们还可以在与孩子散步时与孩子闲聊"最近和妈妈在看哪些图画书？"这样的话题，这不仅让爸爸了解家庭亲子阅读的情况，使得自己不至于成为家庭亲子阅读的"局外人"，而且由于这样轻松的交谈，让孩子在阅读分享与表达时有了"热诚的听众"，久而久之，孩子可能会主动与爸爸聊起这个话题。

爸爸带孩子去图书馆、书店与带孩子去运动场一样有意义，一个时常带孩子去图书馆、书店、书吧看书的父亲，父爱的伟岸会给孩子的童年奠定最厚实的精

神底子。这种相互陪伴的亲子阅读会使得没有太多时间在一起的父亲与孩子成为书友，父子之间无话不谈，分享与沟通很多东西，包括思想的、精神的。

阅读，不仅仅是一种学习方式，也应该是一种生活方式，同样，"亲子阅读"不仅仅是一种教育方式，更是一种"爱"的方式。

四、亲子阅读中的父母须知

早期阅读是为孩子成为有效的阅读者做准备。这是每个新手爸妈需要掌握的原则。不必为孩子制订明确的学习目标，尤其是对低龄的孩子。对0—3岁的儿童，从0岁就可以开始早期阅读行为，以父母的朗读、亲子阅读游戏为主；2岁之后，儿童开始掌握口语之后，可以适当加入趣味问答等互动性更为丰富的环节。

（一）孩子为什么要听？

听觉是孩子感觉外在世界的重要感官，是了解世界、进行学习的重要渠道。听什么呢？音乐，不仅能陶冶情操，还有助于开发智力，而且在激活婴幼儿潜能方面有着十分重要的作用。经常聆听优美的音乐，音乐中柔美的旋律，鲜明的节奏感，便会自然地融入宝宝的右脑中，对宝宝长大后的气质会有很大影响。故事可以让孩子了解外在的世界，插上想象的翅膀。

心理学家研究发现，幼儿阶段的孩子最容易接受的就是故事。在听故事活动中，婴幼儿的思维被激活了，想象力、逻辑思维能力得到了发展。故事使孩子成为一个爱想象、富有创意的人。孩子的成长，最终是要成为具有独立精神的人，因此，在童年的时候，多认识不同的人生，并不单是哲学上的考虑，更是实际上的需要。故事中的主角（英雄或者公主）就是孩子最早认同并想模仿的对象，而主角的冒险经历和神奇遭遇，就是孩子最早想要体验的生活。生活需要文学，孩子需要优秀的文学滋养他们的心灵，大量的听读弥补了孩子在阅读能力上的局限，极大地丰富了他们的阅读量和阅读面。同时，对于儿童的语言发展也非常有帮助。孩子常听儿歌，可以从中获取丰富的信息，再经过大脑的整理、提炼，形成语言的源泉，同时培养语言的韵律感，对于正音也很有益处。因此，经常听儿歌的宝宝语言表达能力就会比较强。吟诵儿歌，还能帮助孩子矫正发音，正确把握概念，认识事物。

（二）怎样听读？

孩子的年龄段不同，听读的兴趣爱好不同，要根据年龄特点划分适合孩子的听读材料。

1. 新生宝宝以听音乐为主

从宝宝出生到 4 个月左右，是脑神经触突最活跃的时期。在这个时期内让孩子听舒缓的轻音乐，可以逐渐培养宝宝对音乐的兴趣，训练感受音乐的能力，同时起到安抚情绪的作用。一般是当宝宝要入睡的时候，听安静柔和的摇篮曲，这会使宝宝情绪安定舒适地入睡。当宝宝情绪烦躁哭闹的时候，给宝宝听轻柔欢快的音乐，如《爱之梦》《摇篮曲》等，这类悠扬的曲子能让宝宝体会到人间最纯真的爱，从而平静下来。在给宝宝吃奶的时候，可以给宝宝听优美活泼的音乐，如《鸟儿在歌唱》《给妈咪的歌》等。

要注意的是，开始给宝宝听音乐的时候，应当选择优美的音乐作品，曲目类型可以不限，无论是交响乐还是钢琴曲、歌曲，只要有优美的旋律、格调高雅都可以。

年轻妈妈们应该注意几个方面：

（1）节奏慢一些。

（2）曲子短一些。宝宝听音乐，一般以持续时间不超过 15 分钟为宜。

（3）音量弱一些。播放的音量要适中或稍弱，较强的音量，长时间地听，会使宝宝的听觉疲劳，甚至损伤听力，千万不可大意。

（4）多反复，勿贪多。在一两个月内，反复听几首曲子，使宝宝有一个识记过程，以便加深印象。

（5）不要说话。妈妈可以在听音乐前对宝宝说些引导语，但在听音乐的过程中不应说话打扰孩子。

2. 半岁到 3 岁的孩子

（1）听读内容

孩子到了 1 岁左右，他们对节奏强烈和优美的音乐会积极响应，有的孩子能做出类似舞蹈的动作，也有的孩子有类似唱歌的嗓音反应。

2 岁的孩子，不仅能注意倾听音乐，也能感受简单的音乐作品。所以一些符合这个年龄段的童谣或歌曲就显得尤为重要，为以后更好地认识事物打下良好的基础。

3 岁的孩子理解能力更强，除了听音乐、儿歌外，可适当听一些浅显有趣的故事，丰富孩子的语言，培养语感。

（2）听读时间

最佳时间：睡前，调整思绪，平静入睡。

黄金时间：早晨醒来 10 分钟，头脑需要苏醒，不适宜立即起床，躺在床上由音乐唤醒沉睡的大脑，然后倾听优美的经典诵读，学习了语言，培养了语感，又获得了知识。

夹缝时间：出行的车上、玩玩具的时候、吃饭的时候、在花园玩耍的时候等。

（3）听读地点

最佳地点：卧室、书房。

适宜地点：车上、花园。

（4）听读形式

最佳形式：大人和孩子一起听。

通用形式：选择舒适的方式，在休息室静静地倾听。

（5）听读注意事项

①不强迫孩子听后复述。

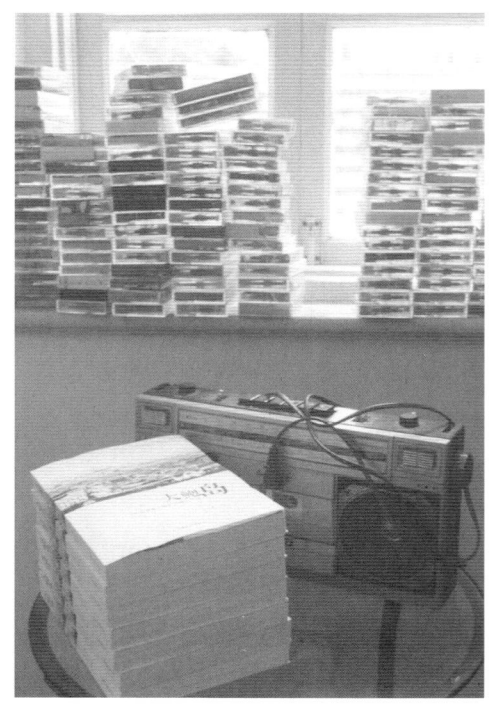

听与书（王登羿摄）

②不强迫孩子正襟危坐地听，舒适即可。

③不强迫孩子听其不感兴趣的内容。

④不要把音量调得过高。

⑤听读经典不是学习的全部，要注意全语言学习，尤其要抽时间进行亲子阅读活动。

3. 家长：大声朗读吧

对于孩子来说，是听读，那么对家长而言，就是朗读了。每天都应该安排一段固定的读故事时间，应当让大声朗读成为家庭生活中的一种习惯，就像每天要吃饭喝水一样自然。

儿童早期主要的能力之一是模仿。他们模仿自己看到与听到的，这种能力让孩子在第 15 个月时说出第一个字。到了 2 岁时，一般孩子的字汇大约 300 字，并在下一年里成长三倍。到了 4 岁时，孩子已能掌握未来日常用语中大约三分之二到四分之三的字汇。一旦孩子学会说话，平均每天学 10 个字——可没有一个字是从图卡上学到的。至于孩子的学习速度快慢，则是由孩子从父母及周遭环境所听到的语言丰富度而决定的。

年轻父母大多认为，孩子是自动学会说话的。孩子对于电视上所看到的——尤其是广告，模仿的速度更是快，这更令大人啧啧称奇。一支广告，不论孩子看过几次，每次看到时，都会现出着迷的神情。

事实上，说话是需要学习的，我们可以向广告商学习，采用他们的诀窍，销售一种名叫阅读的"商品"：

（1）趁孩子还小的时候朗读给孩子听，让孩子想模仿自己的所见所闻。

（2）要确保朗读是刺激有趣的，开创孩子的想象力，稳固他们的兴致。

（3）刚开始朗读时，读短文即可，以配合孩子注意力不持久的特性，然后再慢慢增加阅读内容，增长集中注意力的时间。

在孩子年幼的时候，朗读是让孩子通过你的声音了解阅读的乐趣；而在孩子更大一些的时候，你朗读的时候，别忘了就书里的内容和孩子进行一些讨论，这时候的朗读，更重要的部分是读书之前和之后的交流。

无论孩子多大，读书和听书，对亲子之间的情感交流都是一种促进，同时，对孩子的语言表达能力和理解力培养也是大有好处的。而最重要的还是听故事，对任何年龄的人来说，这都是一种非常快乐的体验。

爸爸妈妈们不用担心自己的普通话不够标准，朗读不够有技巧，每个朗读的爸爸妈妈都有忠实的铁杆粉丝——你们的孩子。比起那些 CD 机或是电脑里的声音，他们更喜欢你们亲切熟悉的声音，而且会超级疯狂地喜欢。

最好在朗读一段文字之前，就先看一遍你准备读的这本书，对何时停顿、何时提高声调心中有数。如果有时间、有能力，我们可以在讲故事中无声无息地对孩子进行字词句段的系统训练。朗读的时间要选择得当，一般比较合适的时间是在吃饭后和睡觉前，这时候孩子比较平静，也容易集中注意力。这就要求我们把语言技能的相关要素整理出来，然后糅进孩子阅读的故事中，使孩子在直接感知中提高语言技能。

五、阅读与情绪

日本绘本作家岩崎知弘说过：

> 当我感到疲惫无力时，人心的温暖让我热泪盈眶。希望看了这些绘本的小孩，长大成人后，绘本的温情能留在他们心中的某个角落，当人生遭逢痛苦、绝望时，能回想起这些温柔的感动。

阅读，能否充当心灵的"维生素"，帮助孩子们走出情绪的阴霾？答案是可以。

陈书梅女士的《儿童情绪疗愈绘本解题书目》，就是一部针对儿童阅读治疗的很有特色的专题书目。这本书的缘起是汶川大地震，由台湾儿童情绪疗愈绘本选书小组辑选、陈书梅编著，主要帮助孩子们从情绪中解脱并释放自己。该书目堪称我国第一本有关儿童情绪疗愈绘本的本土中文解题书目。

　　儿童情绪教育的相关研究，多肯定绘本对儿童情绪发展的帮助。绘本故事的内容，常为现实生活中的人、事、物，与儿童常遭遇到的情绪困扰问题有关，因而能使儿童在阅读时重新体验日常生活中熟悉的事件。优秀绘本的情节结构良好，易激起儿童的情绪反应，使小读者更能融入故事中与角色互动。因而在阅读绘本时，儿童能投射个人情感，认同其中的角色，并借助于绘本中的角色、情节，反映出小读者自身的情绪经验，进而能释放负面情绪，净化自身，领悟道理。

　　书目的编写者陈书梅，是台湾大学图书信息学系教授，同时具备心理学与图书资讯学的专业背景，长期致力于阅读疗法、阅读心理研究等，教学之余，也积极从事社会公益服务。曾担任过台中（县）市台湾儿童暨家庭扶助基金会心理咨询老师、中兴大学学生辅导中心心理辅导老师。《儿童情绪疗愈绘本解题书目》选取儿童情绪疗愈绘本进行介绍，并且包括阅读疗法简介、选书会议报告、选书考量说明、选书作业规则及参与绘本征集活动的出版社一览表等，是对整个活动的介绍说明。（见本章附录）

六、儿童屏幕时间

　　儿童的屏幕阅读，无处不在。电视、电脑、移动设备、视频游戏、电子书……都在吸引儿童的注意力。而这些，不光是对儿童，对成人而言也是对注意力的挑战。

　　儿童的电视时间常常和被动观看、肥胖、不规律睡眠、缺乏互动、暴力等身体和情绪问题联系在一起。研究者们通常抵制电视，因为电视时间一旦开始就无休止，把儿童放手留给电视的父母常常也不会给儿童安排其他的活动，电视成为儿童的保姆，久坐导致很多问题。同样糟糕的是，有些家长习惯于打开电视作为生活背景，这样儿童就面临着时刻分心、暴露于电视中的各种镜头、过度刺激等情形。研究发现，父母与儿童看电视的时间之间存在关联性，尤其是在周末，父母看电视的时间超过两小时对儿童的影响更大，父亲在周末的电视和电脑时间更强烈地与女儿相关联。①

《朗读手册》中引用了保罗·卡伯门（Paul Copperman）对儿童看电视的看法，他认为，看电视的时间没有用来和父亲一同在车库里工作，或和母亲一起整理花园，或用来做功课、阅读、集邮，也没有用来整理自己的房间、洗晚餐的碗盘，或帮忙除草，更没有用来听父母和他们的朋友们讨论有关社区的政治活动，也没有用来打棒球、钓鱼、画画。到底电视提供了什么有价值的东西，能够取代以上这些活动呢？而这些活动能够帮助一个自私的孩子转变成具有判断和思考能力的人。②

研究者提出了很多建议，比如电视不能放在房间，睡前或者吃饭时不看电视，不要把屏幕时间作为奖励或者惩罚等。美国儿科学会的建议是孩子每天观看电视的时间不能超过两个小时，而且要以教育和非暴力内容为主。看电视对于两岁儿童的大脑发展没有任何益处，两岁之前的儿童受环境影响很大，互动对于建立安全依恋与情绪发展非常关键，屏幕时间还有可能会造成潜在的问题。两岁以上儿童的电视时间控制在两小时以内。③其他的时间用在户外游戏、阅读、个人兴趣、自由玩耍等。

不过，也有专家认为，即使是1岁以内的儿童，也能从媒体中学习。④只要把握好"度"，电视既不会损害儿童智力，也不会影响儿童的社会性发展。电视对儿童有利还是有害，主要取决于儿童看的内容，以及理解和解释所看内容的

---

① Russel Jago, ETC. Cross-sectional associations between the screen-time of parents and young children: differences by parent and child gender and day of the week.International Journal of Behavioral Nutrition and Physical Activity 2014, 11: 54.

② 吉姆·崔利斯.朗读手册.沙永玲，麦奇美，麦倩宜，译.海口：南海出版公司，2009：245.

③ Screen time: a guide for parents.Brown University Child & Adolescent Behavior Letter.

④ Carole Napier. How use of screen media affects the emotional development of infants. Primary Health Care, 2014（24）：18—25.

能力。①

在人们还未完全获知电视给儿童造成的潜在影响时，新兴的媒体已经不容分说地来到了儿童的身边，他们很快被丰富的媒体生态吸引。不光是儿童，波士顿医疗中心在对 55 对在快餐店就餐的家长和儿童现场观察后，发表了一份研究报告。大部分的成年人对移动设备的专注度高于自己的孩子，如果孩子要求获得关注，部分家长甚至表现得较为生气。②而这种现象在我们的日常生活中也屡见不鲜。

平板电脑、智能手机的便捷和互动的优越性无可比拟，观看和收听、游戏和体验、教育和学习、互动和交流等功能集于一身，它们成为儿童的屏幕新宠。有完善的研究指出长期看电视确实会降低孩子语言和社交能力的发育，而移动媒体则根据相似性代替了人际互动所需要的大量时间。研究人员质疑大量使用交互式媒体是否会影响同情心、社交能力和问题解决能力的成长，而这些能力原本是来自于探索、无拘无束地玩乐和与同龄人玩耍。③很多父母对儿童接触新兴媒体表示担忧，担心新兴媒体会让儿童失去对纸书的兴趣，损害儿童的注意力。建议父母和儿童一起发现数字世界，那些已经和父母一起发现数字世界的儿童更有辨别力，不那么容易被不良内容所吸引。④有研究者甚至认为，如果父母能够陪同儿

---

① 谢弗等.发展心理学.邹泓，等，译.北京：中国轻工业出版社，2013：557.

② 手机不离手？别让它成为生活的主宰.[2016-02-10] http://tech.163.com/api/15/0216/08/AIIHR65U000915BF.html.

③ 学龄前儿童是否应该玩 ipad？[2016-02-10] http://article.yeeyan.org/view/502456/442706.

④ Alison Flood.Majority of parents worried about children's digital reading, survey finds. [2016-04-15] http://www.theguardian.com/books/2016/feb/11/most-parents-worried-about-childrens-digital-reading-survey-booktrust.

童一起度过 APP 时间，这种感觉和亲子阅读是类似的。[①]

苹果的应用商店中专门设置了"儿童"的标签，方便儿童使用，并且将之划分为 5 岁及以下、6—8 岁、9—11 岁。[②]儿童可以有自己的苹果应用商店账号，可以下载到"Create & Play""Shapes & Colors""Explore the World""First Words & Numbers""Musical Apps""Learning Made Fun""Interactive Kids Stories"等类别的应用。而 iPad 诞生于 2010 年，研究者们还没有足够的数据支撑研究儿童的 iPad 阅读所产生的影响，实践已经早早地走在理论之前。对于移动媒体，我们提出的问题远比得到的答案多。

Scholastic（学乐）是全球最大的儿童图书出版商，创建于 1920 年，旗下有众多儿童文学作家，出版作品包括《哈利·波特》《造梦的雨果》《大红狗》等。Scholastic 所开发的 Storia 软件可以免费下载，书籍分为不同阶段、不同系列和不同阅读难度等。不止是他们，很多出版商涉足甚至精耕儿童图书市场，我们似乎更加没有理由去否定数字阅读对于儿童的好处。但摆在我们面前的问题是，智能设备功能多样，我们如何能将孩子吸引到阅读、互动的页面？如果我们的孩子一旦离开了管控，我们所已经做的是否已经足够能够抵挡他们对于阅读的离心力，在离心力与向心力之间，最终能够和他们一起走上特别的轨道？

博客 What's Next: Top Trends 发文指出人们对于技术的恐惧由来已久，对于报纸、电话等的恐惧不乏可笑之言论。但对于儿童屏幕时间的争议不会停止。该博客文章中建议家长如此对待孩子的屏幕时间[③]：

（1）看你的孩子在看什么或玩什么。他们是在与游戏或 APP 互动，还是仅

---

① Parenting In The Age Of Apps: Is That iPad Help Or Harm? [2016−02−10] http://www.npr.org/sections/health−shots/2014/03/16/ 290110766/parenting−in−the−age−of−apps−is−that−ipad−help−or−harm.

② Sarah Perez.Introducing Apple's New "Kids" App Store. [2016−02−10] http://techcrunch.com/2013/09/22/introducing−apples−new−kids−app−store/.

③ 老槐.儿童屏幕时间的争议与应对建议.[2016−02−10] http://www. mhlib.sh.cn/blog/xiangxi.asp?fid=24603.

仅被动地盯着看动画片？

（2）相信你的直觉，而不是设什么固定时间。让直觉告诉你孩子是否已经花了太多时间看电视、玩游戏或 APP。如果他们变得情绪不稳，那么很可能是已经过头了，需要休息一下了。

美国洛杉矶盖蒂中心收藏的初版本（万宇摄）

（3）参与进来。用屏幕做保姆很诱人但不好，应该尝试涉足你孩子的屏幕活动。如和他们一起观看自己喜爱的电视节目，问他们为什么如此喜欢它。试着去了解自己喜欢的视频游戏规则，并尝试与你的孩子一起玩（如果游戏有多人的选择）。

（4）睡前的无屏幕时间。虽然关于屏幕时间的优劣仍在争论不休，但有确凿的证据表明屏幕光可以对睡眠质量产生干扰，应该将屏幕时间限制在白天。

（5）找到一个平衡点。无论是屏幕时间还是阅读、下棋，时间都不能太多，孩子们需要将他们的时间留给其他重要活动，如家庭作业，与朋友交往（尽管许多视频游戏是社会的），并探索户外活动。

七、儿童分级阅读

所谓"分级阅读"，是根据少年儿童不同年龄段的智力和心理发育程度，科学设计儿童阅读计划，并提供相应的、具有科学性和系统性的读物，方便家长和少年儿童有针对性地选购图书。分级阅读的目标是为少年儿童提供"最合适的文本"。那么，什么是最合适的文本呢？据美国伊利诺伊大学提供的材料，在美国，所谓的合适文本，是指在阅读中读者能够认识 10 个单词中的 9 个，并克服较小困难而理解文意。如果在一个文本中，孩子能够认知其中 90%—95% 的单词，我们就认为这个文本是适合孩子阅读水平的，这种情况下进行的教学也才是有效的。

分级阅读是一种世界性的阅读趋势，英美国家在"分级阅读"方面已有多年的实践经验。1776 年美国成立之时，阅读教学一般是从字母表到简单短语然后直接跳跃到《圣经》，这是最早也是比较粗略的分级阅读。1836 年，美国著名教育家威廉·H. 麦加菲（William H.Mcguffey）开发了第一套供社会广泛运用的分级阅读标准，即"麦加菲读本"，该读本在 1840 年到 1900 年间销售量超过了 1.3 亿册。1923 年英语国家有了第一个可读性公式。此后，西方出现了多种不同的分级阅读体系，到 20 世纪 30 年代，分级阅读读本才有了确切的分级标准。英语系统国家最著名的 5 种分级阅读体系有：

（一）莱克赛尔体系（Lexile Scales）

该系统已有将近 40 年的发展历史，有着十分科学的分级标准。该分级系统通过了全美人类健康与研究所的认可和认证，主要包括两方面的内容：一方面会对读者本身的阅读水平进行测量，另一方面对文本的难易程度进行测量。这两方面同时进行，为读者选择最适合的读本。

该系统能够测试自己或者图书所应属于的等级。因此，读者可以选择测试图书的内容，或者是测试自己的阅读水平。这样，孩子们可逐渐定位适合自己阅读的图书，从需家长和老师指导性阅读，发展到独立阅读。在 Lexile 网站上，就有大量经科学测试之后的图书，被分级排列在一起。

（二）"指导阅读系"（Guided Reading）

该体系由两位阅读专家凡塔斯和皮内尔（Fountas & Pinnell）开发，其将图书按 A–Z 进行分级，共 26 级，故又称作"A–Z 分级法"。在其官网上（http:www.fountasandpinnelllleveledbooks.com）有 3 万多种分级排列的图书，而且经常会进行更新。这种分类体系将图书的主观因素和客观因素进行综合考虑，采用电脑软件分析和专家评审相结合的办法。并且，A–Z 分级法在难度基础上更着重图书的内容、深度、装帧印刷等要素，因此对于少年儿童来说，更有针对性和推广意义。

（三）阅读发展评价体系（DRA）

阅读发展评价体系与学生年级水平以及 GRL、Lexile、RR 等分值相关联，提供多种分级标准的对照表。测试内容着重于读者阅读的准确度、熟练度和理解程度等有关，力求帮助每一个儿童养成独立阅读的习惯。

发展性阅读评价体系，鉴别学生的阅读水平，便于老师在发展性阅读评价体系的分级书库找到相应的图书。

（四）玛丽·克莱创立的"阅读校正体系"（Reading Recovery Program）

该体系由玛丽·克莱创立，是针对个体的指导标准，强调在儿童阅读过程中要进行早期干预。良好的阅读习惯是从小培养起来的，每个儿童在成长过程中所表现出来的阅读倾向、阅读兴趣等不一样，因此，该系统所强调的单个标准和早期干预，在评价儿童的阅读能力方面十分适用。这个体系将儿童幼儿园时期分为 3 个阅读级数，初阶分为 12 个，二阶分为 4 个。

（五）阅读能力等级计划（Degrees of Reading Power，DRP）

阅读能力等级计划，与莱克赛尔体系类似，学生通过标准的可读性测试确定阅读水平，教师再从相配套的数据库中寻找合适阅读材料。

在我国，"分级阅读"概念的提出与实践虽然才刚刚起步，但它已引起少儿读物出版界、文学界、教育界的广泛关注。因为在今天这个传媒多元、阅读多元的时代，分级阅读实在是一种时代的需要、公众的需求，有着重要的现实意义与广阔的发展前景。

2009 年，由接力出版社筹备的"接力儿童分级阅读研究中心"成立。随后，该中心举办了"首届中国儿童分级阅读研讨会"。研讨会分别就儿童读物分级对于儿童文学创作、阅读推广、儿童教育、少儿读物出版等方面的价值和意义进行了研究和探讨，发布了"中国儿童分级阅读倡议书"，并公布了"儿童心智发展与分级阅读建议"及"中国儿童分级阅读参考书目（首批 200 种）"。该书目以 0—12 岁的孩子为阅读主体，根据儿童的心智发展水平和阅读欣赏习惯，将儿童阅读细分为 0—3、4—6、7—8、9—10、11—12 五个年龄段。

2009 年 4 月，由中共广东省委宣传部倡导并出资启动，受广东省文明办指导的"南方分级阅读研究中心"成立。该中心以少年儿童（0—18 岁）阅读为主要研究对象，以研究家庭阅读、校园阅读、少年儿童分级阅读为主要内容。中心聘请了一批资深的教育专家、心理专家、媒体人士、著名作家等作为中心的专家顾问团，由其开展的全民阅读推广活动获得广东省委宣传部、广东省教育厅、广东省新闻出版局等相关部门的大力支持。

"南方分级阅读研究中心"所创建的小伙伴分级阅读网，以推广南方分级阅读理念为基点，开辟多个服务平台。中心还将儿童分级阅读的内容制作成游戏，开辟了有趣味、好玩的阅读新方式，获得社会的广泛好评。其所制定的《中国儿童青少年分级阅读水平评价标准》和《中国儿童青少年分级阅读内容选择标准》按照青少年的学年进行分级：第一学段（1—2 年级）、第二学段（3—4 年级）、第三学段（5—6 年级）、第四学段（7—9 年级）。这两个标准是我国推行分级阅读的重要参考。

2010 年 8 月，"第二届中国儿童分级阅读研讨会"在京举行。来自教育界、儿童心理学界、儿童文学创作界等上百人参加了论坛。继而又推出的"中国儿童分级阅读参考书目（第二批 250 种）"，是在 2009 年第一批 200 种的基础上扩充修订而成的，书目综合考虑各类别图书的篇幅、难度、主旨等方面的因素，并参考了国内外的儿童图书奖书目以及国内外的各种推荐书目。

在中国香港和台湾地区，分级阅读的推广分别开展了 10 多年和近 30 年。台湾自上世纪末以来，注重儿童阅读的校园推广和培养，政府和民间历年都有较大的投资，推广丰富多样的儿童阅读活动。在 20 世纪 90 年代初的时候，台湾为了推动儿童阅读计划投入了非常大的款项。2000 年，台湾全面推行"儿童阅读实施计划"，将 2000 年定为儿童阅读年，并且拨了 2 亿台元幼教经费及 1 亿台元的国教经费推动分级阅读。

关于当今儿童分级阅读的发展趋势，中国出版工作者协会副主席、少年儿童读物出版工作委员会主任、国际儿童读物联盟中国分会主席海飞在《让分级阅读成为现代社会的新时尚》一文中认为："当今世界分级阅读有这样四种发展趋势：一是年龄段分级阅读趋势；二是多知识结构分级阅读趋势，即在多年龄段分级阅读中，对各类知识的读物进行科学的、合理的配比，给少年儿童读者提供知识结构最好的分级阅读，这是一种横向的分级阅读；三是多媒体综合分级阅读趋势，即集各种媒体的优势、强势，把分级阅读搞得有声有色，丰富多彩，这是一种全方位的分级阅读；四是男孩女孩性别分级阅读趋势。"

由此可见，儿童分级阅读现已成为一种趋势。我国有关分级阅读的研究众多，但是却仍然没有一个统一的实施标准，占主流的则是按年龄段进行分级阅读。这是因为，这种分级方式具有较强的可实施性和普遍性。国外在分级阅读上起步比较早，已有几套成熟的分类体系，并且有了良好的实践成果。因此，分级阅读可被视为一种大的阅读方法。然而，具体实施下去，却仍要因人而异。家长和老师应该根据每个儿童在阅读上所表现出来的兴趣，用合适的方法进行相应的引导。

第三节　儿童阅读的数字资源

　　数字阅读快速发展给传统阅读方式带来了很大的冲击，成为很多年轻人进行阅读的首选方式。阅读方式的革命性改变，使得数字资源在家庭阅读推广中也占据着非常重要的作用。而家庭阅读中最主要的就是亲子阅读，本书精选部分亲子阅读的数字资源进行介绍。

　　随着时代的发展，少年儿童越来越早地接触网络，运用网络进行学习和休闲成为他们日常生活的一部分。针对少儿设计的阅读网站都有一个共同的特点，即网页风格活泼可爱，表现形式多样，色彩纷呈，容易从第一印象就引起小读者的兴趣，事实上也深受他们的喜爱。这些具有较强互动性的网站，拓宽了少年儿童的视野，有益于他们的成长。

　　优秀的少儿阅读网站能够提供丰富的阅读资源，内容阳光，积极向上，而且兼顾知识性和趣味性，能够给予少年儿童健康的价值导向。而不同类型的网络阅读资源，也有其各自不同的特征和作用。

一、论坛类

　　论坛类阅读网站是大众最易于接受的、最具有亲和力的网站类型。这类网站的信息丰富且广泛，更新及时，能够获取自己感兴趣的最新信息并且与其他网友交流探讨是网站的最大吸引力之一，而与少儿读者、少儿文学作者在线上线下的互动更是这类网站的活力所在。

（一）小书房世界儿童文学网（http://114.55.106.1691）

　　"小书房"的前身是 2004 年 2 月 27 日由儿童文学作家漪然自己制作的一个

儿童文学主页，后来由阅读推广人艾斯苔尔参与建设，又在儿童文学作家流火等人的帮助下建立起了互动社区，并注册了正式域名，成为一个正规的网站。

它是为儿童文学读者搭建的一个公益性平台，通过网络读书社区和网下读书会相辅相成的形式，为儿童文学读者提供自己评论、自主交流、自发组织阅读活动的机会，共同分享阅读的快乐。其宗旨是：聚集儿童文学爱好者，为儿童文学的传播和创作贡献一份力量。

"小书房"的网站风格清新可人，蜡笔涂鸦的简笔画充满了童趣，它既为孩子们推荐最优秀的儿童文学作品，也为儿童文学作者提供了一个发挥才华的宽广空间。

（二）三叶草故事家族（www.3yecao.org）

童心、爱心、慧心是三叶草的三颗心，正因为有这三颗心，三叶草才会生机勃勃、绿意盎然。"三叶草故事家族"是一个生发于深圳而走向全国的民间公益组织，致力于推进亲子阅读进入家庭，口号为"我是一棵会阅读的草"，他们的目标是让童年溢满书香，让阅读丰盈童年。

这个可爱的家族有着丰富而生动的线下活动，网站是他们交流育儿心得、发布活动信息的平台。在这里，可以看到童书的品读和推介、阅读活动的照片与日记、版上网友的原创和心得，是一个温馨洋溢的线上大家庭。

二、资源类

对于孩子来说，有时候重要的不是在网上看到了什么，而是通过网络能够找到什么，毕竟我们不能让网络成为孩子生活的全部。这时资源类的网站就体现出了其书海导航的作用。

（一）红泥巴村（www.hongniba.com.cn）

"红泥巴村"将网站建设成为一个类似迪士尼主题公园的虚拟社区，在国内同类网站中，无论从内容还是从版式上来说，它都是一个创意优秀、具有鲜明活泼特色的网站。其主题公园式的设计、人性化的构思使孩子们有一种进入了童话世界的感觉。

在"红泥巴村"的读书俱乐部，陈列着适合少年儿童阅读的专题书籍，也可按年龄和内容两个不同的标准进行书籍的选择。在"红泥巴村"里，我们无法阅览书籍的内容，但可以看到书影、内容简介、作者介绍等，详细和全面的书籍介绍给了我们充分的选择依据。《泥巴书虫》网络杂志包含了丰富的新书信息、好书推荐和其他相关的网络链接等内容，是"红泥巴村"读书俱乐部的一大特色产品。

（二）国家少儿数字图书馆（kids.nlc.cn）

国家少儿数字图书馆依托国家图书馆丰富的馆藏数字化资源，为我国的未成年人提供了一个网上绿色阅读平台。

少儿数字图书馆囊括的资源内容既全面又各具针对性，采用活泼新颖、寓教于乐的表现形式，综合考虑不同年龄段孩子的发展特点，设置了书刊查询、小读者指南、书刊阅读、展览讲座、校外课堂、我爱动漫、才艺展示、网站导航等8个板块，采用视频、音频、多媒体动画等表现形式，提供普通中文书刊、动漫图书、连环画、各类文化展览、在线讲座、经典诗文赏析、中英文学习软件、音乐欣赏等多种少年儿童所喜闻乐见的资源内容。

网站还通过活动播报、网站导航两个栏目提供延伸服务，方便家长和孩子们了解最新活动安排，访问更多的少儿阅读网站。网站也为少年儿童读者提供了交流和互动的场所，少年儿童可以将自己的书画作品、文章心得、手工制作、科技发明在网站中进行展示，结交更多朋友。

（三）国际儿童数字图书馆（en.childrenslibrary.org）

国际儿童数字图书馆是一个非营利性的公益基金会组织，帮助世界儿童学习不同的文化、语言等，为贫困地区、教育不发达的地区提供优秀的教育资源，让每一个孩子都能了解和阅读世界各地的儿童文学。

（四）虫虫阅读网（http://ebook.ccread.cn/）

阅读是一种生活方式，阅读成就精彩人生。虫虫阅读是由中国少年儿童新闻出版总社发起并主办的，旨在通过这个平台让更多的孩子爱上阅读，并分享读后感。

中国少年儿童新闻出版总社通过多年对少儿阅读习惯的调查和分析发现，少儿阅读的特点正在发生变化：少儿对阅读选择的主动性正在加强，他们往往更愿意接受同学和朋友的推荐；阅读的乐趣更多地来自同龄人群的会心一笑和随之而来的小群体语言；海量的信息传递背景下，阅读兴趣的分化日益明显。虫虫阅读网的做法是：给你一个空间，由你来记录你的阅读体验；帮助你通过你喜爱的东西找到志同道合者，然后通过他们找到更多的好东西。

三、个人类

微信息是如今信息发展的大势所趋，它的一大优势是信息更新及时，实时互动。如三叶草故事家族、蒲公英亲子阅读园都在网站管理之外还开有微博，著名儿童文学作家郑渊洁、秦文君等都拥有经过官方认证的博客主页，实时报道他们的生活现状、活动实况和新书的发布。关心儿童阅读、关注儿童成长的家长们，又有什么理由不去"围观"呢？

少年儿童的阅读和童书的写作，既像三叶草一样生生不息，也如蒲公英一般飘扬四散，只要落在合适的土地上，总会生根发芽又萌生出一片新的绿意。但也有一点需要家长和老师们倍加注意，科技的发展是一把双刃剑，面对内容纷杂、瞬息万变的网络世界，有你们的参与和引领，孩子们才能获得更优质的阅读资源，得到更有效的保护，亲子阅读不能缺少你们的陪伴。

附录：

一、儿童情绪疗愈绘本解题书目①

书名	针对的情绪	情绪困扰问题类型	出版社	出版时间
妈妈的红沙发	不安	灾难后重建家园过程中的忧虑与不安	河北教育出版社	2007年
小恩的秘密花园	不安/寂寞	寄宿在外的寂寞与不安感	河北教育出版社	2007年
大猩猩	寂寞	面对单亲父母无暇陪伴的寂寞	河北教育出版社	2007年
开往远方的列车	开始新生活的焦虑	14位孤儿被送往新的居住地面对新生活	河北教育出版社	2010年
小鲁的池塘	悲伤/失望	同学过世的失落感	河北教育出版社	2007年
爷爷有没有穿西装	悲伤/失落	亲人过世的不解与失望	江苏少年儿童出版社	2007年
獾的礼物	亲人亡故的悲伤	长者离世衍生的难过情绪	明天出版社	2008年
爷爷的天使	学会感恩	爷爷对一生际遇的讲述带来的感悟	湖北美术出版社	2009年
爷爷变成了幽灵	亲人亡故的悲伤	面对亲人过世	湖北美术出版社	2009年
爸爸的围巾	感受父爱	对离世父亲的爱的感悟	二十一世纪出版社	2009年
没有人喜欢我	寂寞	无法融入同伴群体的孤独感	二十一世纪出版社	2008年
没关系没关系	成长	慰藉心灵、呵护	二十一世纪出版社	2009年

① 陈书梅编选。

续表

书名	针对的情绪	情绪困扰问题类型	出版社	出版时间
猪奶奶说再见	悲伤/不安	面对亲人即将过世的恐惧与不安感	贵州人民出版社	2009年
再见了，艾玛奶奶	悲伤/不安	面对亲人即将过世	南海出版公司	2009年
长大做个好爷爷	亲人亡故的悲伤	面对亲人过世	外语教学与研究出版社	2006年
一片叶子落下来	生长/死亡	一片叶子的生命，如何看待生命、生死	南海出版公司	2009年
阿莲娜、老鼠和巨猫	恐惧	面对恐惧的情绪	华东师范大学出版社	2009年
我要来抓你啦	悬疑/好奇/恐惧	面对恐惧的情绪	浙江少年儿童出版社	2008年
第五个	恐惧	对黑暗与未知的恐惧	南海出版公司	2010年
鳄鱼怕怕 牙医怕怕	恐惧	面对牙医的恐惧	明天出版社	2008年
你睡不着吗？	恐惧	面对黑夜	明天出版社	2008年
我的壁橱里有个大噩梦	恐惧	对黑暗与未知的恐惧	贵州人民出版社	2008年
小凯的家不一样了	手足关系	面对新家庭成员的到来	河北教育出版社	2009年
彼得的椅子	手足关系	面对新家庭成员的到来	明天出版社	2008年
我要大蜥蜴	与父母沟通	渴望饲养宠物遭到拒绝的烦恼	湖北美术出版社	2009年
生气的亚瑟	愤怒	面对愤怒的情绪	河北教育出版社	2009年
菲菲生气了——非常、非常的生气	愤怒	面对愤怒的情绪	河北教育出版社	2009年
小阿力的大学校	担忧/不安	面对因新环境而衍生的不安情绪	明天出版社	2009年
生气汤	愤怒	面对愤怒的情绪	明天出版社	2008年
是蜗牛开始的	责备/愤怒	遭受他人恶言辱骂而产生的愤怒	二十一世纪出版社	2008年

续表

书名	针对的情绪	情绪困扰问题类型	出版社	出版时间
凯，能行！	自信/勇气	自信/勇气	湖北美术出版社	2007年
勇气	自信/勇气	自信/勇气	南海出版公司	2010年
壁橱里的冒险	恐怖/冒险	恐怖、冒险、反抗、友情	南海出版公司	2007年
梦的守护者	未知/梦境	有关未知世界、梦境	南海出版公司	2009年
一个黑黑的、黑黑的故事	悬疑/好奇/恐惧	悬疑、好奇、恐惧、探索	浙江少年儿童出版社	2008年

二、亲子阅读推荐书目

（一）2016年全国中小学图书馆推荐书单①

书名	分类	作者	出版社	出版时间
青少年走近伟人丛书·传记故事马克思	马克思主义、列宁主义、毛泽东思想、邓小平理论	罗范懿	国际文化出版公司	2012年
青少年走近伟人丛书·传记故事毛泽东	马克思主义、列宁主义、毛泽东思想、邓小平理论	许丁心	国际文化出版公司	2012年
邓小平交往纪实	马克思主义、列宁主义、毛泽东思想、邓小平理论	于俊道	中国社会科学出版社	2013年
历史光影中的邓小平	马克思主义、列宁主义、毛泽东思想、邓小平理论	吴志菲 余玮	中国摄影出版社	2015年

---

① 这是部分推荐书目，其完整版可查询《2016年全国中小学图书馆（室）推荐书目》。

续表

书名	分类	作者	出版社	出版时间
邮票上的毛泽东	马克思主义、列宁主义、毛泽东思想、邓小平理论	李近朱	中共党史出版社	2014年
哈佛凌晨四点半：哈佛大学写给青少年的人生信条	哲学、宗教	韦秀英	安徽师范大学出版社	2014年
美国中小学生人文和科学阅读系列——天生我才	哲学、宗教	美国卡洛斯出版集团	广西教育出版社	2012年
思考的魅力——时间到哪里去了	哲学、宗教	［法］克里斯托夫·布东	广西科学技术出版社	2015年
"你应该知道的100"系列 你应该知道的100个儒家典故	哲学、宗教	德予	广西人民出版社	2015年
漫画国学系列孟子	哲学、宗教	洋洋兔	海燕出版社	2014年
没伞的孩子，必须努力奔跑	哲学、宗教	喜羊子	华中科技大学出版社	2015年
译林人文精选：社会契约论	哲学、宗教	雅克·卢梭	江苏译林出版社	2014年
30秒探索：心理学	哲学、宗教	克里斯蒂安·杰瑞特	机械工业出版社	2015年
青少年综合素质培训书系 青少年团队能力培训	社会科学总论	张梦婕	世界图书出版有限公司	2011年
扣好人生的第一粒扣子：社会主义核心价值观青少年公民读本	社会科学总论	孙霄兵	新华出版社	2015年
社会主义核心价值观100问	政治法律	汪家驷 田海明	安徽文艺出版社	2015年
党代会现场——99个历史深处的细节	政治法律	李颖	党建读物出版社	2012年
世界热点怎么看（2013）		当代世界研究中心	党建读物出版社	2013年
漫画国学系列 漫画三十六计（上、中、下）	军事	洋洋兔	北京理工大学出版社	2015年

117

书名	分类	作者	出版社	出版时间
兵戎相见的战争史话	军事	格林教育发展中心	河北科学技术出版社	2012年
咖啡与茶 超时空对话：孙子与克劳塞维茨	军事	王斌	上海古籍出版社	2015年
我的第一套百科全书现代兵器	军事	青少科普编委会	吉林科学技术出版社	2012年
轨道上的那些记忆	经济	高翔宇	合肥工业大学出版社	2015年
先贤诫子书系列教子名文十六篇	文化、科学、教育、体育	姬昌等	安徽师范大学出版社	2015年
字林趣话	语言、文字	郑春兰	四川辞书出版社	2015年
"最美中国"丛书最美的汉字	语言、文字	杨洁	合肥工业大学出版社	2013年
时光之轮世界之眼1	文学	罗伯特·乔丹	东方出版中心	2015年
曹文轩小说馆谁为奶奶哭泣	文学	曹文轩	二十一世纪出版社	2015年
魔法师梅林 烈火	文学	T.A.贝伦	二十一世纪出版社	2015年
孤筏重洋	文学	托尔·海尔达尔	法律出版社	2013年
童年河	文学	赵丽宏	福建少年儿童出版社	2013年
等你，在雨中——台湾爱情诗歌名篇欣赏（有声读本）	文学	余光中 郑愁予等	广东大音音像出版社	2015年
2015中国微型小说年选	文学	中国小说学会 卢翎	花城出版社	2015年
放尔千山万水身	文学	张晓风	花城出版社	2015年
迎接优等的自己	文学	毕淑敏	花城出版社	2015年
"童话奶奶"葛翠琳最新儿童文学作品集雪画	文学	葛翠琳	广东教育出版社	2014年
冰心奖获奖作家原创书系 秘密领地	文学	张洁	广东教育出版社	2014年

（二）英文书单

根据汪培珽的私房英文书单整理而成，为开展英语阅读的家庭提供参考。

各名家绘本

书名	主题
The Biggest Bear	友谊、爱心
Nana Upstairs and Nana Downstairs	祖孙情
Pompeii: Buried Alive	庞贝城的历史由来
The Bravest Dog ever Balto	勇气、冒险、助人
One Hundred Hungry Anuts	数字概念
Corduroy	关怀与爱
Eek! There's a Mouse in the House	有逻辑连贯性的故事韵文
The Tenth Good Thing about Barney	失去、死亡
Red Fox Running	身负使命，坚忍到底
Happy Birthday，Dear Duck	诙谐、机智

【知名作家 Judith Viorst】作品：

书名	主题
Alexander, Who Used to Be Rich Last Sunday	幽默
Alexander, Who's Not Going to Move	幽默
Alexander and the Terrible, Horrible, No Good, Very Bad Day	幽默

【知名作家 Virginia Lee Burton】作品：

书名	主题
Mike Mulligan and His Steam Shovel	毅力
The Little House	念旧
Maybelle the Cable Car	公民的投票权
Katy and the Big Snow	努力认真工作

【知名作家 Jan Brett 】作品：

书名	主题
Gingerbread Baby	冒险
The Mitten	分享
The Hat	分享
Hedgie's Surprise	机智
Town Mouse，Country Mouse	知足常乐
Berlioz the Bear	分享
The Night Before Christmas	幻想
Who's That Knocking on Christmas Eve	幻想

【知名作家 Bernard Waber 】作品：

书名	主题
Lyle，Lyle Crocodile	关怀
The House on East 88th Street	关怀
Ira Sleeps Over	勇气、面对嘲笑
Ira Says Goodbye	离别、友情

【知名作家 Willian Steig 】作品：

书名	主题
Doctor De Soto（3岁）	慈悲、勇气、机智
Doctor De Soto Goes to Africa	慈悲、勇气
Zeke Pippin	冒险之旅
The Toy Brother	关怀
Brave Irene	使命达成

【知名作家 Jan Brett 】作品：

书名	主题
Fun with the Molesons（3.5岁）	幽默
Rumpelstiltskin	经典童话

续表

书名	主题
Hurricane	想象之旅
Piggie Pie!	幽默
How My Parents Learned to Eat	文化的融合
Friday Night at Hodges' Caf	勇敢中展现的幽默感
I'll Fix Anthony	手足排行中的压力呐喊、大幽默
Sophie Skates	对芭蕾舞的兴趣和坚持
Click，Clack，Moo: Cows That Type	幽默
Cloudy with a Chance of Meatballs	幻想，天空下起食物雨
A Pocket Full of Kisses	妈妈的爱永远用不完
The Kissing Hand	亲情、无悔的爱

（三）诗与远方①

为什么要给孩子读诗？当孩子年幼时，我们耐心地埋一颗诗歌的种子入心田。在未来的某个时刻，当孩子面对宇宙星辰，山川河流，人间离散，悲欢离合时，那个种子也许会怦然开放，让孩子的心有忽然的感触、湿润和心动，如见旧时老友，又似重返旧时光。孩子们会恍然大悟：原来诗在未来的某个瞬间等着我。孩子内心的花朵绽放出一个诗世界。

1.《给孩子的诗》，北岛选编，中信出版社 2014 年 7 月版

《给孩子的诗》是著名诗人北岛的心血之作。北岛亲自甄别、挑选 57 位不同国别的诗人、101 首不同风格的新诗，将自己心目中最适于孩子诵读、领悟的短诗集结成一册《给孩子的诗》，公布于世。《给孩子的诗》中诗人、篇目、译文的择选，都体现编者北岛一以贯之、别具手眼的诗学理念与美学目光，即音乐性、可感性、经典性的融合。

2.《给孩子的古诗词》，叶嘉莹选编，中信出版社 2015 年 9 月版

《给孩子的古诗词》是当今中国古典诗词讲坛影响最大的叶嘉莹先生的心血

---

① 该书单根据微信公众号《阅读就是力量》的主题"给孩子们的诗歌集"整理而成。

之作。共收录作品 218 首，不同风格的 177 首中国古代经典诗作、41 首经典词作，以古典诗词中所蕴含的一种感发生命，带给孩子感动和召唤，培养他们成长为有感觉、有感情、有修养的人。

3. 《一个孩子的诗园》，罗伯特·路易斯·斯蒂文森著，吉林出版集团 2007 年 7 月版

《一个孩子的诗园》是英国小说家、散文家、诗人罗伯特·路易斯·斯蒂文森（1850—1894）所著的一本诗集。他的这部诗集，除了向我们呈现一个男孩的童年景象之外，同时也向我们展示了作为一个诗人、一个作家所持有的能力——在时光中自由来去，并解释人类与生俱来的本真价值。

4. 《向着明亮那方》，金子美铃著，新星出版社 2009 年 1 月版

真趣美如天籁的童谣经典。本书精选金子美铃童诗 187 首，分"夏""秋""春""冬""心""梦"六卷，并配有精美温馨的彩绘插图。金子美铃善于观察和聆听人与自然界中的令人感动的图像和声音，以细腻纯真的语言传递生命的乐章，给人以梦的视野和心灵的顿悟。

（四）国际儿童图书奖

这些在国际上比较著名的儿童图书奖项，可供选择儿童图书时参考。

1. 国际安徒生奖

"国际安徒生奖"是全球儿童文学界的最高荣誉，素有"小诺贝尔奖"之称。"国际安徒生奖"由国际儿童读物联盟（IBBY）于 1956 年设立，每两年评选一次，旨在奖励世界范围的优秀的儿童文学作家和插画家。

国际安徒生奖为个人奖，一生只能获得一次，表彰的是该作家 / 插画家一生的文学艺术造诣和建树。候选名单由 IBBY 的会员国推荐国内优秀的作家与插画家组成，由于评选严格，所以有时会出现会员国候选人空缺的情况。

"国际安徒生奖"创设的宗旨是：推动儿童阅读，提升文学和美学的艺术境界，培养儿童正面的价值观，促进世界和平。其评选标准主要是在文学与美学的价值上，随着时代的不同，对文学与美学的判断也会有所差异。具有国际性也是衡量作品的另一项标准。国际安徒生大奖"作家与画家候选人毋庸置疑都是会员国的一时之选，在当地的儿童文学界具有崇高的地位，但这并不表示其成就在其他国家仍具有决定性的影响。2016年4月，我国作家曹文轩获得了"国际安徒生奖"。

2. 美国纽伯瑞儿童文学奖

纽伯瑞儿童文学奖（Newbery Medal）是由美国图书馆协会于1922年为纪念"儿童文学之父"纽伯瑞而创设的奖项。得奖者必须是对美国儿童文学有杰出贡献者，并以美国公民及永久居民为限。纽伯瑞奖每年评选一次，授予上一年度出版的美国最杰出的儿童图书，是世界上第一个儿童图书奖。它与"国际安徒生奖"齐名。

纽伯瑞奖的评选对象为上一年度出版的全球优秀英语儿童文学作品，金奖一部、银奖一部或数部。评选重视的是文本，插图、美术设计和纸张质量都是次

要的标准。由于这个奖项对文本的重视，凡获纽伯瑞奖的书籍，皆被列入少年必读之书籍，一直是全球少年儿童学习阅读、写作的最佳参考范本。其题材包罗万象，内容除了针对儿童的恐惧、悲伤、幻想、幽默、冒险等心理层面做巧妙的设计之外，也蕴含了对全球人类以及自然万物的关怀。

纽伯瑞奖设立90多年来，已经超越美国本土，成为世界性重要奖项，它所评出的作品对美国和世界的儿童文学都有极大的影响。有意思的是，在迄今为止的获奖作品中，有两部作品是以中国为背景的，分别是1926年的《海神：中国儿童故事集》和1933年的《扬子江上游的杨福》。

3. 美国凯迪克图画书奖

凯迪克图画书奖（Randolph Caldecott Medal）是美国图画书界最重要且代表

最高荣誉的奖项。每年1月份公布获奖者。获奖者必须是美国公民或者居民，其作品必须是艺术家的原创，且作品在上一年出版。当两个艺术家共同创作了一部出版作品时，两人共同获奖。此类艺术家不必写故事内容。该奖评选最强调的是插图，而不是小说或文本内容。在每一年，儿童图书馆服务协会设立的评审委员会从前一年美国出版的图画书中选出一本最佳儿童图画书，颁赠金牌奖给该书的画者。同时，也选出进入决选阶段的杰出图画书，授予银牌奖表示肯定。银牌奖作品数量每年不同，有时只有1本，有时5本左右。

这个奖项始自1937年，由曾任《出版人周刊》（*Publishers Weekly*）编辑的麦歇尔（Frederic G. Melcher）捐款设立。他以19世纪最重要的英国插画家鲁道夫·凯迪克（Randolph Caldecott）的名字为这个奖项命名。

这个奖主要奖励"以最杰出的艺术表现及图像诠释完成的儿童图画书"，评审标准包含图画的艺术技巧，以及图像诠释能力（即以图像诠释主题、概念、情节、角色和情绪氛围等）。不过，虽然以图画为主，但书中其他部分的效果（如文字和版式设计）对整体的影响亦列入考虑。值得注意的是，它的定义中同时强调，这个奖"不以传递教条或受大众喜爱为目的"。

4. 美国夏洛特·佐罗托童书奖

夏洛特·佐罗托童书奖（Carlotte Zolotow Award）是美国女作家夏洛特·佐罗托的母校威斯康星麦迪逊大学教育学院的童书中心（CCBC）于1998年时以她的名字设立的图画书奖项，每年举行一次，并同时举行演讲活动。这一奖项只颁发给图画书的原创文字作者。

5. 英国凯特·格林纳威奖

作为国际上三种最著名的图画书奖项之一，凯特·格林纳威奖（Kate Greenaway Medal）主要是为纪念19世纪伟大的童书插画家凯特·格林纳威女士

而设，并于 1955 年由英国图书馆协会倡议，成为专门为儿童图画书而创设的奖项。凯特·格林纳威女士是英国维多利亚时代最贴近儿童心灵的艺术家之一，她奉献给大家的儿童读物不仅温馨感人、风格优雅，而且善于用儿童的眼睛来看世界，从而使平凡的生活充满了浪漫的想象和缤纷的色彩。

由于拥有一批杰出的儿童读物作家、创意家与设计家，所以长期以来，英国儿童读物很多方面都遥遥领先，其精美独特的设计、浪漫典雅的插图、幽默风趣的内容受到了各国读者的喜爱和赞誉。这不仅潜移默化地影响了其他国家儿童读物的设计出版，也间接提升和推动了世界儿童读物的发展。

目前，凯特·格林纳威奖主要设有"凯特·格林纳威奖大奖"及"提名奖"两个奖项，因为是英国儿童图画书的最高荣誉，所以每年来自全球各地的参赛者数以万计。

（五）中国图画书大奖

1. 丰子恺儿童图画书奖

丰子恺儿童图画书奖，两年评选一次，旨在推广优秀的华文原创儿童图画书，以及表扬为儿童图画书做出贡献的作者、插画家和出版商，是第一个国际级的华文儿童图画书奖。该奖项由致力推广儿童阅读与亲子共读的陈一心家族基金会发起，在著名艺术家丰子恺先生的女儿丰一吟女士的支持和允许下，该奖得以丰子恺先生之名命名。

2009 年 7 月 22 日在香港举行第一届颁奖典礼，由 8 位评审从两岸四地参选的 330 本书中，选出首奖一名、评审推荐图画创作奖和评审推荐文字创作奖各一名、佳作九名。这是第一个国际级的华文儿童图画书奖，旨在鼓励更多优秀人才投入创作、出版优质华文原创儿童图画书，提升社会大众对华文儿童图画书的重视与了解。

2. 信谊图画书奖

信谊基金会是台湾最早从事推广学前教育的专业教育机构，30 余年通过研究、出版与推广活动，提供完整且系统化的服务。1978 年，信谊基金会成立台湾第一家幼儿图画书与教育玩具专业出版社。1987 年春，为了提升幼儿文学的创作质量及欣赏水平，奖励幼儿文学创作并培育幼儿文学创作人才，信谊创设"信谊幼儿文学奖"，迄今连续举办 21 届，已经成为台湾地区出版界最具指标性的幼儿图画书征奖活动，陆续培养出图画书界很多中坚人才。

其遵从四类精神：第一，肯定图画书阅读的重要性；第二，促进原创图画书的发展，让孩子在作品中找到更多的认同；第三，奖励图画书的创作，培养儿童文学和儿童图画书的人才，拓宽创作者视野；第四，提升图画书和儿童文学的创作质量和欣赏水平，以及从业人员的专业标准。

第四章

书香家庭：女性阅读与自我成长

女性阅读是长期被忽视的问题。在封建社会，特别是在以男性为主导的社会里，女性阅读受到大量限制，女性阅读曾被称为"围墙内的阅读"，一是因性别歧视女性阅读范围被人为切割，二是由于受教育程度与阅读条件的限制，许多中下层女性没有参与阅读的机会。

我国早在唐宋时期就已经出现了女性阅读现象。在当时的条件下，女性阅读内容十分丰富，儒家经典、佛道经典、女教典籍、史书、诗词文、音乐、小说、医药、数术等都包罗其中。欧洲文艺复兴和资产阶级革命以后，新的女性阅读理念进入中国，中国女性的阅读空间又一次被极大地扩展了。女性阅读的问题仍然主要表现为争取阅读权利和提高阅读能力。随着社会的进步，教育的普及，出版物的普及以及公共图书馆的出现，女性可以自由从事阅读活动了。在当代，随着读物数量的进一步增大，女性阅读的焦点逐步由阅读权利的争取和阅读能力的提高向阅读的量和内容上转化，并且日益成为被全社会重视的现象。

首先，阅读有益于缓解压力。通过阅读，女性可以舒缓压力，自我充电，使自己在竞争压力中保持积极的心态。其次，女性阅读有益于陪伴儿童成长，在陪伴与教育的过程中，将阅读所得迁徙到"应用"之中，为儿童的教育发展提供智力支持，也是对自身能力的提升。最重要的是，女性阅读可以帮助自我成长。阅读是女性认识社会与自己的最重要的路径之一，通过阅读唤醒女性正确的自我意识，进行自我成长。

在选择适合女性阅读的书籍时，要注意阅读书籍的范围广度与深度。女性意识是女性以自定义的主体视角对社会、人生与自身形象的一种观照，这种观照强调男女两性在政治、经济、文化这些公共领域权利平等，以及在家庭、社区等私人领域角色对等的表现，不可人为设限，可以多做涉猎。

阅读是人类特有的文明行为，它有着广泛的社会性和鲜明的目的性，因而在不同时期、不同地域、不同民族、不同职业、不同年龄、不同性别和不同受教育程度之间存在着差异。性别上的差异导致了男女在阅读心理上的不同，女性阅读是我们过去一直忽视的问题，随着两性阅读差异日趋明显，关注两性阅读差异以及由此而产生的女性阅读，成为家庭阅读研究的重要组成部分 。

一、我国女性阅读的历史与发展

女性阅读是人类阅读活动的重要部分。在封建社会，特别是在以男性为主导的社会里，大多数女性是被排除在文字（文化）或是主流文化之外的。但是女性阅读的现象一直存在着。

大量的唐宋文集显示，我国早在唐宋时期就已经出现了女性阅读现象。在当时的条件下，女性阅读内容十分丰富，儒家经典、佛道经典、女教典籍、史书、诗词文、音乐、小说、医药、数术等都包罗其中。当时，大凡有条件读书的家庭，女性也多能享受阅读的乐趣；在实际生活中，女性阅读的内容非常广泛，远远超出了士大夫的预设模式；女性读者通常会受到亲属、乡间以及士人的认可与尊重，她们通过阅读学习知识，并以多种方式作用于社会，这对于提高整个国民素质、传承文明均有着积极意义。及至明清，由于儒家思想的束缚才使得女性阅读空间和内容被限定在一定的范围内。

欧洲文艺复兴和资产阶级革命以后，新的女性阅读理念进入中国，中国女性的阅读空间又一次被极大地扩展了。女性阅读曾被称之为"围墙内的阅读"，一是因性别歧视在阅读范围上做了一些人为的切割 ，二是由于受教育程度与阅读条

收藏于美国洛杉矶盖蒂中心的女子读书油画
（万宇摄）

件的限制，使更多中下层女性没有体验阅读的机会。

女性阅读的问题仍然主要表现为争取阅读权利和提高阅读能力。随着社会的进步、时代的发展、教育的普及、出版物的成倍增量以及公共图书馆的出现，才使得更多的女性可以自由从事阅读活动了。

到了当代，随着读物数量的进一步增大，女性阅读的焦点逐步由阅读权利的争取和阅读能力的提高向阅读的量和内容上转化，并且日益成为被全社会重视的现象。

美国《国际先驱论坛报》对一些国家男女阅读状况的调查显示：在英国，女性平均阅读量是男性的两倍；在美国，61.4%的妇女经常阅读，而经常读书的男子只有38.6%，女性阅读杂志和书籍的比例已超过男性。从购书行为上看，女性表现出更强的行动力。据中国台湾联经出版公司统计，在网上书店购书的人群中，女性和男性的比例是55：45，博客来网络书店的比例更是高达60：40。同样的现象也出现在大陆，中国出版科学研究所设计的"2001年期刊市场调查报告"显示：女性读者比男性读者更爱读杂志，女性每月读两种以上杂志的相对比例要高于男性读者；每月阅读一种杂志的女性占49.4%，每月阅读两种以上杂志的占31.5%，每月阅读三种以上杂志的占19.1%。当代"女性阅读时代"的来临已成为趋势。

二、我国女性阅读现状与影响因素分析

2011年9月至2012年2月的第九次全国国民阅读调查中，增加了对电子书、电子报纸和电子期刊阅读情况的调查，调查涵盖49个城市，收集了0—70

周岁有效样本量共 18881 个，其中 18—70 周岁女性识字样本为 7642 个，占总样本的 40％。结果表明，我国成年女性阅读率低于全国平均值，但是女性阅读期刊比率高于男性，即使阅读量仍低于男性。[①]

国民阅读调查数据显示，从性别上看，男女图书消费比例2006年基本持平为1∶1，10年间差距悄然拉开，到2015年，女性的图书消费量已经是男性的1.5倍。

表 4-1　成年男性与女性的阅读率比较[②]

	综合阅读率	图书阅读率	报纸阅读率	期刊阅读率	数字化阅读方式接触率
男	81.5%	57.0%	67.9%	39.4%	41.2%
女	73.3%	50.5%	57.6%	43.4%	35.7%
全国	77.6%	53.9%	63.1%	41.3%	38.6%

●我国成年女性阅读率低于全国平均值　●女性阅读期刊比率高于男性，但阅读量仍低于男性

（一）成年男性与女性的阅读率比较与影响因素分析

从调查结果可以看出，成年男性与女性的阅读率相比较，女性的综合阅读率、图书阅读率、报纸阅读率以及数字化阅读方式接触率均低于男性，也低于全国综合阅读率，只有期刊阅读率女性高于男性 4 个百分点，为 43.4％。与阅读率相对应的是阅读量，调查显示，我国 18—70 周岁国民人均阅读图书、报纸、期刊和电子书分别为 4.35 本、100.70 期（份）、6.67 期（份）、1.42 本。成年男女的图书阅读量均未达到全国平均值，但男性阅读量均高于女性阅读量，高于全国平均值。虽然女性的期刊阅读率高于男性，但阅读量依然低于男性，对此，中国新闻出版研究院研究员刘志永表示，这组反差数据从侧面反映出女性的阅读面不如男性广泛。

我国女性无论是阅读率、阅读量还是阅读面都不及男性，这是有深层次原因的。虽然近代以来到社会主义制度确立的一百多年间，制约女性发展的传统性别制度遭

---

①② 马桂花.我国女性阅读现状分析及应对策略——以首份我国女性阅读数据为例.青海社会科学，2014（05）：102—103.

遇毁灭性的打击，女性的生存处境和生活方式发生了根本性的转变，但是，传统的性别等级并没有根除，仍在社会生活中延续下来，女性要以家庭为重，是家务劳动的主要承担者，这是对传统的"因循"。此外，性别制度以新的形式出现，主要表现为性别视角的缺失，使女性在社会生活中被忽略了独特的权利和要求，以男性的标准来衡量职业女性，这是性别制度的"再生"。这些都成为女性发展中的"玻璃天花板"，看似能挡风遮雨，其实阻碍了女性人生价值的实现。

在华坤女性生活调查中心 2010 年 3 月开展的有关女性阅读的问卷调查中，女性不常阅读的原因，"太忙，没时间读"高居第一位，占 58.1%，其中 31—40 岁被调查者认为"太忙，没时间读"的比例最高，达 60.9%。此外，上海市妇联的一份调查显示，即使在男性相对愿意参与家务劳动的上海，已婚者中女性"大部分"承担和"全部"承担家务劳动的比例均超过 53%。这些也可以从《女性阅读情况的调查分析》（李冬梅、熊丽华）、《浅谈女性阅读与图书馆服务》（董作红）、《加强女性读者服务工作的几点设想》（毕立平、孙晓玲）这三篇文献中得以印证，这三篇文献分别对哈尔滨市图书馆、天津市塘沽图书馆以及青岛市图书馆的女性读者阅读情况进行调查，从调查结果可以看出，青年女性读者是女性阅读的主力军，她们大多还没有结婚或婚后还未生育，因此不会被家庭琐事所羁绊，可以充分享受阅读的乐趣，通过不断地阅读和学习，补充新知识、掌握新技术，提高自身的竞争力，为自我发展奠定基础。而中年女性在工作之余，还要投入大量的时间和精力在家庭之中，这些在无形中就剥夺了妈妈们的阅读时间。老年的女性读者虽然大多退休在家，时间较为充裕，但她们受中国传统思想观念影响较深，大多数都在忙于照顾第三代，再加上身体等方面的原因，其从事阅读活动的时间减少。因此，影响女性阅读最主要的因素还是工作之余囿于家务。在繁重的家务劳动之余，女性也比较倾向选择看电视等休闲活动，这些都挤占了女性的阅读时间。

（二）数字化阅读方式接触率比较与影响因素分析

随着电子科技、网络技术对生活的渗透，特别是近年来智能手机的普及，非传统数字化阅读方式（在线阅读、手机阅读、电子阅读器阅读、光盘读取等）对于人们阅读习惯的影响日益显著。调查数据显示，2011 年我国 18—70 周岁国民的数字化阅读方式接触率，均有不同程度的上升，其中网络在线阅读的接触率增长幅度最大，为 38.6%，其次是手机阅读方式。但是，不论是何种数字化阅读方式，女性比率均低于男性，其中使用网络在线阅读方式的男女比例差距最大，男性为 32.4%，女性为 27.1%，相差 5.3 个百分点。虽然目前很多女性已能够和男性一样，广泛地接触各种数字化技术，并有效地利用这些技术为自己的工作和生活服务，但是，就大多数中国女性而言，在数字化消费浪潮中，性别鸿沟并没有缩小，男女之间的差距也没有消失。这些数据说明，女性在数字时代不仅没有获得文化创造的优势，即使在文化消费中也没有占得先机。

在华坤女性生活调查中心 2010 年 3 月开展的有关女性阅读的问卷调查中发现，使用网络阅读的女性，随着年龄的增大而明显降低，21—30 岁的比例最高，为 74.8%，51—60 岁的比例降至 40.5%。女性的网络阅读与传统阅读一样，也呈现出轻阅读、快阅读和生活化阅读。我们可以看出在一线大城市，网络阅读在女性阅读中占据了越来越重要的位置，这主要的原因是现代城市生活节奏加快、竞争激烈、压力增大，想静下心读一本好书的时间越来越少，只能忙里偷闲在等公交、坐地铁甚至吃饭时做一些网络浏览。网络阅读与传统的纸质阅读相比，虽然有很多优势，能满足读者多元化阅读需求，但由于信息海量、缺乏筛选、消息多于文化，使人很容易沉溺其中，而且在网络空间中，商业文化和消费主义主宰着女性读者。

在经济发达的一、二线城市，女性采用数字化的阅读方式是很容易的，但是在经济较落后的三、四线城市，乃至偏远的农村地区，购买电脑和智能手机等都是一笔不菲的费用，而其往往都是为孩子和丈夫所用，网络对于女性的工作和生活的贡献率并不高。这也是女性数字化阅读方式接触率比男性低 5.5 个百分点的主要原因。

（三）男女购书目的与影响因素分析

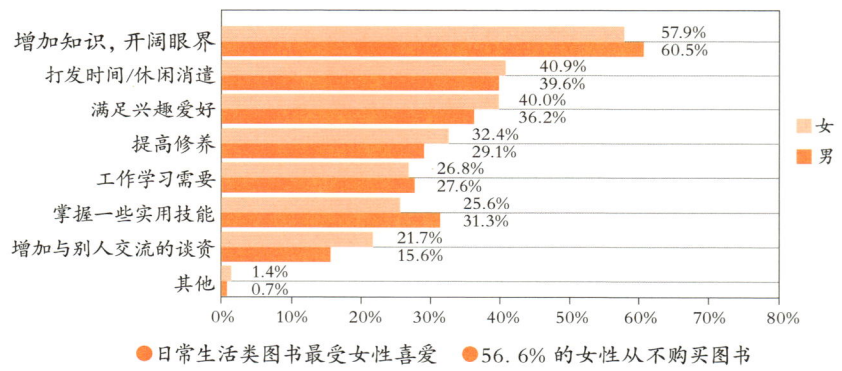

图4-1　男女购书目的

从图4-1第九次全国国民阅读调查中"男女购书目的"的调查结果可以看出，"增加知识，开阔眼界"是二者阅读的主要原因，但男女购书目的还是有很大差异，男性多为掌握"实用技能"、满足"工作学习需要"，而女性阅读却以"生活知识"为先导、以"增加谈资"为动机，这也从侧面反映出隐形性别制度的潜在运作。虽然男女平等是国家政府所倡导的主流话语，但带有浓重的保护和福利色彩，女性的解放被质疑为"超越论""恩赐论"，而妇女的家庭角色从来没有受到质疑，"站在男人背后"的贤妻良母的角色模式仍然被社会认同和倡导。所以说我国成年男女的阅读模式，反映出当代社会仍占主流地位的"男主外女主内"的家庭分工模式，这是意料之中但也是令人担忧之处。如果女性把阅读视角局限于了解"生活知识"、知晓"家庭保健"、学会"烹饪美食"、精通"穿衣打扮"，那么女性仍然会囿于传统的性别角色规范，阻碍自我发展。

（四）女性购书率低下与影响因素分析

图4-1的调查结果还表明，五成以上（56.6%）的女性从不购买图书。虽然数据没有对女性不购买图书的原因进行分析，笔者认为深层次的原因还在于女性贫困和女性教育。在城市中下岗女工就业难和女大学生就业难都是一个突出问题，

同工不同酬、行业分隔等都是造成城市女性贫困的原因。对于农村妇女来说，虽然承担许多耗时耗力的劳动，但是商品作物的生产和收益一般都由男子掌握，而且中国的贫困人口大都集中在农村，农村女性是贫困的最深重承受者。当女性的经济能力只能保障最基本的生活需求时，购书无疑是一种奢求。此外，我国女性的文盲率远远高于男性，而且女性高文盲率在边缘贫穷省份及农村地区更是惊人。而且女性平均受教育程度和受正规教育的程度都远远低于男性，这也是导致女性购书率低下的原因。

在中国当代社会，女性阅读虽然已成为一种普遍现象，但由于中国传统性别文化的长期影响和束缚，我国女性在心理上形成了安于现状、因循守旧、依赖依附性强、成就动机和成功期望偏低、缺乏创造卓越成就的激情和动力等弱点。这些心理弱点反映在阅读上就是"日常生活"类图书最受欢迎，再结合女性阅读期刊的比率高于男性，使女性阅读呈现出轻阅读、快阅读和生活化阅读现象。

这种阅读使中国女性外表的时尚度已与国际接轨，但内心依然是"家长里短，柴米油盐"。我国女性阅读现状从表面上看有很强的个人化和情趣化，但深处还是隐伏着深刻的社会问题和中国的普遍问题。这与大众传媒、商品广告、文学作品中塑造出来的女性"新形象"不无关系。①

三、 女性阅读对于家庭的积极意义

（一）女性阅读可以缓解压力

为休闲缓解压力而进行的阅读，是一种有益于人的身心健康和人的发展的积极行为。女性可以通过阅读来为自己充电，抚慰心灵，缓解压力，使自己在社会竞争中处于有利的地位。

---

① 马桂花.我国女性阅读现状分析及应对策略——以首份我国女性阅读数据为例.青海社会科学，2014（05）：102—105.

同时，阅读还能够满足女性特有的心理状态，特别是阅读一些文学类、休闲类、生活保健类图书，可以当作生活的调剂品，能成为情绪通道，减轻压力，放松心情。在阅读过程当中，不仅能够收获审美诱发的快感、阅读产生的趣味、休闲带来的轻松，而且还会感到生活充实，精神满足，心理得以调节。面对日益扩大的女性读者群，各种媒体渠道如何引导女性读者通过阅读来培养审美情趣、解决实际问题、释放自身压力是十分重要和迫切的任务。

首先，阅读带给现代女性一个崭新的世界，使女性不再生活在男性的存在模式下。她们通过阅读这种方式，用自己的思维去感知事物，获取信息，提升自己的知识素养，确立了自我意识。其次，女性通过轻松、愉悦的阅读可以化解和释放自己在职场和家庭中面临的压力，"阅读给我们快乐，并可置身另一个世界，凡是沉浸于书中天地、超脱于时空之外的人应不致对此表示异议"。阅读能让女性在纷繁复杂的现实中保有一份宁静和快乐的心情，"阅读是一种善意的隔离行为，我们在读书的时候，透过有技巧的方式让自己遥不可及"。

（二）女性阅读有益于陪伴儿童成长

印度妇女教育家卡鲁纳卡兰做了形象的解说："教育一个男人，受教育的只是一个人；教育一个女人，受教育的是几代人。"女性阅读的视角与她所受教育的程度是有很大关系的，因为阅读需要理解，在理解的前提下，阅读活动才有可能迁徙于"应用"之中，为女性的自我发展提供智力支撑。

母亲是孩子的第一任老师，孩子往往和母亲在一起的时间更多、更长，母亲一直伴随孩子成长过程的始终，她的一言一行在孩子的脑海中都根深蒂固。高素质的母亲对引导和优育孩子的成长有着至关重要的作用。"武汉大学王开敏教授也曾讲过："我希望女性养成阅读的习惯，即使不认字的母亲，哪怕摆摆样子，孩子幼小的心灵都会对阅读充满好奇和渴望。"从这个角度讲，女性的阅读行为对下一代必然会产生潜移默化的影响，促使孩子养成读书的良好习惯，培养他们的读书兴趣。

（三）阅读有助于女性自我成长

阅读是女性认识社会与自己的最重要的路径之一，通过阅读唤醒女性正确的自我意识，就是让女性在阅读中排除来自男性中心性别话语对自身辨认的干扰，不要沉浸在"王子与公主"的浪漫童话中不思进取；不要为男性所描述的女性价值所迷惑，认为只有年轻貌美身材好才会有前途，去追求一些外在的东西却忽略了内心的荒芜。女权主义者普兰·德·拉·巴雷说过："男人写的有关女人的书都值得怀疑，因为他们既是法官，又是诉讼当事人。"这些终将会导致女性在实际上缺少接近享有"个体身份"或者独立个性的可能性。

英国哲人培根（Francis Bacon）曾经指出："阅读使人充实，会谈使人敏捷，写作与笔记使人精确……史鉴使人明智，诗歌使人巧慧，数学使人精细，博物使人深沉，伦理之学使人庄重，逻辑与修辞使人善辩。"从女性成长来讲，女性阅读的心理有比男性复杂得多的心绪和愿望。女性的素质影响到民族的素质，女性的发展水平影响到一个国家的综合国力，改变当代中国女性的阅读现状，可以让女性在不断的阅读中自我成长与超越。

对于女性来说，阅读能使她们开阔眼界，提升自身修养，充实自己，塑造自我丰富的内心灵魂。杜布拉芙卡·乌格雷希奇曾经在她著述的《谢谢不读书的人》一书中这样提到："女性在历史上是被动的读者，就仿佛一群小苍蝇飞进

旧金山城市之光书店电影图书展示
（万宇摄）

了由文字织成的蛛网里面，她们曾经只是观众而已。"而现在的情况是，女性由观众到被动的读者到目前已然成为主动探索知识的阅读群体了。德国的畅销书女作家斯特凡·博尔曼（Stefan Bollman）发出了这样的心声："千万别低估读书的女人！她们不但变得越来越聪明，不但懂得如何享受纯粹个人的阅读乐趣，而且她们非常善于独处。阅读就是独处时的最大享受之一，此时可以与自己的想象力和作家的想象力独处一室。"女性主义作家先驱弗吉尼亚·伍尔夫（Virginia Woolf）对于女性阅读也怀抱着这样的希冀："唯有通过这种形式的融合才得以开花结果，充分发挥心灵的各种能力。"

（四）女性阅读的文化生态学意义

文化生态学意义即从生态的角度来研究文化、理解文化。文化，化而为文，是动态的，不是静态的；是发展的，不是静止的。文化和周围的生态环境之间发生作用，新的文化产生，旧有文化衰退甚至消亡。文化不是经济活动的直接产物，因此，应当从人、自然、社会、文化等各种变量的交互作用中来研究文化不断演化和进化的规律性知识，以促进文化朝着人类文明的方向发展。

女性阅读是一种具有文化传播和交流性质的活动，属于文化生态范畴。女性自身的阅读需要和周围所处环境的阅读条件之间相互适应和平衡的关系就构成了女性阅读的文化生态系统。作为一个女性，她在社会和家庭中担当着重要的角色。一个有知识、有素养，对待工作、对待家人认真和负责任的女性通常拥有良好的阅读习惯。阅读对于女性而言是一剂直接或间接释放压力、缓解情绪的良药。古代女子阅读《闺训千字文》《女诫》《女论语》《女儿经》，她们通过这些典籍学识字，明修身，懂礼仪。如"为人女要'凡为女子，大理须明。温柔典雅，四德三从'""为人妻要'敦质立品，贞烈咸称'"；再如"女儿经，仔细听，早早起，出闺门，烧茶汤，敬双亲，勤梳洗，爱干净"。20世纪80年代，内地又兴起琼瑶风，女孩子读后个个感到"风萧萧，雨凄凄，人悲切"。新世纪的女性阅读涉猎范围较之以前增加了时事政治、财经哲学。由此不难看出，女性阅读是不断变化的、发展的，是有生态概念的。所以，构建平衡、协调、可持续发展的女性阅读对于社会、家庭来说都很有必要。

作为文化传播载体的大众传媒，在社会性别文化的构建中具有导向功能、教育功能、协调功能和舆论监督功能。但在目前的大众传媒中，普遍表现出性别意识的严重缺失，两性形象并非是现实生活中的自然形象和反映，而是男权文化期望的形象。正如

收藏于美国洛杉矶盖蒂中心的装帧精美的初版书（万宇摄）

第四次世界妇女大会《行动纲领》所指出的："大多数国家的印刷和电子媒介没有以均衡的方式描绘妇女在不断变化的时间中不同的生活和对社会的贡献"，应"促进媒体对妇女做出平衡和非陈规定性的描绘"。女性在媒体中被忽视和形象被扭曲是由媒体工作者的意识、媒体制作常规、媒体机构、媒体信息来源、社会意识形态等因素共同作用的结果。

我国的女性媒介，如权威女性杂志《中国妇女》、央视的《半边天》栏目以及《中国妇女报》等等，也应更多地关注弱势女性群体，开阔报道视野，而不能仅将目光聚焦于城市女性白领阶层和高收入者。女性媒介还应积极倡导传媒监测与批评，坚决抵制各种歧视女性的文化现象，阻止落后性别文化的传播。对贬损女性形象，侵害女性人权、人格和尊严，歧视女性的报道及不良社会现象进行揭露和抨击，要引导和支持文化工作者创作更多体现先进性别文化的优秀作品，使先进性别文化入脑入心，促进全社会构建正确的性别意识，营造健康的社会文化氛围。

第二节　女性阅读指南

随着信息时代的到来，知识在不断增量，专业在日益细化，而人类文明成果的不断增大和领域的日益扩展，获取知识和信息的方式与手段的多样，使人类阅读兴趣的范围与可选择空间也日益扩大，在人们的时间和精力都很有限的客观条件下，阅读内容的选择也就必然会日益显出个性化和专项化。

不论男女，由于其在职业、年龄、文化修养、专业背景、个人性格、特长和爱好等方面的不同，所选择的阅读对象和内容必然会是不同的，在这一点上，并没有什么男女之分。阅读是人类共同的文明现象，对知识的获求和对各种社会、生活现象的关注，不应该也不可能有性别限制和人为划分，这应该是一个基本前提。

一、"她时代"阅读与"女性读物"

社会的进步、文化的多样、观念的更新使得现代社会生活日益显示出了巨大的活力，追求多样，释放个性，展示才能，追求时尚休闲的生活方式，营造家庭

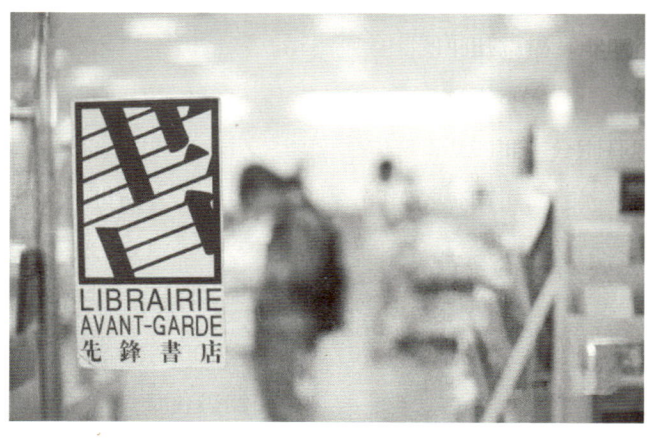

先锋中的专注（刘志刚摄）

温馨已经成为一种趋势。"她阅读"时代，一部分女性因为回归家庭，更有兴趣通过阅读打发闲暇时间；而一部分为事业打拼的女性，迫于压力，求知欲望远远大于男性；另外，女性比男性更重视对子女的文化教育，也是女性阅读不断增长的因素所在。

面对急速扩大的女性读者群，深入探讨当代女性读者的阅读心理，引导女性读者通过阅读来解决实际问题或者是释放自身压力，培养审美情趣，就显得十分迫切和重要了。女性阅读表面上看是个人化的问题，实际上有着很深的社会意义。随着时代的进步，女性阅读量的增大和阅读内容选择的日益多样化，也出现了各种新的现象。因此，也有了"女性出版物""女性期刊"等概念的产生，也产生了大量标题中有"妇女"二字的期刊，如服饰、化妆品美容类期刊，主要的阅读对象和发行对象都针对女性读者，还有一些家庭生活类期刊和儿童期刊被作为"准女性期刊"。

这类图书与期刊发行量的增大对女性的阅读倾向的影响也使评论界表现出了担忧，认为这种"女性期刊"内容狭窄，概念划分也受到男性传统性别意识的深刻影响，"传统社会性别意识与女性读者阅读倾向的非良性互动，有使女性期刊日益走入狭窄胡同的危险"。

应明确涉及女性内容的出版物不只是女性特有或专有的读物。比如关于女性问题的理论书籍，如妇女运动、妇女问题研究、女性人物传记以及涉及妇女社会生活方方面面内容的读物，并非只是专门提供给女性阅读的，而是属于全社会。同样，涉及男性内容的读物也如此，并不只限于男性读者，也同样属于全社会，婚姻、家庭、服饰、美容等内容的图书、期刊确实受女性欢迎，也并非只是女性读者在读。

由于长期以来的历史及社会原因，拥有社会主流话语权的男性社会对女性的引导和"期望"，特别是在现代女性社会心理导引下的女性读者自身阅读兴趣的自我定型，爱情、婚姻、家庭、美容、服饰、育儿等类型的内容确实受到女性读者的欢迎，但是，这并非意味着女性阅读限制在这类内容。在家庭阅读的"女性阅读"，应注意兴趣和涉猎范围的广泛。

"女性阅读"是人类阅读活动的重要部分，但"女性阅读"又是我们过去一直忽视的问题。随着社会的进步，时代的发展，教育的普及，出版物数量的快速增长以及阅读服务的社会化，女性阅读逐步从争取阅读权利和提高阅读能力向拓展阅读的广度与深度转化，并且日益成为全社会重视的现象，这充分说明"女性（她）阅读时代已来临"。

二、如何选择适合女性阅读的书籍

（一）注意阅读书籍的范围广度与深度

女性意识是女性以自定义的主体视角对社会、人生与自身形象的一种观照，这种观照强调男女两性在政治、经济、文化这些公共领域权利平等，以及在家庭、社区等私人领域角色对等的表现。女性意识主张的权利平等与角色对等跨越性别鸿沟，拒绝两性中任一方的从属地位，主张不同性别尤其是女性的独立自主与人格尊严。从一定意义上说，女性意识乃是人类社会文明进步的重要标志，是对传统社会男性在思想意识里主宰地位的有力反驳。

"女性读物"中比较受欢迎的种类大致包括女性理论著作、女性情感图书、女性人物传记、女性生活图书四大类。女性理论著作主要集中在妇女运动、妇女问题的研究，如西蒙·波伏瓦（Simone de Beauvoir）的《第二性》，李银河、李小江、谭琳、荒林等人的学术著作。女性情感图书以情感作为书写主题，主要是以女性普遍存在的情感诉求作为对象，以虚构或现实的方式描写情感故事或真实经历。如风靡西方世界的"禾林"小说和我国的"布老虎"丛书均属于此类，港台地区的亦舒、琼瑶等作家赖以成功的也都是这种路数。给予女性情感指导的睿智散文也是此中翘楚，早期的罗兰、现在的张小娴便是其中的代表，此类书是女性阅读的主流。女性人物传记主要是记述和描写从古到今、历朝历代的名女人、杰出女性，一些女性作家的作品亦归属此类。

女性阅读除了心灵安抚作用，还有一种实用趋向，除流行时尚、美容塑身、

安静，捧起书（刘志刚摄）

医疗保健、休闲旅游、家庭亲子、美食养生外，一些如古典文学、翻译小说、科幻侦探、漫画卡通、理财消费、语言学习、DIY 玩艺、创意生活、装潢设计、计算机应用、童书绘本、诗词小品等也大量进入了女性阅读的范畴。

尊重人多方面健康的情趣，尊重人对自己喜爱事物的关注，给人以健康美的展示空间，是一个社会成熟、进步的表现。一个充满着对美的追求的社会，必然是一个和谐、温暖的社会，也必然是一个亲善的、友好的社会。

（二）强调纸质阅读，引导网络阅读

如今国民的阅读方式呈现出多元化、个性化和数字化趋势，但城乡差异和地区差异巨大。与亚洲、欧洲等发达国家相比，我国国民的阅读仍停留在相对较低水平，尤其是女性阅读现状堪忧。所以在阅读推广、培养国民良好的阅读习惯以及引导网络的深层阅读中应有担当。

此外，图书馆有着先进的计算机网络系统，有大批专业技术人员，在消除数字时代的性别鸿沟中应发挥积极的作用，为女性读者进行计算机网络知识的培训，并有效地利用网络技术为自己的工作和生活服务，女性要找回在网络中的话语权，逐步消除与网络技术间的数字鸿沟。

值得注意的是，近年来，"博客文字""微博文字""微信阅读"也成了女性

阅读的一个新热点。很多女性浏览这些电子阅读信息的时间已超过阅读纸质读物。

（三）调动社会资源，服务女性阅读

女性的阅读倾向需要引导，可以充分调动多元的社会资源。例如，公共图书馆可以从多个角度思考、研究女性阅读心理和阅读兴趣，掌握不同类型女性读者的阅读需求，积极开展各种形式的导读工作，为女性阅读搭建一个拓展视野、相互沟通的平台，让女性从单一烦琐的工作、家庭生活中分离一部分时间，寻找自我的价值。又如社区成立女性读者协会，组织女性读者沙龙，邀请来自社会各界的女性读者现场交流读书心得，通过各抒己见，酣畅探讨，提高阅读的深度，启发思考；同时在自由交流过程中培养相互尊重与倾听，基于理性认知态度的辩论，对培养女性的平等意识、尊重他人、语言思维等方面有着极为重要的作用。

美国当代女性主义理论家伊莱恩·肖尔瓦特（Elaine Showalter）曾经提出，女性主义批评分为两个领域：首先是关注"妇女作为读者"，其次是关注"妇女作为作者"。关注女性作为读者能够引起我们对其性别代码意义的重视，把出版物看成是传递真实的"人"的体验的观点是西方父权社会传统所强调的，这种父权制的叙事手法和阐释话语渗透着男性偏见的表达，出版物包括对它的解读都是男性的，女性读者在穿越这种男性框架的历程中被不自觉地置于更加被动接受的

美国麻省理工学院出版社书店
（万宇摄）

地位。

法国女作家波伏瓦（Simone de Beauvior）曾经深刻地指出："女性气质不是天生的，而是被塑造出来的，女性气质是社会的产物。"这就是说这种塑造首先是整个社会的，是社会意识和思维定势的产物，是有着很深的社会历史根源的。并非只是几个关于爱情、婚姻、家庭、美容、服饰等图书与期刊所能做到的，它是整个社会的问题，如果存在，那是程度不同地存在于一切出版物之中的。要找出问题的症结，就要从这个角度来思考，去探讨。

关注女性阅读、研究女性阅读、服务女性阅读，是尊重女性、关爱女性的一种体现，更是繁荣图书事业、弘扬时代文化的需要。因此，在我们推动社会进步的进程中，既要让整个社会宽松、自由，充分尊重人的个性，让其有多样化的选择，也要充分考虑到女性权益和地位等更深层次的问题，只有这样才能真正在男女平等的基础上构建和谐社会。

附录1：

2016上海书展女性阅读书单

1.《听杨绛谈往事》，吴学昭著，生活·读书·新知三联书店2016年6月版

这本书实际上相当于一本杨绛先生的自述。书中记录了自杨先生出生至98岁的经历，在大量杨先生口述的一手资料基础上，加入作者自己的所见所闻及搜集的材料，史料翔实且具有高度的准确性，叙述清晰生动，与杨先生的语言风格非常近似。书稿完成后，杨先生题签并作序。"序"中明确说明：经传主本人认定的传记只此一本。书中并插有珍贵的照片，其中有从未发表过的钱、杨一家不同时期的图片。《听杨绛谈往事》不是对一个家庭私生活的津津乐道，而是对中国读书人深邃厚重的人情及正直清朗的操守的推崇和对一个时代的知识分子的生活状态、生存空间的关注。

2.《世界很大，幸好有你》，杨澜著，江苏凤凰文艺出版社2016年1月版

这本书是继1996年《凭海临风》之后，著名媒体人杨澜女士20年来全新个人创作的散文作品集，杨澜以"大女生"的视角，讲述她的婚姻、她的儿女、她的家庭、她理解的幸福力。这本书同时也借着中国电视深度高端访谈节目《杨澜访谈录》开播15周年之际，杨澜首度分享了她采访800多位世界各地各界人士所总结出来的"澜"式说话之道，以及她参加三次北京申奥真实的心路感受。

2016年3月19日，《广州日报》发布2016年3月12日—2016年3月18日一周畅销书排行榜，《世界很大，幸好有你》荣登非文学类畅销书排行榜第二位。

3.《一念三千里》，毕淑敏著，漓江出版社2016年7月版

一个念头和一个念头之间，可能一在天堂一在地狱；优等的心，不必华丽，但必须坚固；时时检点自己的心灵宝库，可以储藏勇气和智慧，可以储藏经验和教训……只是不要储藏"应该"；改掉坏习惯，突破心理舒适区；坚定地确立自己的目标，努力下去，天地万物都会来帮你。

本书精选毕淑敏关于身心健康的经典散文。作者以医生和心理咨询师的经历，将生活中点点滴滴的感悟孕育成温馨的哲理，讲述生活的真相和人生的意义。提醒我们要珍爱自己，修心、解惑，排解负面情绪，热爱生活。

有一颗大心，才盛得下喜怒，输得出力量。愿每个人在欣赏美文的同时，细细品出其中真谛，秉持我们对人世间的善良期望，坚守勤劳，用真诚和爱努力创造出属于自己的幸福。

4.《月童度河》，庆山著，北京十月文艺出版社 2016 年 6 月版

这是一种如实和行进的写作，如同灌注之前，把容器清洁。只愿在时间中慢慢成为单纯的人。

《月童度河》是继《素年锦时》后全新散文小说集，用清简的文字，记录了对生活的诸多观察和思省。阅读、写作、旅行、自我修习，对情感的体悟，与亲友共处的点滴，以及生活的琐碎细节。这些在时间中累积的文字，如实展现了经由思考步步前行的心境，是对往日的梳理，亦是一路的探索与成长。正如书中所说："把这几年的痕迹和记录，打包整理起来。在其中，可以看到盛放与凋谢过的花朵，结出的果实，以及坠落在泥土中的新的种子。"书中三篇未结集短篇小说与随笔相互映照，使创作版图更加完整。

5.《把你交给时间》，陶立夏著，湖南文艺出版社 2016 年 8 月版

作家，译者，摄影师，陶立夏全新情感随笔。

从冰岛到东京，呈现理想生活方式的美好可能。

世间情侣，大多是起初相见爱慕，思念震耳欲聋，随之而来的相知相伴都把对方当成最美的风景，而爱情有太多种面目，所有的情感都将流入最平凡的生活，"生活山高水阔，我喜欢我们各自坚守，并各自自由"。所以，不如将爱与想念都交托予时间，在时间的彼岸，我们从未失散。

陶立夏在书里说："我们一起安静地看看，这个世界的光亮。"

6.《张充和诗文集》，白谦慎编，生活・读书・新知三联书店 2016 年 6 月版

本诗集收录了张充和诗词 225 首（其中友人唱和诗词 34 首）、散文 66 篇。如：长亭怨慢和一樵先生韵；答杨联陞二首；附：杨联陞寄张充和三绝句；答青

衫不为女儿湿；汽车中；瘦西湖；梧桐树下；冬春之交；看戏；变戏法；墙缝；等等。编者白谦慎说："张充和先生给了我一个很重要的文献，就是卞之琳手抄的张充和上世纪 30 年代的散文目录。这些散文只有少数是用充和的真名，绝大多数都是笔名，卞先生这个单子提供了一个重要的线索。还有就是她的三弟张定和在 1983 年收集到的 103 首张充和诗词。"

7.《新猎物者》，白饭如霜著，长江出版社 2016 年 5 月版

白饭如霜，国内知名小说家，主攻奇幻，也写言情，写作个人风格强烈，极具想象力和幽默感。文字诙谐风趣，常令人捧腹不已。作品具有一定童话色彩，以描写常人生活琐事为长，对人物情感与心理的刻画细腻生动，极具感染力。她笔下特立独行的非人角色们获得了众多读者喜爱，也因此被称为"非人小说第一人"。

《新猎物者》是作者白饭如霜在原《猎物者》（作者经典成名作）世界观、人物之基础上，重新创作的新故事。本书讲述了从审判之轮事件之后醒来的男主人公猪哥，失去记忆化身为猪小弟，与他的伙伴阿黄，实际上是守护暗黑三界摄政王，也就是男主人公的奎木狼，一起经历的跟猎人联盟和非人种族们有关的奇幻故事。第一册包含逐生花、光行、八音竹节虫、吸血鬼、斋练、老鼠天师六个部分。

8.《软埋》，方方著，人民文学出版社 2016 年 8 月版

《软埋》是方方的长篇小说，也是她最好的长篇小说。这部小说的人物不多，情节也不算复杂；结构非常有意思，现在的故事正着讲，过去的故事反着讲，读起来有一种很特别的感受。

《软埋》讲述了一个女人命运的故事。四五十年之间，她从一个乡绅的儿媳成为一个勤勉慈爱的保姆，从一个失忆的女人变成一个沉溺于往事却没有了知觉的植物人。她的故事里包含了太多的伤痛和宽容，太大的失落和满足，太详尽的记忆和太彻底的遗忘。作者没有落入社会批判的窠臼，而是立足于更高的角度，挖掘决定人物命运、历史进程的复杂因素，找出那些蛛丝马迹然而举足轻重的细节，使作品具有强烈而独特的文学力量。

9.《路上的家》，李惠敬著，金莲兰译，上海译文出版社 2016 年 1 月版

李惠敬，1960 年出生于韩国忠清南道宝宁，毕业于庆熙大学国语国文系，

1982 年在《世界文学》发表中篇小说《我们的离层》，从此登上文坛。进入文坛几十年来虽然作品不多，但每部作品均用悲天悯人的人文关怀观照生活的芸芸众生，特别关怀被冷落被遗忘的人们，并用精致的笔墨逼真地描绘出他们的生活以及悲欢离合，文学里程虽然缓慢但异常坚定而突出，被公认为韩国代表性的中坚小说家。

这部作品中，最可称道的是其冷静而仔细的观察力。描摹这种观察的手法也很是高超、细致。作家对生活的沉重的洞察和感受承载在短小而印象深刻的文句之中。而且，作家对人生和作品的态度，也迥异于目前通常的风潮，很是真诚和认真。

10.《过去现在，一并深爱》，祝小兔著，北京日报出版社 2016 年 7 月版

文艺女神祝小兔寻味英国，将沿途的风景、陌生人的温柔、不期而遇的惊喜细细收藏，这是一场远离家乡的旅途，却是走进自己内心的归途。

祝小兔用她的文字和生活体验告诉我们，"好"的、精致的生活，不是每天都充满着昂贵的物品，而是日常生活中那饱满的热情心态，心地干净地爱人，读看似无用的书，吃不求饱的点心，没有妄念地欣赏风景，不制造不必要的麻烦。为我们觉得重要的事情赋意，让原本微小的事情变得伟大，生命便可变得浪漫又丰富。

这本书中，每个城市都有属于自己的味道和名片，Enjoy London、Let be 的利物浦、莎翁的故乡斯特拉特福小镇、英格兰的历史书约克郡……那些看似不经意的古老建筑，在她的笔下有着追溯千古的历史文化背景，也让我们怀着敬畏之心去面对生活中的一切。

这场看似"虚度"的光阴，这些在国外的经历，其实是一场回归内心的旅行。在相遇过陌生人的微笑、品尝过仿佛掉进棉花糖里般的蛋糕、参观过各个城市的博物馆甚至是在天空下冥想放空自己之后，作者告诉我们，生命很短，而回忆可以很长，失望会很短，而爱会很长。时光会给予我们深厚的爱恋，抚平生活中遇到的一切。过去现在，一并深爱。

11.《诗经：越古老，越美好》，曲黎敏著，江苏凤凰文艺出版社 2016 年 4 月版

曲黎敏对话中国最早的一部诗歌总集——《诗经》，解读《诗经》的起源及意义，领略读诗的八大益处，对爱情、婚姻、男女、结婚、归宁、剩女、怨妇、孤独、命运等诸多人生主题进行深刻的思考和诗意的表达，带领人们再次感受《诗经》里古朴热诚的精神力量，在《诗经》里寻找解决心灵之痛的良方。

12.《流浪苍穹》，赫景芳著，江苏凤凰文艺出版社 2016 年 1 月出版

郝景芳长篇科幻作品《流浪苍穹》首次完整出版。故事发生在若干年后，移民火星的人类发动了反叛地球的独立战争，战争的结果形成了两个互不来往的世界。一直到战后百年，地球和火星才开始交往。一群火星少年被送往地球，在那里学习、长大，当他们重返火星时，却发现自己的命运被两个互相猜忌的世界所裹挟席卷。巨大的差异带来割裂感和冲击感让他们无所适从，他们被各方指责，因此沉默，也因此而开始怀疑。苍穹下，这群年轻人开始一场负重的青春奔跑，为了寻找真正的归宿他们踏上了心的旅程。

附录2：

女性阅读书目推荐[①]

根据女性阅读的特点，按照现代女性阅读的倾向，将女性阅读书目分为修养阅读、居家阅读和励志阅读三大类。

一、修养阅读

1.《第二性》，西蒙娜·德·波伏娃著，中国书籍出版社 2004 年 4 月版

2.《我们仨》，杨绛著，生活·读书·新知三联书店 2008 年 5 月版

3.《面包树上的女人》，张小娴著，北京十月文艺出版社 2008 年 7 月版

4.《倾城之恋》，张爱玲著，北京十月文艺出版社 2009 年 3 月版

5.《小姨多鹤》，严歌苓著，作家出版社 2010 年 3 月版

6.《浮生六记》，（清）沈复著，欧阳居士译，中国画报出版社 2011 年 1 月版

二、居家阅读

1.《回家真好》，欧阳应霁著，生活·读书·新知三联书店 2003 年 8 月版

2.《旅行的艺术》，阿兰·德波顿著，南治国、彭俊豪、何世原译，上海译文出版社 2004 年 4 月版

3.《吃的真相》，云无心著，重庆出版社 2009 年 11 月版

4.《厨房里的人类学家》，庄祖宜著，文化艺术出版社 2010 年 2 月版

5.《给一个未出生孩子的信》，法拉奇著，毛喻原、王康译，上海三联书店 2010 年 3 月版

[①] 摘自徐雁主编的《全民阅读推广手册），海天出版社 2011 年版。

三、励志阅读

1.《遇见未知的自己》，张德芬著，华夏出版社 2008 年 1 月版

2.《米娅，快跑》，秦与希著，北京大学出版社 2009 年 4 月版

3.《女心理师》(上、下)，毕淑敏著，重庆出版社 2009 年 4 月版

4.《好好爱自己》，素黑著，天津教育出版社 2010 年 7 月版

5.《女人的重建》，[美] 路易丝·海著，萧顺涵译，华文出版社 2010 年 10 月版

【延伸阅读】

2017 年 3 月，包括南京大学出版社在内的 18 家机构联合策划了一份关注女性议题的书单。"永恒的女性，引我们上升"，希望这份书单成为性别平等发展道路上的一种声音。

1.《穿过荒野的女人：华文女性小说世纪读本》，苏伟贞、刘俊主编，南京大学出版社 2015 年版

本书聚焦于新文学缘起的 20 世纪，以及女性作家发表于 20 世纪的小说，选取 31 位最具代表性的华文女作家，撰写作家生平介绍、作品导读，奉上具体的作品文本，由此构成了这本华文女性小说世纪读本，也可称作一部简明的 20 世纪华文女作家写作史。

2.《黑暗时代的她们》，杰奎琳·罗斯著，王杨译，北京联合出版公司 2017 年 3 月版

本书以历史上三位女性开篇，她们的经历讲述了如何通过最富戏剧性的事件在上个世纪开辟了一条新道路，将不可说之事带入光亮之下。本书是一本兼具文学性和心理分析风格的佳作，学术思考与社会现实紧密结合，向我们展示了这些充满智慧的女性是如何为女性主义创造一个新的模板。

3.《红粉闺秀：女性的生活和文学》，俞士玲著，江苏人民出版社 2017 年 2 月版

红粉与闺秀，是中国古代两大女性群体。在家庭伦理和男权社会的制约下，她们的社会生活空间受到制约，但是她们创造了别具一格的女性文化，赢得了尊严与地位。本书介绍了中国古代女性生活及其文化，意在提醒现代读者清晰地认识当代中国妇女的处境，促进更深刻的女性自觉和发展。

4.《蕾丝：欲望和女权》，李昕著，商务印书馆 2013 年 8 月版

本书从蕾丝的历史展开，以各个时代的历史为依托，介绍从 18 世纪至今的蕾丝发展历程。本书也从蕾丝与女性的关系着手，探讨蕾丝背后投射出的文化价值。读者在阅读本书时，既能够了解蕾丝的种类，又能够获知蕾丝的丰富内涵。

5.《妮萨：一名昆族女子的生活与心声》，玛乔丽·肖斯塔克著，杨志译，中国人民大学出版社 2017 年 1 月版

本书中讲述的非洲昆族女性妮萨的故事，源自美国女人类学家玛乔丽与妮萨的 15 次录音深访。书中作者、妮萨的多声部叙事，成为人们了解昆人、了解非洲、了解女性所不可错过的经典案例。

6.《女心理师》，拾月著，上海社会科学院出版社 2017 年 2 月版

晨海市接二连三地发生女性遇害案件，女心理师任予每天晚上下班后，独自一人穿越朝夕公园回家。就在她回家的路上，再次出现了可怕的斩首案件。丈夫宋思楚成为了嫌疑人，深陷牢狱之中。同时护花使者苏沐出现。任予仿佛看到了希望，又仿佛在一步一步地走向深渊。究竟谁才是罪恶的源头？任予又将如何利用心理学来拯救自己与捍卫这座城市的安危？年度烧脑悬疑大戏，等你破译！

7.《女性身体的智慧》，希拉里·哈特著，冯欣、姬蕾译，世界图书出版公司 2017 年 3 月版

女性常常忘记，我们的身体本身就像一座神秘的城堡。我们需要的爱，不一定要从其他的途径艰难获取。当我们开始对内的探索，就会发现那些本就居于我们体内的温暖的、滋养的、充满爱的力量。本书作者希拉里·哈特汇集了世界上最有远见的精神导师们的思想精粹，向我们揭示了女性身体本身的美好，以及女性身体内蕴藏着的巨大能量。本书句式简单清晰，适合细细品味，作者还为每一章节设计了有针对性的练习，若在读书间歇辅以恰到好处的练习，效果更佳。

8.《女性乌托邦：中国女性／性别研究二十讲》，李小江著，社会科学文献出版社 2016 年 5 月版

女性／性别研究在 20 世纪末成为显学，是 20 世纪 60 年代新女权运动的成果；在中国，它是 80 年代"妇女研究运动"的产物。本书以公开讲座为基础，上篇"新中国妇女研究"多与现实问题相关，从 20 世纪 80 年代至今，可见中国妇女研究发展的具体进程；下篇"性别研究与基础教育"侧重学理讨论和学科建设，与西方女性主义对应并相互呼应，在寻根溯源的基础上为中国妇女研究开掘本土资源。

9.《朋友之间：汉娜·阿伦特、玛丽·麦卡锡书信集》，汉娜·阿伦特玛丽·麦卡锡著，卡罗尔·布莱曼编，章艳译，中信出版社 2016 年 12 月版

《朋友之间》收录了阿伦特和麦卡锡之间的所有通信。这些信件充满了智慧和雄辩，又不乏真诚和亲密，以一种私人的方式，为我们近距离展示了 20 世纪两位杰出女性的政治、道德、文学观和思想脉络，更向我们呈现了她们之间漫长而独特的友谊。

10.《乳房：一段自然与非自然的历史》，弗洛伦斯·威廉姆斯著，庄安祺译，华东师范大学出版社 2017 年 2 月版

本书从一个母乳喂养孩子的故事开始，新手妈妈弗洛伦斯无意中发现母乳除了拥有各种美好成分之外，竟还含有许多环境毒素。这些原本不该出现的工业化学物质为什么会跑到自己的乳房和乳汁里？身为一名科普记者，弗洛伦斯在惊愕之余着手探究，她前往美国各大癌症研究中心、环境政策研究所以及新西兰的乳房研究实验室等机构，和众多科学家、人文学者交流，从人类学、生物学、医学、环境史的角度解读乳房，关心现代生活如何改变我们的乳房、我们的健康。

11."世界迷宫三部曲"：《虔诚的回忆》《北方档案》《何谓永恒》，（法）玛格丽特·尤瑟纳尔著，王晓峰、陈筱卿、苏启运译，上海译文出版社 2017 年 1 月版

现当代法语文学重要的代表人物玛格丽特·尤瑟纳尔长篇自传体代表作《世界迷宫》三部曲，包括《虔诚的回忆》《北方档案》《何谓永恒》。作为尤瑟纳尔

生前最后的作品，结构恢弘，风格成熟，堪称历史小说和回忆录写作的典范之作。《虔诚的回忆》《北方档案》《何谓永恒》，讲述的视角、焦点依次对应母系家族、父系家族、作家自己，小说的叙述是对个人与世界的关系、历史轨迹与未来命运的隐喻。

12.《"她"字的文化史：女性新代词的发明与认同研究》（增订版），黄兴涛著，北京师范大学出版社 2015 年 7 月版

本书从社会文化史的视角，以插图的形式，呈现当年"她"字及相关文字早期被实践或论争时的原始样态，以及运用者的风貌，希望能带给读者以真切的历史现场感，呈现"人""场景"和"历史内涵"多元互动的研究路径，堪称近年来中国文化史研究的杰作。

13.《晚清女子国民常识的建构》，夏晓虹著，北京大学出版社 2016 年 1 月版

在近代中国，由精英知识分子发出的变革的呼声，抵达并影响到下层大众，这个过程通常被称为"启蒙"。尽管晚清对女性的启蒙是从一个很低的起点出发，但对女性的期待却相当高远，两者的落差因此形成了奇特的现实的张力。《晚清女子国民常识的建构》论述晚清知识精英如何通过各种文本将"国民常识"播植于女界的实践。如《女诫》的多种版本、晚清女性典范的多元景观、晚清西方女杰传的隐藏底本、明治"妇人立志"读物的中国之旅、女性生活中的音乐启蒙、晚清女报中的国族论述与女性意识等。

14.《我的衣橱故事》，于晓丹著，重庆大学出版社 2016 年 4 月版

如何挑选服装，还真不是那么简单，一件服装的面料、剪裁和款式都反映了设计师的一种态度，也是你的一种人生态度。曾经的文学译者，现在的专业服装设计师——于晓丹老师，打开自己的衣橱，与你分享她对服装独到的见解、时装的秘密以及服装品牌文化的灵魂所在。

15.《我们的女王：伊丽莎白二世》，罗伯特·哈德曼著，南方译，中国人民大学出版社 2017 年 3 月版

为纪念伊丽莎白二世登基六十周年（2012 年），《每日邮报》皇室事务记者罗

伯特·哈德曼结合自己多年来与王室成员的交往和观察写出这部传记。作者采用倒叙手法，以伊丽莎白二世在位几十年来的成就为开篇，讲述了王室内部、女王与大臣、女王与人民间许多鲜为人知的故事。

16.《乡间夫人日记》，E·M.德拉菲尔德著，李泾译，生活·读书·新知三联书店 2017 年 1 月版

轻快的诙谐之中带着善意的讽刺，E·M.德拉菲尔德的小说《乡间夫人日记》自 1930 年问世以来一直深受读者欢迎。书中的女主人公是一个中产之家的主妇，居住在英格兰一个小镇。她追求进步，希望在文化上充实自己，向大都市生活方式和上层社会靠拢，但往往力有不逮，事多尴尬。夫人知道自己的弱点，坦承自己的不足之处，但还是一如既往地自行其是。她的自我反思并不是死板苛刻的自责，而是善意地邀请读者与她一起欢乐地审视她以及她邻居们生活中的诸多稀奇古怪之处。

17.《蚤满华袍：张爱玲后半生》，伊北著，广西师范大学出版社 2014 年 4 月版

本书是伊北推出的"民国传记三部曲"中的第三部。讲述张爱玲后半生隐秘故事，细密还原一个写作者的朝圣路。《蚤满华袍》破天荒地把张爱玲的形象聚焦在"写作者"身份上，突出张爱玲对于写作的"执着"，褪去了早年成名的光环，张爱玲朴素的后半生，尽管纷扰多艰，但她依旧屹立，手持一支笔，书写心中的爱与痛。她从未要改变世界，只是不想被世界改变，也许有时候，唯有舍弃，才能坚守。

18.《重新看见自己》，吴淡如著，漓江出版社 2015 年 6 月版

从出生开始，我们就和自己相处，但是，你了不了解自己呢？总有许多来自于传统、习惯、人性、爱情或欲望的迷雾，遮住我们的眼睛，使我们看不见自己。每个人的心都是一口井，井底总有青苔，在阳光探不进来的阴湿处成长。承认自己的问题，等于看清了一半。剩下的一半，就要交给行动了。帮助我们重新看见自己，是我们能给自己最好的礼物。这样的礼物，一生受用，且一旦持有，生命力就不再遮蔽！

第五章

乐龄阅读

"对一个伟大的国家来说，仅仅给生命以岁月是不够的，我们的目标还应该是给岁月以生命，以创造性和发挥才能的姿态去利用这些岁月。"美国前总统肯尼迪的这句话，在 20 世纪 90 年代被世界卫生组织以"生命已经增加了岁月，现在我们必须给岁月以生命"的格言形式在世界范围内再次强调。

在家庭中，我们不仅要给老年人提供良好的物质生活，还应提供高水平的精神生活。阅读在满足精神需求、提供精神保障方面具有自身优势，因而应该在老年生活中扮演重要角色。

阅读作为老年人文化休闲生活的形式之一，在老年人的精神生活中，它不只用于满足文化娱乐需求，通过获取知识、疏解心结、陶冶情操、心灵交流，阅读还在不同层次上满足了老年人对情感慰藉、价值尊严和社会交往的需要，保障了充实、健康、有尊严的老年生活。因而阅读应该在老年人的精神世界中占据重要的一席之地，在对老年精神保障愈加重视的社会环境中，阅读将是完善老年人精神保障体系的重要内容。

"少年读书，如隙中窥月；中年读书，如庭中望月；老年读书，如台上玩月。皆以阅历之浅深，为所得之浅深耳"。乐龄阅读是人生中难得的自主时段，也是家庭阅读的主要组成部分。乐龄阅读会为老年人获得更为丰富多彩，充满情趣的生活。

　　从蒙童入学始，阅读便伴随人生的旅程。阅读成为人们生活的一部分。当然，对应不同的身份和阶段，阅读又会相应带有功利性的目的。比如，学生为应考、升学、谋职而阅读，学者为研究课题而阅读，编辑为加工文稿而阅读等。而到了快快活活安安乐乐的年龄，阅读重在消闲，与其他人群相比，无需为过多的功利性目的所束缚。最美不过夕阳红，温馨又从容。公元 7 世纪西班牙学者以塞多尔曾留下一句名言："对待生活，就当是明天就将死去；对待学习，就当是能够永远活着。"①意思是要好好生活，珍惜时间；对待学习，不能太过功利。乐龄阅读，更应具备这种心态，重在消闲娱乐，要读得随意潇洒。

　　阅读作为老年人文化休闲生活的形式之一，在老年人的精神生活中，它不仅用于满足文化娱乐需求，通过获取知识、疏解心结、陶冶情操、心灵交流，阅读还在不同层次上满足了老年人对情感慰藉、价值尊严和社会交往的需要，保障了充实、健康、有尊严的老年生活。因而阅读应该在老年人的精神世界中占据重要的一席之地，在社会对老年精神保障愈加重视的环境中，阅读将是完善老年人精神保障体系的重要内容。

一、乐龄阅读的价值

　　阅读作为文化生活的内容之一能带来精神上的快乐，这种快乐首先来源于追求知识的快乐。罗素说："知识是使人类快乐的主要因素。"知识快乐不是物质欲望得到满足的自然性的快感，而是因为对社会、自然、历史、人生的洞见所获得

---

① 徐雁 . 全民阅读推广手册 . 深圳：海天出版社，2011：500.

的精神愉悦。[1]通过阅读我们可以获得多方面的知识，了解我们在日常生活中难以触摸的世界，加深我们的情感体验，从而获得深厚的人生积累，形成豁达的人生态度。[2]

（一）阅读有利于充实老年人生活

对于老年人而言，他们忙碌一生，退休后突然的清闲和进入老年期的身份变更都会带来不适应。他们会感到茫然、无聊，又会因为时日无多而感到紧张和烦躁，陷入焦虑和抑郁的交错状态。

无所适从的心理状态充分反映在他们的日常活动中。有调查发现，老年人花在闲坐这类无指向活动上的时间，70 岁以上的男性日平均为 41 分钟，女性日平均为 73 分钟。[3]而且老年人过度依赖媒体，他们平均每天看电视的时间为 3 小时 16 分钟，占了自由支配时间的 38.36％，是各个年龄段看电视时间最长的。不仅如此，央视—索福瑞媒介研究提供的数年数据显示，年龄越大，收看电视的时间越长。[4]反过来，空虚的休闲活动又会加剧他们的心理荒芜。因而，如何感受和运用老年时光关系着老年人生活和心理的调适。

阅读过程本身就是一种审美体验。这种审美体验来源于日常生活经验的中断，当我们在阅读中游目骋怀时，我们就已经和日常生活的世界产生分离，拒绝了日常生活的焦虑、无聊、抑郁、混沌和狭隘，进入一个非现实的理想世界，享受由此带来的自由自在的快乐。对于这种审美体验，林语堂有深刻的体会，他在《读书的艺术》中就讲到："没有养成读书习惯的人，以时间和空间而言，是受着他眼前的世界所禁锢的。他的生活是机械化的，刻板的；他只跟几个朋友和相识者接触谈话，他只看见他周遭所发生的事情。他在这个监狱里是逃不出去的。可是

① 陈琰 . 闲暇是金——休闲美学谈 . 武汉：武汉大学出版社，2006：80.

② 肖雪 . 促进老年人阅读的公共图书馆创新研究 . 天津：天津大学出版社，2010：72.

③ 王琪延 . 中国人的生活时间分配 . 北京：经济科学出版社，1999：115.

④ 王琪延，雷弢，石磊 . 从时间分配看北京市老年人的生活状况——北京居民生活时间分配调查系列报告（之十二）. 北京统计，2003（7）：34—35.

美国加州卡美尔小镇社区图书馆中静静阅读的人们（万宇摄）

当他拿起一本书的时候，他立刻走进一个不同的世界。如果那是一本好书，他便立刻接触到世界上一个最健谈的人……一个人在十二小时之中，能够在一个不同的世界里生活两小时，完全忘怀眼前的现实环境：这当然是那些禁锢在他们的身体监狱里的人所妒羡的原因。这么一种环境的改变，由心理上的影响说来，是和旅行一样的。"

阅读能够帮助老年人在书的世界中"旅游"，脱离按部就班的生活状态去徜徉于不同的感情世界，带来或新奇或紧张或浪漫或宁静的情感体验，借此驱逐精神的劳顿，安抚疲惫的身心，得到精神解脱，促进精神升华。相对于其他活动，阅读不仅能带来一时之感，更能带来持久的充实感受。古罗马著名哲学家西塞罗（Cicerro）在其名著《老年论》中说："如果一个人追求学习和修养就像获得食物为生一样，那么没有什么比闲暇的老年更令人快活了。宴会上的、游戏中的和淫逸放荡中的快乐，与这些快乐相比还有什么意义呢？这些快乐来自某种对知识的学习。"①

----

① 西塞罗.老年·友谊·义务——西塞罗文录.高地，张峰，译.上海：上海三联书店，1989：31—32.

（二）阅读有利于保持老年人身体健康

阅读是一种复杂的心智活动，通过视觉感知和大脑思维活动来实现，后者更为关键。美国阅读学专家 M·A.汀克经研究分析指出："在极大多数情况下，阅读时用于眼睛移动仅占时间的5％，其余95％的时间则用于思维。"[1]大脑遵循用进废退的原理，因而，从生理机能促进的角度来讲，阅读能够充分刺激大脑活动和血液流通，从而能够延缓智力和记忆力的衰退，保持身体健康。

从人体生理运作的角度来看，勤于读书用脑的老年人，大脑血管经常处于舒张状态，能为大脑输送充足的氧气和营养物质，从而延缓中枢神经老化；同时还能带动和加快全身血液循环，使身体各系统功能保持协调统一，提高免疫抗病的水平。[2]而且，在没有严重生理疾病的情况下，通过阅读训练和干预能够明显改善老年人的智力和记忆力。读书读报会刺激视神经、促进大脑的使用频率，加快运作速度；阅读亦能储存大脑内的资料，激励老年人大脑资源的使用，从而保证智力和记忆力的健康延续。[3]美国人寿保险公司对年逾百岁的老年人进行调查时发现，多数人有读书的习惯。[4]这说明阅读能够锻炼记忆力、感知和抽象思维能力，预防老年痴呆。

与电视等其他信息获取方式相比，文字的阅读更能调动大脑的主动性。从大脑切片可以看到，愈常动脑的人，神经纤维之间的联结愈紧密，触类旁通的机会也愈高。其原因是阅读是主动获取信息的过程，而电视等则是被动的过程，人们不仅无法主动选择浏览的速度、频次，而且无法主动选择自己喜欢的内容，在被

---

① 高瑞卿.阅读学概论.长春：吉林教育出版社，1987：18.

② 徐炯权.读书养老，精神生活高追求.老年人，2006（1）：6—8.

③ 梅陈玉婵，齐铱，徐玲.老年学理论与实践.北京：社会科学文献出版社，2004：238.

④ 熊经浴.愁得酒后如敌国 病须书卷作良医（健康箴言）.人民日报海外版[2009-05-06] http：//paper.people.com.cn/rmrbhwb/html/2007-11/23/content_33626374.htm.

动接收的过程中，大脑被空置了。[1]心理学家洪兰教授发现："阅读是一种主动的神经连接，等同于看电视是一种被动的神经连接，当人们观看电视时，大脑其实并没有在运作。人们可透过阅读得到经验，也可借由阅读训练创造力，因为'打开一本书，等于打开一个世界'。"

阅读还具有确实的医疗功效，"阅读疗法"已成为心理疾病治疗中的辅助疗法。[2]法国作家蒙田（Michel Eyquem de Montaigne）就选择书籍来排遣消极情绪，他说："在我的人生旅程中始终陪伴着我，不论何时何地，都会给我帮助的，就是我和书的交流——当我面对年老和孤独，它给我慰藉；它将我从令人烦恼的无聊中解救出来……而若不是巨大至占据我整个灵魂的那种忧伤，它更是马上就能削弱那忧伤的力量！倘意欲移转种种恼人的念头，除了立即进入书中之外，别无他法。"[3]在心理上，老年人在阅读中，或者找到书中人物、情节、情感等和自己的相吻合之处从而产生共鸣；或者与作品发生了心灵契合和沟通，情绪得以调节、排遣、慰藉和净化；或者通过书籍的暗示作用带来个人自身的心理暗示从而消除某种症状；或者在对作品的欣赏和领悟后顿悟人生的深层意蕴，大彻大悟。

（三）阅读有利于老年人发展创新

"老年人经常被视为需要照顾的对象。但是随着社会的进步，今天许多70岁甚至80岁高龄的老年人仍然保持着旺盛的精力，如果给予合适的机会，他们可以继续为社会做出很大贡献。"[4]这是2002年第二届世界老龄大会上国际老龄问题联合会主席海伦·海默琳的精彩言论。的确，老年人群蕴藏着巨大的发展潜能和价值潜能；老年人群不仅是社会发展的受益者，更是未来社会发展的参与者。

---

① 洪兰.阅读：活化大脑良方.编译参考，2003（3）：48—49.

② 王波.阅读疗法.北京：海洋出版社，2007：18—27.

③ 蒙田.谈书//《博览群书》杂志.读书的艺术：如何阅读和阅读什么.北京：九州出版社，2004：187—199.

④ 穆光宗.老年发展论——21世纪成功老龄化战略的基本框架.人口研究，2002（6）：29—37.

美国加州卡美尔小镇的社区图书馆电子阅览室（万宇摄）

虽然年龄增长会带来身体和心智的衰退，但老年人仍然有希望继续发展和完善，老年人发展的可塑性仍然存在。"虽然可塑性有它的极限，而且可塑性的潜力也会随年龄的增长而减弱，但是它所能达到的最高限度仍是未知数，而且它本身也具有变化性或可塑性。"①在社会"老有所为"的氛围促动下，老年人已经并将继续发展创新，有所作为。阅读是知识获取的手段，更是知识创新的手段，运用这一手段，老年人同样能实现个人发展并为社会做出贡献。

老年人参与就业，拥有的经验固然重要，但唯有不断获取新知才能保有和扩大这种经验优势。阅读能够最大限度地获取新知，解决疑难，为老年人个人发展做好知识积累和扩充。在老年人物质贫困的原因分析中，知识贫困和信息缺乏是其中的重要原因。"书犹药也，善读之可以医愚"，阅读作为知识信息获得的常见方式，能够有效地缓解知识贫困，进而作用于老年物质生活的改善。

阅读是一种主动性活动，它创新的意义则在于阅读能带来独立思考，它并非局限于书本的僵化的行为，在不同的时空、不同的主体条件下，阅读都会带来不同的意义阐释，这种阐释有时甚至与作者预设的主旨完全相反，学者李书磊就曾据此提出一个"反读"的概念。当"我们从一个陈旧的故事中读出了一个新鲜的

① 戈比.21世纪的休闲与休闲服务.张春波，陈定家，刘风华，译.昆明：云南人民出版社，2000：96.

故事，从揶揄中读出了悲剧，将否定读成了赞美：一篇崭新的小说从旧小说中脱颖而出"[1]。而创新也正在此发生。老年人可以通过阅读，发现研究空白或者不足，加以弥补，也能实现创新。

（四）阅读有利于老年人融入社会

老年学家王兴华指出："精神上的退休是衰老的加速剂，无所事事意味着社会生命的终结。"[2]调查发现，喜欢结交朋友的老年人认为生活幸福的比例高于不喜欢结交朋友的老年人，通过人际交往这种主动的社会参与活动，老年人更易获得精神上的满足；同样喜欢参加集体活动的老年人认为生活幸福的比例高于不喜欢参加集体活动的老年人，感到不幸福的比例则低于后者。[3]美国学者罗伯特·哈维格斯特（Robert Havighurst）提出的"活跃理论"（Activity Theory）认为，老年人应该积极参与社会。[4]只有参与，才能使老年人重新认识自我，在新的社会融入过程中实现精神的超越和充实。阅读对老年人的社会生命发展或者说社会交际也会产生积极影响，这表现在以下四个方面。

第一，阅读就是读者与作者之间的沟通，就是和书本结友。真正的阅读是倾听与言说的统一。一方面，阅读是倾听，它要求人们在阅读中必须首先放弃自己言说的权利，而专注于书本自身所言说的话语。那些话语曾经言说并正在言说而且还要继续向我们言说，那些已经言说的是完成了的话语，而那些正在言说和将要言说的是有待生成的话语。另一方面，阅读又是读者的言说，书本的话语敞开了思想的空间并激起了读者的言说，他们的言说就是对书本的理解和解释。因此，真正的阅

---

[1] 李书磊.重读经典.北京：中国广播电视出版社，1997：94.

[2] 马惠娣，邓蕊，成素梅.中国老龄化社会进程中的休闲问题 // 马惠娣，张景安.中国公众休闲状况调查.北京：中国经济出版社，2004：192—207.

[3] 孙鹃娟.北京市老年人精神生活满意度和幸福感及其影响因素.中国老年学杂志，2008（3）：308—310.

[4] 刘同昌.论老年人精神赡养的社会支持系统.中共青岛市委党校青岛行政学院学报，2008（9）：49—53.

读就是书本和人同时在场的对话，与作者沟通的过程就是与人交流的过程。笛卡尔（Rene Descartes）也说："读一切的好书，就是和许多高尚的人谈话。"而将书籍作为一个整体的时候，我们又可和书成为朋友，向其倾诉并进行交谈。难怪伊萨克·巴罗（Isaac Barrow）这样说："一个爱书的人，他必定不至于缺少一个忠实的朋友，一个良好的老师，一个可爱的伴侣，一个优抚的安慰者。"①

第二，阅读能缩小观念差异，强化代际关系。社会的飞速发展、科技的日新月异必然带来人们思想观念的不断更新，老一辈和晚辈之间的思维方式差异扩大就会产生"代沟"，进而削弱代际关系。通过阅读，老年人能够实现终身学习，不断获取和更新知识，认清发展潮流，跟上时代步伐，而不至于成为"现代盲""老古板"，与晚辈能拥有更多的共同语言，达到更好的理解和沟通。

第三，阅读能以文会友，扩展交际范围。巴金说得好："友谊在我过去的生活里，就像一盏明灯，照彻我的灵魂，使我的生存有了一点点光彩。"对于老年人来说，朋友更为重要。但在脱离了工作范围之后，工作关系带来的人际交往大大减少，与志趣相投者相交成为老年人交友的新方式。拥有共同阅读兴趣的老年人相聚而论、互相切磋，更容易结成朋友或交往的小团体，古往今来不乏其例。明朝思想家李贽（1527—1602）主张求师问友于四方，他到京城的时候已经是个年迈老翁，听说澹园老人焦竑（1540—1620）对《易经》很有研究，有疑难就去请教他，后来两人就此结成了好朋友。通过各种读书活动，他们不仅更新了知识，而且也扩大了人际交往范围。

第四，阅读可以促进老年人参与社会。阅读会带来自信，对社会和人生积极参与的良好心态，带来对人类社会和命运的关切，带动老年人主动地融入社会。美国全国艺术基金会公布的一项调查显示，读书消遣的人参观博物馆、听音乐会的可能性比其他人多好多倍，他们做义工和参加慈善工作的可能性也几乎是其他人的三倍，他们参加体育比赛和文艺活动的可能性几乎是其他人的两倍②。这充

---

① 张印三.名家读书箴言.青岛：青岛出版社，1993：8.
② 佚名.阅读的意义.甘肃教育，2006（3）：63.

分说明阅读能够振奋老年人的精神，使他们更活跃地参与社会。

二、乐龄阅读的特征

尽管由于生活环境、文化程度、职业类型、收入状况及兴趣爱好的差异，老年人与老年人之间都存在异质性，但作为一个同期群体，生活的时代背景相近，老年人与老年人之间也存在许多群体共性，即表现为乐龄阅读同质性，主要有以下几个方面：

（一）阅读比例总体偏低

2009 年由上海人民出版社《中外书摘》杂志与上海市老干部活动中心组织的一次关于上海市 60 岁以上老年人图书阅读和消费状况抽样调查显示 70—80 岁年龄层读者最多，占总数的 50%，并向两头递减。这部分读者有大量的空闲时间，对社会发展保持一定的关注度，希望通过阅读来提高生活质量、丰富业余生活。而 70 岁特别是 65 岁以下的低龄老年人仍有相当一部分继续从事某种工作，阅读比例没有想象中的高[1]，老年人阅读的比例总体偏低。除极少数长期养成阅读习惯的老年人外，有高达 76% 的老年人认为"比起阅读，我更喜欢其他的休闲娱乐活动"。一般而言，心理年龄越年轻的老年人，越倾向于选择阅读之外的其他休闲活动。[2]我国老年人的阅读比例总体偏低，原因之一是不少老年人没有阅读兴趣和习惯，原因之二是部分老年人因为年老体衰，生理机能退化，尤其视力功能的退化，严重影响了乐龄阅读的能力。这一情况在女性老年人中尤为明显，成为女性老年人阅读率低于男性老年人的主要原因。[3]

---

[1] 姜小玲.70 岁以上的老年人更喜欢阅读.解放日报，2009–04–19.

[2] 何平华，邓香莲，王晓娴.全媒体语境下台湾地区老年人阅读现状实证研究.中国出版，2014（5）：53.

[3] 石竹青.保定市区低龄老年人阅读状况调查.保定：河北大学，2013.

（二）阅读目的纯粹

当今时代，生活节奏加快、竞争日益激烈，速度和实用成为人们的首要追求，国民阅读的功利性目的走强，深沉内敛的阅读兴趣和体验逐渐丧失。与其他群体相比，老年人拥有较多的时间和闲适的心态，他们的阅读不假外求，其主要目的是休闲消遣和增加知识，阅读内容也选择了健康娱乐、时事政治等自己真正感兴趣的主题，充分展现出老年人阅读上"自得""自勉""乐为"的纯粹动机。这种休闲阅读的纯粹心态使老年人的阅读具有自在轻松的一面。自主决定是否阅读，以及阅读的范围、层次、时间，能充分调动老年人的主观能动性，使其体会阅读的真正乐趣。正如李盛仙老人体会的那样："少年'从命'读书，为学而学，少有悟性；中年'从业'读书，学以致用，有所悟性；老年'从容'读书，轻松自如，多有悟性。"①但同时也使得老年人对阅读没有太强的紧迫性需求，在阅读时间、阅读花费上投入较少，克服阅读困难的意志并不强烈。

（三）阅读习惯固定

老年期在某种程度上是中年期个性和生活方式的一种延续，在长期的阅读实践中，老年人已经形成了比较固定的阅读习惯或者说阅读倾向。这主要表现在三个方面：①对于阅读载体形式，老年群体普遍习惯于传统的阅读媒介——书籍、报纸和杂志，而对网络阅读接触不多。②在阅读内容上，老年人比较倾向于阅读熟悉的内容，这些内容是他们年轻时候积累而形成的。正如诺尔贝托·波比奥所说："我在各种知识领域中所探索的区域正在缩小……现在，当我读一本新书时，我发现自己更多地停留在自己已知的事情上，而不是那些在那时我还不知道的事情。我对重复一件事或一种广为人知的观点更有兴趣，它愉快地支持着我多年前学到的知识。"②③在阅读频率和时间上，老年人也比较稳定。根据阅读喜好

---

① 李盛仙.读书有味身忘老.养生月刊，2004，25（5）：460—461.

② 诺尔贝托·波比奥.老年.陈源，译.第欧根尼，2006（1）：41—54.

程度不同，他们会选择经常阅读、偶尔阅读或者不阅读等不同的阅读频次，而经常阅读的老年人则多数会选择固定的时间段进行阅读，每次阅读持续的时间也相差无几。

（四）影响阅读因素的多样

阅读对于老年人而言，更多的是休闲娱乐，是老年闲暇娱乐活动的一种，因缺少强制性和功利性的约束而易受到多种因素的影响。通过调查分析，很多老年人尤其是刚刚步入老年，退休之后仍然比较活跃，他们基本都能做到日常生活的保障自理，而且人脉资源广，社交能力强，乐于参加社会文化体育活动，这些极大地丰富了老年人的生活，但阅读行为因此而受到的影响也较大。老年女性因为仍要承担繁重的家务，因而分散了闲暇阅读时间。个人技能对阅读的影响最大，文化程度对老年人阅读喜好、网络阅读的参与度、阅读时间等都带来正相关效应，"缺乏相关技能""不会用"成为老年人利用网络的最大障碍；身体状况也对老年人阅读带来负面影响，年龄、视力等问题都降低了老年人阅读的参与程度和持续时间；社会生活环境的影响也较为明显，居住方式和社会交往方式使得老年人知识获取途径、接受他人读书报等方面呈现出不同的特点，以前从事的职业会影响阅读内容、会上网与否；经济状况的影响也很鲜明——收入越低对阅读投入的程度越少，进行纸本阅读和网

美丽的卡美尔小镇街头书店（万宇摄）

络阅读都受到经济条件的很大限制。总的来说，老年人在阅读中遇到的障碍因素较多，需要社会各方面力量的协同帮助。①

（五）阅读层次以"浅阅读"为主

正如弗里德曼（Thomas Friedman）在《世界是平的》一书中告诉我们的：世界是拉平的，被一台无所不包的计算机所夷平。在这个世界里，时间和空间的差异和多重价值观的冲突均已消失，世界变小了也变浅了。②在这个被夷平的世界中，阅读意义的深度消失，"浅阅读"正在成为阅读的主流。在此文化背景中，老年人无可避免地接受着自下而上的代表青少年主流价值观念的主导文化的熏陶，受到"浅阅读"时尚的裹挟。在阅读内容上以健康娱乐等通俗读物为主，强调"广"与"浅"两个层面；阅读时间短；阅读意志比较薄弱，积极解决阅读困难的比例还比较小；在阅读方式表现出速览性、跳跃化、碎片化的特征，老年人接触率最高的阅读资料主要是报刊，而报刊因其时效性、新闻性、多主题性、零杂性等特征决定了它只能是众多信息的集合体，不可能是某一个人思想维度的全面展现，也不可能对某一问题进行纵深的挖掘和探讨，这使得在阅读中，浏览泛读代替了精读，信息"知道"和一时的感官享受代替着思想反省和精神丰实，使得老年人阅读趋于浅尝辄止。

阅读是深还是浅，是一种态度，更是一种智慧。首先，老年人浅阅读的实质就是轻松的阅读，是老年人在面临身体、知识结构、观念和情境等各种障碍因素时的自然选择。老年人阅读具有"浅"中有"深"的性质，虽然听广播、看电视、网上阅览等都是获取信息和知识的重要途径，但是那种获取毕竟还处于浅表层次。更深层次的汲取，是把他人创造的间接知识与自身的社会实践相结合，并在各自的精神世界中发生化合的基础上，形成自己独有的心得、感悟、

---

① 肖雪. 促进老年人阅读的公共图书馆创新研究. 天津：天津大学出版社，2010：132.

② 佚名. 透视浅阅读. [2007-07-26] http：//www.chinaculture.ors/gb/cn_index/ 2006-04/26/content_81396.htm.

发现和创新。[①]从这个意义出发，我们认为老年人阅读有"浅"中有"深"的潜质。正如清张潮（1650—约1709）在《幽梦影》一书中有妙喻，"少年读书，如隙中窥月；中年读书，如庭中望月；老年读书，如台上玩月。皆因阅历之浅深，为所得之浅深耳"。[②]

① 徐雁，谭华军 . 读书仍然是当代人汲取知识的必要方式 . 中小学图书情报世界，2006（10）：4—6.

② 张潮 . 幽梦影 . 罗刚，张铁弓，译注 . 北京：中央文献出版社，2001：3.

一、乐龄阅读的生理和心理机制变化

从生理基础来看，阅读是眼睛对文字符号的感知，然后由传入神经把信息传至大脑，在大脑皮层的神经网络中进行复杂的分析综合活动，如识别、校正、改造、重组、联想、储存等。所以，阅读主要是大脑视觉中枢和阅读中枢的功能。[①]随着年龄增加，作为阅读主要生理基础的大脑神经系统和视觉器官都会产生较明显的衰退，而且衰退呈现总体的单向性，从而影响阅读的实际效果。

医学研究发现，40岁以后脑细胞数量明显减少，每天大约要丧失数以千计的神经细胞，到80岁时，神经细胞减少约25％。成人脑神经细胞不能再分裂增殖，丧失后得不到补充，致使脑体积缩小，重量减轻。神经细胞体及树突出现退行性变化，树突分枝减少及树突侧棘脱落消失，大大减少功能性触突后膜的面积，树突的肿胀及断裂使处理信息的结构基础受到破坏，从而使脑功能出现障碍。[②]而从视觉器官的变化来看，视觉功能的完成需要眼球、视觉传导通路、有关的神经核团和大脑皮质视觉中枢等部位参与。上了年纪，这些部位都会发生退行性变化。例如，眼球内陷，老年环出现，角膜实质混浊，角膜直径变小或扁平化，瞳孔缩小，视力下降，调节睫状肌的神经机能、睫状肌和连续晶状体的睫状小带本身退化等原因导致老视眼出现。晶状体及角膜对光的散射性强，视网膜内感光细胞的变性，以及视觉中枢的变化导致视敏感度下降。视网膜血液供应不足、视神

---

① 肖雪.促进老年人阅读的公共图书馆创新研究.天津：天津大学出版社，2010：82.

② 邬沧萍，姜向群.老年学概论.北京：北京人民大学出版社，2006：65.

美国纽约街头的二手书摊，
晚上在街道上（万宇摄）

经纤维数目减少及中枢视皮层细胞数下降等使老年人视野缩小。①老年人对物体形状、大小、深度的视知觉降低，对视觉信息的加工速度也有较大下降。

　　尽管有上述种种退行性变化，但由于老年人有长期的视觉和感觉经验，可以弥补他们在脑力和视力能力下降的不足。老年人仍然有进行阅读的生理机能，但不可否认的是这种机能有明显的减弱趋向，同时心理上的调控机制会对乐龄阅读发挥更强的积极作用。

　　从认知心理学角度来看，阅读是由感知、思考、推理、评价、判断、想象等一系列心智活动和行为构成的。因此，乐龄阅读不仅受到他们生理机制变化的影响，还有各种心智行为的参与，如阅读的需要、动机、兴趣、态度、意志等。阅读的心理机制包括两个方面：一个是阅读的认知机制，是智力因素；一是阅读的调控机制，属于非智力因素。这两个方面相互制约、相互促进，通过智力因素和非智力因素的结合共同实现阅读的目标。②

　　阅读认知机制就是在阅读过程中，调动人的感知、注意、记忆、思维等各种心理因素，使它们处于高度、积极的紧张状态，通过一系列的阅读智力活动，从

① 邬沧萍，姜向群．老年学概论．北京：中国人民大学出版社，2006：67.
② 肖雪．促进老年人阅读的公共图书馆创新研究．天津：天津大学出版社，2010：85.

知识之光。摄于美国加州卡美尔
小镇社区图书馆（万宇摄）

文献中摄取知识、理解知识、巩固知识、运用知识，以至于产生创造性成果。认知机制强调的是智力因素对阅读的影响。对于老年人而言，智力在某些方面会呈现出随增龄而减弱的趋势，感知能力下降，对新信息不能很好地编码，而且一次处理信息量减少，对复杂信息加工速度减慢，再认和回忆也需要更多的时间甚至不能完全完成，记忆的编码、存储和提取都存在更大的难度，思维敏捷性和反应速度等会减退。在情绪和性格上，会表现出消极悲观、自我价值降低、被动、内向性等变化。

但乐龄阅读认知因素也会显现积极的变化，这表现在：利用辅助设备，老年人能够弥补感知能力损失；给予老年人一定的指导，告诉他们某种编码策略，老年人和年轻人在记忆表现上的差异就会减少或消除；老年人能比年轻人从有关记忆的线索中获得更多的帮助；老年人阅历广、经验多会增长后天获得的晶体智力，而且智力衰退并非想象中仅与年龄增长有关，抑郁情绪变化、消极的生活方式和不良的健康状况才会导致智力下降。因此，对于老年人来说，尽管年龄增长会对阅读认知能力带来不良影响，但只要阅读中枢没有受到破坏，阅读就能够进行。

阅读的调控机制是指没有直接参加信息加工，但却决定着信息加工的策略和手段，对信息加工起调节控制作用的过程。它可分为执行调控和期望调控两种，前者主要是通过采取不同的认知策略和手段来影响阅读的认知活动及效果；后者主要是指非认知的心理因素，包括动机、兴趣、意志、情绪、人格等（心理学上称之为"非智力因素")对认知过程起影响作用的意向，它会调动或抑制阅读主体的主观能动性，从而影响阅读行为的实施及结果。[①]阅读的调控机制在老年人阅读活动中的作用表现格外突出。阅读动机是在阅读需要的刺激下直接推动人们进行阅读的动因，分"外在阅读动机"和"内在阅读动机"两种。在外部压力下形成的阅读愿望是外在阅读动机；在没有明显外在压力的情况下，由于自己的内心要求，如理想、求知欲、审美趣味等而产生的阅读动机属内在阅读动机。内在阅读动机对于增强阅读自觉性、激发阅读兴趣、唤起阅读意志毅力，有重要意义。[②]

在时间紧迫、压力巨大的现代社会，外在阅读动机在成年人阅读中占据了相当大的比例；而老年人因为外在压力减少，休闲娱乐成为多数人退休生活的主题，因此，在阅读动机上，老年人更多的是出自"自得""乐为"的内在心理需求，阅读的内在动因和自觉性较强。但休闲随意的生活方式和生活态度也影响了他们的阅读兴趣和阅读意志，体现为泛泛而读、消遣娱乐阅读成为乐龄阅读的主要特点，阅读的随意性、断续性明显。对于某些老年人而言，长期以来习惯化的行为方式和对现实的稳定态度会使其年轻时的阅读行为延续到老年，具有比较稳定的阅读目标、阅读兴趣和阅读习惯，良好地导引着他们的阅读。老年是个人身心最自由的时期，他们会选择做以前没时间或没机会完成的事情，完善或补偿失去的时光，以获取内心的满足。在这种内在动机的推动下，乐龄阅读具有更强的自主性和自觉性，对于困难也具有较强的意志进行克服。

二、乐龄阅读的积极因素

第一，老年人具有必要的智力能力。阅读作为脑力劳动，智力因素占据了主要地位，老年人虽然会在智力上有所减退，但对完成基本的阅读而言仍具有足够

---

① 黄葵，俞君立.阅读学基础.武汉：武汉大学出版社，1996：95.
② 李德成.阅读辞典.成都：四川辞书出版社，1988：18—19.

的能力。各种研究都表明老年人仍保有一定的智力能力，这一能力只在老年期晚期才表现出急剧衰退的迹象。谢尔（Schaie）进行了一项关于智力的纵向研究，他试图探寻有多少人随着年龄增加而出现显著的智力下降。研究对象从 32 岁到 88 岁，每隔 7 年测一次，结果发现：至少有 75％的研究对象将言语意义、演绎推理、词语流畅性、数字能力和空间定向五种基本智力保持到了 60 岁；到 74 岁时，仍有 70％的个体在过去 7 年间没有显出任何变化；甚至到了 81 岁，至少有 60％的研究对象还保持了先前稳定的智力水平。[①]这些研究数据都指向同一结论，即老年人同样具有学习能力，他们的智力能力足以支持他们进行阅读以及其他学习活动。

在阅读所需要的基本识字能力方面，随着扫盲运动的开展和学历教育下的成年人逐步进入老年期，我国老年人文盲率在逐步下降。调查发现，我国城市老年人的文盲率从 20 世纪初的 41.2％下降到现在的 28.4％，农村老年人的文盲率从 74.4％下降到了 57.3％，其中，城市老年人有高中以上文化程度的已提高到 20.9％，这些情况对于开展阅读而言不无裨益。[②]

第二，老年人拥有充裕的闲暇时间。退休以后，由于工作时间锐减，老年人拥有的闲暇时间大幅度增加。王琪延等人对北京市居民生活时间分配的调查结果显示，老年人的自由支配时间即闲暇时间为 8 小时 31 分钟，占全天的 35.4％，是各个年龄段中最多的，比平均水平多 2 小时 47 分钟。[③]对农村老年人的研究得到了相似的结论，"中国北方农民闲暇生活方式差异研究"课题组

---

① Schaie K W. Perceptual speed in adulthood: cross-sectional and longitudinal studies. Psychology and Aging, 1989（4）: 443—453.

② 全国老龄工作委员会办公室，中国老龄协会"中国城乡老年人口状况一次性抽样调查"课题组.中国老年人现状、问题及政策建议——"中国城乡老年人口一次性抽样调查"总报告 // 中国老龄科学研究中心.中国城乡老年人口一次性抽样调查数据分析.北京：标准出版社，2002：1—9.

③ 王琪延，雷弢，石磊.从时间分配看北京市老年人的生活状况——北京居民生活时间分配调查系列报告（之十二）.北京统计，2003（7）：34—35.

2001 年对农民闲暇活动的调查结果显示，平均每天拥有闲暇时间最多的是 50 岁以上的老年人，日均 357.38 分钟（将近 6 个小时）。[①]大量的闲暇时间为老年人进行阅读提供了充分的时间保证，使他们能够静心、安心地悠游于书刊之中，品尝读书之乐。

城乡老年人在闲暇时间长度和利用上都体现出相似的特点，即余暇时间较多，但利用的效率不高，这些说明老年人休闲生活还不够充实，精神文化方面还存在亟待完善的真空地带，政府和社会应加以引导，而这又为开拓乐龄阅读带来了适宜的发展空间。

第三，老年人拥有自由的精神和丰富的阅历。"上帝把幼小的我们给了父母，把青壮的我们给了社会和国家，到了老年，才把'我'还给我们自己。"[②]在社会建制中，老年人被卸去了沉重的社会责任，相对而言，他们摆脱了谋生及名利追求的束缚，能够避免功利性目的的驱使而依照自己的兴趣爱好行事，在人生的晚年，他们重寻降生之初的本真。莫里斯（Jane Morris）感慨："或许在我的生命中，这是第一次，我感觉我活出了理想中的自我——这就是年老的感觉，我喜欢年老，它给了我自由。"[③]的确，人生活到老，可说已没有秘密，懂得人性伦理，看得透世事变化，逃得过灵肉冲突，不受名利羁绊，才会在品性、处事成熟的顶端品味精神上脱俗的自由自在，正所谓"五十而知天命，六十而耳顺，七十而从心所欲，不逾矩"。

独立的阅读精神和丰厚的人生体验是老年人的财富，甚而是独享的财富，因为书中一些情感在无所经历的人心中是体会不到或体会不深的，而阅读除了作者的阐发外，更离不开读者的意会、解读和创造。林语堂对此深有感触，他说过："当一个人的思想和经验还没有达到阅读一本杰作的程度时，那本杰作只会留下不好的滋味。孔子曰'五十以学《易》'，便是说，四十五岁时候尚不可读《易

① 田翠琴，齐心菁. 农民闲暇. 北京：社会科学文献出版社，2005：219.

② 黄富顺. 老化与健康. 台北：师大书苑有限公司，1995：30.

③ 莫里斯. 人老了是什么感觉. 郑衍文，译. 读者，2007（16）：43.

泛黄的书页，收藏于美国洛杉矶盖蒂中心的初版书（万宇摄）

经》。孔子在《论语》中训言的冲淡温和的味道，以及他成熟的智慧，非到读者自己成熟的时候是不能欣赏的。且同一本书，同一读者，一时可读出一时之味道来……四十学《易》是一种味道，到五十岁看过更多的人世变故的时候再去学《易》，又是一种味道……由是可知读书有两方面，一是作者，一是读者。对于所得的实益，读者由他自己的见识和经验所贡献的分量，是和作者自己一样多的。"①

第四，老年人身处鼓励学习的良好社会氛围中。随着社会知识更新速度的加快，"每个人在人生之初积累知识，尔后就可无限期地加以利用，这实际上已经不够了。他必须有能力在自己的一生中抓住和利用各种机会，去更新、深化和进一步充实最初获得的知识，使自己适应不断变革的世界"②。这种持续不断的学习观念逐渐形成了终身教育的理念。自 1965 年联合国教科文组织正式启用"终身教育"这一概念以来，它已经越来越被世界各国所接受，成为目前最具国际影响力的教育思潮。在此基础上，"学习型社会""终身学习"等理念也被相继提出。这些理念的产生都旨在推进贯穿个人一生的学习进程，并将其构筑于社会层面的基础上。

我国也积极关注和实践这些理念，希望借此塑造和完善社会学习、终身学习的社会氛围。在这些观念的引导下，老年政策也从对老年人悲观消极的视角转变到积极进取的立场上，国际上"积极老龄化"和我国"老有所学""老有所为"等老龄政策都在切实关注并鼓励老年人参与学习、积极生活。阅读是获取知识的

---

① 林语堂 . 读书的艺术 . 呼和浩特：内蒙古人民出版社，2004：11—18.

② 联合国教科文组织总部中文科 . 教育——财富蕴藏其中 . 北京：教育科学出版社，1996：75.

重要途径，是终身学习的重要方式，在良好的社会学习氛围中，在积极的政策导引下，老年人参与阅读能得到更多的鼓励和支持，对于调动老年人的阅读兴趣和坚定他们的阅读意志将会发挥重要作用。

第五，老年人参与阅读已有现实基础。阅读具有天然的亲切感，对老年人来说尤为如此。阅读既可用于学习和工作，也可用于修身养性，还能用于休闲娱乐，易于在工作和休息状态间转换。阅读是多数人年轻时就拥有的能力，无须重新学习。阅读没有场所、设备的束缚。因此，老年人休闲方式和闲暇时间分配的相关调查都一再提及阅读，读书成为多数老年人的休闲选择，投入时间较多。

王琪延对老年人闲暇时间利用的调查表明，60—64 岁、65—69 岁、70 岁以上三个年龄段"一般阅读"的时间，男性依次为 34 分钟、39 分钟、41 分钟（日平均），女性依次为 21 分钟、22 分钟、26 分钟（日平均）。[1]叶南客在 1999 年对南京城区 260 多名老年人的闲暇生活进行了调查，调查数据显示，看电视、读书、看报纸杂志是大多数老年人闲暇生活的主要方式，其中 59.77％的老年人选择了读书看报作为闲暇活动。[2]赵凌云对湖州市 352 位老年人进行闲暇时间利用调查时发现，20％—30％的人选择了读书看报。[3]付敏红对南宁市 177 位老年人休闲方式的调查中发现，看电视、体育锻炼和看书报是老年人最喜爱的活动，他们平均每天读书看报的时间为 56.69 分钟。[4]

通过这些调查数据可以看出，老年人参与阅读已具有一定的现实基础，虽然目前阅读占用的时间很少，与看电视时间相比差距明显，但它毫无疑问已成为老年人生活方式的优先选择之一，这为更好地推进乐龄阅读做了良好的铺陈。

[1] 王琪延.中国人的生活时间分配.北京：经济科学出版社，1995：115—116.

[2] 叶南客.城市现代化进程中的老年生活考察——南京市老年人生活方式与生活质量变迁的个案研究.社会学研究，2001（4）：77—88.

[3] 赵凌云.老年人闲暇时间利用问题研究——对湖州市 352 位老年人的调查分析.湖州师范学院学报，2000（4）：39—45.

[4] 付敏红.影响城市老年人休闲生活的因素及对策——以南宁市老年人为例.广西社会科学，2005（12）：173—176.

三、乐龄阅读的障碍因素

第一，身体障碍。随着年龄的增长，老年人在感官、生理、智力上的能力或多或少都会下降，大脑和眼睛是阅读的主要生理器官，也会随之减弱，造成阅读的生理障碍。

从大脑的运作而言，大脑能量消耗大、代谢率高，在阅读过程中，大脑很容易产生疲劳。因为阅读活动使大脑皮层兴奋区域的代谢增强，血流量和耗氧量都增加，同时还会导致心跳加快、血压升高等一系列生理变化。如果连续用脑时间过长，吸氧量及心脏血液输出量均会有所减少，供给大脑的氧气和血液不足，就会造成大脑的过度疲劳，出现头昏脑涨、瞌睡、失眠、头热等感觉，还会导致注意、理解、思维和记忆等心理机能减退，严重的还会引起神经衰弱、食欲不振、功能失调等症状。[1]这些症状因人而异，轻重程度也不相同，一般来说，老年人因为生理机能的退化，较容易出现疲劳。

身体机能下降会给阅读带来诸多限制，但"一生的进程是确定的，人生每个阶段都被赋予了适当的特点：童年的孱弱、青年的剽悍、中年的持重、老年的成熟……老年固然没有体力，同样，人们也并不要求老年有体力"[2]。而且阅读带来的身体压力主要是由用脑、用眼不当引起的，正如法国作家蒙田年老时所说："读书的乐趣，不似其他娱乐那样纯粹，它有它的不便，而且是很大的不便……正由于读书时缺乏运动，因此我们的身体会变得沉重郁闷。我知道过度读书于我有害，故在我这风烛残年，唯需避免过度。"[3]"积极性休息"可以调节和缓解阅读疲劳，老年人需合理安排阅读内容和阅读时间。科学研究证实，大脑集中精力

---

① 黄葵，俞君立.阅读学基础.武汉：武汉大学出版社，1996：95.

② 西塞罗.老年·友谊·义务——西塞罗文集.高地，张峰，译.上海：上海三联书店，1989：21—22.

③ 蒙田.谈书//《博览群书》杂志.读书的艺术：如何阅读和阅读什么.北京：九州出版社，2004：187—199.

最多只有 25 分钟，所以学习 20 到 30 分钟后就应该休息 10 分钟。①合理安排脑力劳动和体力劳动轮换，规律用脑、自我松弛、进行健脑运动等方法都可以缓解大脑疲劳。

第二，知识障碍。完成阅读需要具备至少两方面的知识结构和能力，一是字词、音韵、文法等语文基础，具体包括以下要素：①掌握足够数量的字和词。阅读时如果每看一行都有文字障碍，这样阅读就无法进行，兴味也会大减，甚至会放弃阅读。因此，要有一定的字词储备。一般来说，能掌握 5000 个汉字、1.5 万条词，就可以阅读各类书籍了。②较熟练地掌握基础语法和文法。了解语言表达、文字组织和文章结构的基本知识，从而能够对文章进行分析、领悟语义和语境，进行初步的研究、评价和鉴赏。二是一定的背景知识，包括政治、文化、自然、社会等各方面的知识。背景知识强的人在同等时间内所吸收到的知识，比没有背景知识的人多了很多，他们在对文字材料的理解也会更全面深入。这两方面的知识不是一朝一夕就能够获得的，它需要一定时间的积累，而且知识在日新月异地发生变化，文字语法等也会随着社会生活的变化而发生改变，阅读所需的知识也必然要不断增长。而老年人的语文基础多数是在年轻时奠定的，此后虽有增补，但已根深蒂固，这难免会出现知识老化的问题。尤其在网络时代，文字、语言的变化明显，新名词、新用法层出不穷，新事物、新观念不断冲击老年人固有的习惯和知识。

诺尔贝托·波比奥（Norberto Bobbio）以自己的亲身体验说明了这一点："他们已经发明出辅助记忆和加速写作过程的精良设备，但我不能使用它们，或者如果我使用，我用得太糟糕而得不到任何好处。"②老年人在面对计算机、网络及读物中的新鲜词汇时都会常常涌出难言的敬畏感和无力感。知识水平和知识结构的欠缺是摆在老年人阅读面前的最实际的问题，当然，这并非是完全不能够逾越的障碍。阅读能力是可以通过学习获取的，扫盲运动、老年大学都给老年人带

---

① 杨孝文，任秋凌.揭开大脑的秘密.青年教师，2005（4）：53.
② 诺尔贝托·波比奥.老年.陈源，译.第欧根尼，2006（1）：41—54.

来希望，选择文字浅显易懂、内容贴近生活的材料可以由浅入深地提高阅读水平，选择多样的阅读形式，如听读，也可以实现阅读。此外，随着学校教育体系培养下的一代人逐渐步入老年，老年文盲率将大幅下降。可以设想，随着我国文化教育的进一步普及，社会化教育水平的不断提高，能够识字的老年人将会越来越多，他们对于阅读的需求也必然会相应扩大。

第三，观念障碍。伴随着社会经济形态从农业社会向工业社会进而向信息社会的发展转型，关于老年人的社会塑型即社会认识也发生着变化，但传统的社会意识仍在产生作用。

社会意识的纠结是错综复杂的，带来的影响也是难以厘清的，就阅读问题而言，它易使老年人产生"夕阳无限好，只是近黄昏"的悲观心情和以长者自居的微妙心态。前者使他们自我局限，认为没必要进行阅读，缺乏参与阅读的信心和勇气，尤其是对文化程度较低的老年人来说更是如此；后者使他们固守现状，不愿开拓阅读的新领域，在遇到困难时不愿意询问以求解决，不愿意和他人切磋以加深阅读效果，这就限制了他们的阅读成效和提升空间。总之，消极的社会意识会潜移默化地影响老年人及其阅读行为，妨碍他们的阅读进程。

第四，情境障碍。情境障碍主要是指影响乐龄阅读的外在因素，包括阅读材料、家庭责任等客观原因，前者限制了老年人的阅读范围，后者限制了老年人的阅读精力，两者都阻碍了他们的阅读进展。

近些年，我国的出版行业多注重年轻读者，图书、期刊和报纸在内容选题、外表装饰和促销策略上都是以年轻人的兴趣和口味为中心，老年人的需求被忽

美国洛杉矶城市之光书店（万宇摄）

视或者被误解。针对老年人出版的书报刊存在着数量少、种类不丰富、内容粗制滥造、制作形态简单等问题，大大降低了老年人的阅读兴趣。2002 年华龄出版社在全国老龄工作委员会、中国老龄协会的领导下，组织专家评介委员会，从全国范围内 2000 年、2001 年 500 余家出版社已出版的图书中，评选、推介适合老年人的图书，设立"华龄书架"。但经调查，在 2000 年、2001 年出版的 24 万种图书（2000 年出版 11 万种，2001 年出版近 13 万种，课本除外）中，符合入选标准的不足 2000 种，仅占总品种的 1/120，其中专门为老年人编辑出版的图书更是少得可怜，仅有四五百种，占 1/500 左右。[①]老年人读物的针对性之低、数量之少可见一斑。而在这少之又少的图书中，还有相当多的雷同、互相矛盾、东拼西凑的滥竽充数之作，缺乏原创性。在种类上，没有考虑到老年群体丰富的阅读兴趣，品种主要集中在饮食、养生、保健方面，其实如果真正深入到老年群体中，了解他们的实际生活就会发现老年人除了身体保健的需求外，还对时事政治、新知识新思想、旅游摄影、历史文化、经济法律等有广泛的兴趣。

另外，在出版物的形式上没有考虑到老年人的视力变化和审美取向。文字字号上，许多报刊不断改版，字号也不断被改小；在迎接读图时代的口号下，一些书报刊的图片面积被无限扩大，文字被挤在一个角落；还有的书报刊为了降低印刷成本，把油墨调得越来越淡[②]；片面追求视觉美感，不注意文字及背景颜色的搭配，文字难以辨清；在外表装帧上极尽豪华之能事，不顾老年人的实际需求和对文本内容的质量追求，精装本层出不穷，哗众取宠，借机抬高书价；书报刊定价过高，而老年人收入一般不高，图书消费的心理价位多在 10—20 元[③]。

从家庭责任的因素来看，虽然多数老年人退出工作领域，但在我国，老年人并非完全的空闲，他们还在为着家庭而继续忙碌。一方面，他们承担着为忙碌工作的子女抚养小孩的责任，这在中低龄老年人身上表现得尤为突出；另一方面，

---

① 常振国.老年图书——并非只是医保类.中国新闻出版报，2002-09-06.

② 高世屹.关注"银发"读者.中国新闻出版报，2005-02-16.

③ 蓝青，张岩.老年人买不起书了.中国老年报，2006-04-27.

"空巢"现象使得老年人需要自己打理生活，随着年龄的增长，他们需要更长的时间和精力投入。这些都是我国老年人难以回避的问题。更不用说，还有一些老年人缺少基本的养老保障，基本生活还面临着很多困难，为了生存他们还在继续工作。时间、精力有限，就会相应减少他们在阅读上的投入。此外，在老年人的生活中还存在着其他种类繁多的可供选择的生活活动，如看电视、打麻将、散步、聊天等，阅读只是老年人生活中的一个选择内容，它的实现必然有赖于与其他活动的竞争结果。如果老年人对参与阅读进行选择时遇到了某种障碍，往往就会选择放弃，而改选其他活动作为替代。显然，现实中乐龄阅读具有较强的可替代性，它在老年人的心目中并非是必不可少的。这种性质在一定程度上必然会减弱老年人排除阅读障碍的信念及意愿，从另一角度讲，即增加了参与阅读的障碍。①

① 肖雪.促进老年人阅读的公共图书馆创新研究.天津：天津大学出版社，2010：103—104.

第三节　针对乐龄阅读的建议与推荐

一、要养成自觉的阅读习惯

阅读习惯指阅读实践中养成的不需意志努力就自动进行的行为倾向。[1]为了使自己的晚年生活更加充实而有意义，老人们应该养成自觉的阅读习惯，追求开卷有益。要养成阅读的习惯，首先要弄清楚为什么要阅读，提高对阅读的思想认识，就能找到合适的阅读方法和形式，从而爱上阅读，就同人每天需要吃饭、穿衣、睡觉那样，把阅读看成吸收精神营养、满足心理要求的"文化餐"，一天也离不得，使其成为不可少的生活组成部分。养成不看书刊就如同不吃饭饮水那样，有很强的饥渴感，十分难耐，从而自觉去阅读的习惯。

对于老年人而言，阅读主要是消闲娱乐。其实喜爱阅读的人，都有一个从消磨时光到消遣时光的过程，或者消磨与消遣兼而有之，这样的阅读，才是"习惯成自然"。一闲下来，不由自主地抓过书来读，有时有所得，所谓独得读书之乐；有时无所得，干脆就是消磨时间。这样的读书就成为你生活的重要内容，读书的活动就在生命的活动之中了。培根说读书有三种目的或者境界，"孤独寂寞时，阅读可以消遣。高谈阔论时，书籍可增添情趣。处世行事时，知识意味着才干。"[2]老年人养成阅读的习惯，不仅可以排遣退休后的闲暇时光，而且还可以"增加情趣""增长才干"，使退休后的晚年生活更加充实。

良好的阅读习惯，不仅有助于阅读活动的进行，而且对提高阅读效益也有重要作用。阅读习惯的养成要讲究科学性、计划性、自觉性，要提高自制力。老年

---

[1] 北京师范大学交叉学科研究会编纂.中国老年百科全书 文化·教育·修养卷.银川：宁夏人民出版社，1994：3.

[2] 弗兰西斯·培根.培根随笔.长春：北方妇女儿童出版社，2013：133.

人在养成阅读习惯中，可采取自己为自己订计划的方法。计划的内容因人而异，大体可分：目的要求、学习内容、作息时间安排等。有了计划还要检查，以计划督促阅读。

二、要选择合适的阅读内容

作为消闲阅读，唯一的标准就是自己的兴趣，唯性所适，随兴所之，不必有太多的戒律与束缚。当然，正如清代诗人袁枚（1716—1798）所说的，"翻经恐遗史，读子虑失集"，值得一读的好书太多，有时难免眼花缭乱，无所适从。由于每个老年人的生活经历、思想水平、文化程度以及所处的家庭社会环境不同，所以老年人对于阅读内容的选择，也要因人而异。老年人根据自己的情况而选择阅读内容，大致有如下几种情况[1]：

第一，"还愿"式。有些老年人在青壮年时期就想读某些书籍，但是由于种种主客观条件的限制而未能如愿以偿。离休、退休之后，"没时间读书"的问题不复存在了，"难以借（买）到"的困难也不难解决了，因此这类老年人的读书生活就可以从"还愿"开始，即首先认真读完那些自己曾想读而未读的书，然后再根据自己现实的情况去选择其他书目。

第二，"补缺"式。有些老年人在回顾自己以往的工作时，常常会醒悟到：那时由于缺乏某方面的知识（即没有读过这一类书籍）而造成了工作中的失误。有这种情况的，最好从"补缺"着手，即先去寻找那些可以帮助自己总结经验教训的书来阅读，然后再进一步去读其他书籍。

第三，"寻找答案"式。有些老年人在退休后，还参加部分社会群体活动，而在参加社会群体活动过程中，免不了会碰到一些自己本不熟悉的问题。为了使自己适应新的环境，就可以有针对性地去选择那些能够帮助自己找到答案的书籍来读。

---

① 吴尧民.老年生活百科——精神生活.杭州：浙江科学技术出版社，1988：97.

第四，"满足兴趣"和"调节精神"式。这种情况是最为普遍的。如有的老年人对于某一方面的知识有特别的兴趣，或者对某一类作品有所嗜好，那么他们在晚年的读书生活中会偏重于阅读自己感兴趣的书籍。在这种情况下，仅从"消遣解闷"的角度去浏览那些趣味性更浓一些的书（如画刊、连环画等），也是阅读的功能。

老年人最好是先读自己喜欢读的书，以增强读书的欲望、培养读书的习惯，而后再深入下去，系统地读某一范畴的东西。对同一类的书，可以先易后难，可以先读经典著作，再读其他；对于不同类别的书，可以先读入门的书、普及的书，而后再增加难度。而且，老年人的身体状况从整体上说总是每况愈下的，为了身心健康，也不能去读那些对感情有过多刺激性的作品，少读过于艰深的理论著作，多读些较有趣味性和令人轻松的作品。

三、要采用科学的阅读方法

采用科学的阅读方法对于乐龄阅读尤为重要，需要注意如下几个方面：

一是阅读要有快慢、粗细、深浅之分。一字一字地读，边读边理解边记忆，边思考边反问边评论，这叫慢读、细读、深读、活读。反之，就是粗浅之读了。用哪种读法，要以阅读目的、内容和文体而定。要看是为了掌握和运用，还是消遣；是哲学、政治学、经济学、文学，还是新闻、通俗读物；是古语，还是现代语；是朦胧，还是白描。重要的、难懂的、想要彻底弄清的就慢细深读，不重要的、好懂的，就快读浅读。

二是要精读、选读相结合。为了提高阅读效果，要学会择优精读，下功夫选读那些经典之作。就是看报也有个选读的问题，有的报纸一天出几十个版面，无须逐条细看、耗费精力，先快速翻翻版面，选读三五篇就够了。就是版面少的报纸，也需先看标题，决定取舍。

三是要间歇、交叉阅读。间歇阅读可以使乐龄阅读不致因过度疲劳影响健康；交叉阅读不同范畴、不同风格的书，以便使大脑得到休息，缓解紧张疲劳，比如，头脑清醒时可读最需要、最必要的书，消遣性的书则可以随便在什么时间去读。

四是要适当搭配，不要专攻一种。如果老年人读书不是为了成为某一知识领域的专家，那就不能不考虑到晚年读书的某种消遣性和娱乐性。基于此，既读些哲学理论著作，又读些历史人物传记；既看些中外文学名著，也读些通俗文学作品。这样就可以使自己的读书生活变得丰富多彩，充满情趣，而不至于感觉太沉闷、太枯燥。

四、要采用多样的阅读形式

看书籍报刊是阅读的主要形式，最适合老年人。一份读物到手，携带方便，什么地点、时间都可读，受外界环境的限制较少。看电视也是一种阅读，立体效果、图文声色同时出现、同时感受，收效似乎更好，但它不具备书刊能让人复读、停顿、思考、摘录的特点。上网也是一种阅读，它有快捷、包揽万象、覆盖世界又能下载的特点，但老年人视力越来越差、手脑不灵、熟练操作较难，费用也高，不习惯用者大有人在。还有听报告、演讲和讲座，是用耳阅读，如有机会，也可前去。与人交谈，是双向阅读，你读他、他读你，两人也可，多人也可，面对面交流，更具启发性、激动性、追思性，有利澄清事实，分辨是非，加深认识。旅游、调查，是在阅读山水风景、文物古迹、现代奇观、社会现象、人情民俗。总之，阅读形式多多，随意选用即可。

单就阅读书籍报刊而言，其阅读形式也多种多样。可以一人一书，也可众人共同赏鉴。"独学而无友，则孤陋而寡闻。"爱好读书的老年朋友，不妨以书会友，互相推荐书，交流读书心得，"奇文共欣赏，疑义相与析"，在享受读书之乐的同时，还可享受友情的温暖。阅读没有地点和设备的约束，家中、公园、图书馆、书店都能进行，可以诵读，也可以静读，还可以听读。这使得阅读较少受到阅读场所和阅读设施的限制，在目前物质条件不充分的情况下能成为容易开展的精神活动形式之一，能满足老年人迫切的精神文化需求。[1]阅读的姿势，坐读最好，但久坐不利健康，坐读一小时最好走动走动，特别是患颈椎、腰椎和前列腺病的老年人，更不宜久坐。

五、要确立相应的阅读原则

一是温故与知新相结合。很多老年人对以前读过的一些好书印象深刻。好书不厌百回读。温故，可以重温初读时的那份激动、愉悦或温馨，还能从中发掘出更新、更深的意蕴。阅读是一种再创造的过程，融入的修养和阅历越丰厚，其"产品"也就越丰富、越精美。"温故"的同时，也不可冷落"知新"。知新可使老年人形成开放兼容的知识体系，能保持年轻的心态，跟上时代的节拍，能与下辈有更多的共同语言，缩小"代沟"。因此，新出的图书、报纸、杂志，只要有兴趣，都不妨一读。而且，"故"与"新"，是相对于读者而言，没有读过的，就是"新"的。以前由于工作与家事的繁杂，一些自己感兴趣的书籍只好忍痛割爱，如今一身轻松，便可以从容细读了。

南京栖霞区桦墅村的彩色嘤鸣书院（周晓舟摄）

---

[1] 肖雪.促进老年人阅读的公共图书馆创新研究.天津：天津大学出版社，2010：69.

二是精读与浏览相结合。有些好书，如中外名著、诗词精品，细细咀嚼，余味悠然。对这种书，应该慢慢读、反复读，并可参阅一些书评和鉴赏文章，以及相关的资料与著述，以加深理解；同时适当地做点读书笔记，摘抄一些精彩片段，或做个提要，注明出处，以便再次阅读时易于查找翻检。对有些书刊，不妨走马观花，看到自己感兴趣的就停下欣赏一番，不感兴趣的章节则可不求其解，一翻而过。阅读方式上，顺读、倒读、中间随便翻开一页读都无不可。阅读如同交友，既要有知心朋友，也需有泛泛之交，所用心力应有所区别。

三是所读内容与时令、地点、心境相结合。古人有"春夏读经，秋冬读史"的说法。阅读时如果有意识地与时令、地点、心境相结合，确能增加阅读的兴趣，并能增进对所读作品的理解。比如，随着季节的变换，相应阅读一些描写四时景物气候的诗词散文佳作；出门旅行，携带一本与所游路线、景点相一致的游记或介绍当地民俗风情的读物；心绪恶劣时，可从书中看看别人是如何摆脱这种困境的，或读些幽默笑话，以化解烦恼，平和心态。①

---

① 陈昭典.中国老年百科全书.杭州：浙江教育出版社，2000：244.

附录:

乐龄阅读书目推荐①

一、修身类

1.《老照片》丛书，冯克力主编，山东画报出版社 1996 年起出版

2.《漏船载酒忆当年》，杨宪益著，薛鸿时译，北京十月文艺出版社 2001 年 4 月版

3.《毛泽东传》，罗斯·特里尔著，胡为雄、郑玉臣译，中国人民大学出版社 2006 年 1 月版

4.《茶人茶话》，陈平原、凌云岚编，生活·读书·新知三联书店 2007 年 5 月版

5.《书读完了》，金克木著，上海辞书出版社 2007 年 7 月版

6.《菜根谭》，（明）洪应明著，毛德富、毛曼译注，中州古籍出版社 2008 年 1 月版

7.《历史的进退》，雷颐著，广西师范大学出版社 2009 年 1 月版

8.《人生十论》，钱穆著，生活·读书·新知三联书店 2009 年 9 月版

9.《美的人生观》，张竞生著，张培忠辑，生活·读书·新知三联书店 2009 年 10 月版

10.《朝闻道集》，周有光著，世界图书出版公司 2010 年 3 月版

11.《富兰克林自传》，富兰克林著，唐长孺译，国际文化出版公司 2010 年 6 月版

12.《我的人生哲学》，王蒙著，安徽教育出版社 2010 年 9 月版

13.《光阴·味道》，周钢、何谷主编，湖南人民出版社 2010 年 10 月版

---

① 摘自徐雁主编的《全民阅读推广手册》，海天出版社 2011 年 11 月版。

14.《温迪嬷嬷讲述绘画的故事》，温迪·贝克特嬷嬷著，李尧译，生活·读书·新知三联书店2011年1月版

15.《周易今注今译》，南怀瑾、徐芹庭译注，重庆出版社2011年1月出版

二、生活类

1.《老年生活的软着陆》，东京都老人综合研究所著，彭俐俐译，中国人口出版社1998年4月版

2.《翰墨良缘：中老年学书画》，金容编著，上海社会科学院出版社2001年3月版

3.《中老年学英语（初学篇）》，潘继福编著，中国科学技术大学出版社2002年9月版

4.《门球十日通：入门绝招》，刘淑芳编著，京华出版社2005年1月版

5.《60岁登上健康之路》，洪昭光著，漓江出版社2006年8月版

6.《中老年声乐教程》（附教学DVD），王德安、王凡音编著，湖南文艺出版社2006年11月版

7.《中老年旅游圣经》，《旅游圣经》编辑部，中国旅游出版社2007年1月版

8.《中老年二胡教程（初级篇）》，岳峰编著，湖南文艺出版社2007年2月版

9.《中国老年人膳食指南（2010）》，中国营养学会老年营养分会编著，山东美术出版社2010年3月版

10.《中老年学上网全程图解自学手册》（全彩），恒盛杰资讯编著，科学出版社2010年7月版

【延伸阅读】

一、修身类相关书目

1.《陈寅恪的最后 20 年》，陆键东著，生活·读书·新知三联书店 1995 年 12 月版

2.《论老年 论友谊 论责任》，西塞罗著，徐奕春译，商务印书馆 1998 年 12 月版

3.《老人与海》，海明威著，吴劳等译，上海译文出版社 2001 年 6 月版

4.《世界历史秘闻轶事》，张壮年、张颖震编著，山东画报出版社 2004 年 4 月版

5.《普京大传》，丁志可著，中国档案出版社 2006 年 6 月版

6.《张学良口述历史》，张学良口述，唐德刚撰写，中国档案出版社 2007 年 7 月版

7.《走到人生边上》，杨绛著，商务印书馆 2007 年 8 月版

8.《人生与学问》，金克木著，陕西师范大学出版社 2008 年 1 月版

9.《三生影像》，聂华苓著，生活·读书·新知三联书店 2008 年 2 月版

10.《周有光百岁口述》，周有光口述，李怀宇撰写，广西师范大学出版社 2008 年 5 月版

11.《国学拾遗》，林语堂著，陕西师范大学出版社 2008 年 8 月版

12.《听杨绛谈往事》，吴学昭著，生活·读书·新知三联书店 2008 年 10 月版

13.《读史阅世六十年》，何炳棣著，广西师范大学出版社 2009 年 3 月版

14.《苏东坡传》，林语堂著，长江文艺出版社 2009 年 8 月版

15.《水流云在》，英若诚、康开丽著，张放译，中信出版社 2009 年 9 月版

16.《人生的三路向》，梁漱溟著，当代中国出版社 2010 年 1 月版

17.《许倬云谈话录》，许倬云口述，李怀宇撰写，广西师范大学出版社 2010 年 1 月版

18.《也同欢乐也同愁》，陈流求、陈小彭、陈美延著，生活·读书·新知三

联书店 2010 年 4 月版

19.《拾贝集》，周有光著，世界图书出版公司 2011 年 3 月版

二、生活类相关书目

1.《走出抑郁症：老年人精神康复指导手册》，马克·米勒、查尔斯·雷诺著，苏海明译，上海译文出版社 2005 年 9 月版

2.《快乐老年》，袁志发著，光明日报出版社 2006 年 5 月版

3.《夕阳红歌曲集：中老年人喜欢唱的歌》，雷维模编，蓝天出版社 2006 年 6 月版

4.《老爸老妈去旅游》，杨均、张鹰著，新星出版社 2006 年 12 月版

5.《润心：老年朋友的心灵读本》，冯莎苓著，中国发展出版社 2007 年 6 月版

6.《细节决定健康：影响老年人健康的 369 个生活细节》，王砚琳、刘晓燕主编，青岛出版社 2007 年 10 月版

7.《中老年常见病预防：调理食谱200例》，中国保健营养理事会主编，南海出版公司 2008 年 10 月版

8.《幸福老人健康枕边书》，奚华编著，中国画报出版社 2009 年 1 月版

9.《老年人的养生智慧》，王坤山著，中国三峡出版社 2009 年 1 月版

10.《中老年钢琴之旅》，刘天礼编配，百花文艺出版社 2009 年 8 月版

11.《中老年电子琴教程——老年大学实用艺术教材》（含 CD 光盘），李海涛主编，湖南文艺出版社 2009 年 7 月版

12.《老年人经络养生经》，萧言生著，中国画报出版社 2009 年 11 月版

13.《老年人数码摄影手册》，张悆宽编著，人民邮电出版社 2010 年 4 月版

14.《中老年喜爱的歌》，王德安编，湖南文艺出版社 2010 年 5 月版

15.《快乐老年使用手册》，大隐著，江苏人民出版社 2010 年 9 月版

第六章

特殊儿童的家庭阅读

"我深知残疾人对于阅读的渴望，阅读可以帮助我们开阔眼界，拓展视野，获取知识，而知识可以改变命运。"中国残疾人联合会主席张海迪女士曾这样说。对特殊儿童施以及时、恰当的阅读教育，采用阅读疗法、角色扮演、发挥想象等多种方法相结合，可以最大限度地减轻特殊儿童存在或潜藏的障碍，挖掘特殊儿童的潜力，促进其身心发展，提高社会适应能力，对于建立良好亲子关系、改善特殊儿童情绪，以及提升其语言技能、学习认知能力都有很大的益处。家庭又恰恰是开展这些有益的阅读活动的最佳场所。

　　特殊儿童的家庭需本着开放的心态、交流的方法、合作的原则，将一般发展与特殊教育相结合，广泛使用行为改变技术，伴随特殊儿童的成长，在家庭中提供阅读环境，开展亲子共读等活动。家庭对于特殊儿童来说更具不可替代的重要性，父母需要的资讯、专业知识、经济基础及相关其他服务较其他家庭付出得更多。

第一节　家庭中的特殊儿童

一、特殊儿童与特殊儿童的分类

（一）特殊儿童的定义

特殊儿童（exceptional child）是指在智力、感官、情绪、身体、行为或沟通能力上与正常情况有明显差异的儿童。特殊儿童产生的原因是复杂的、多重的，其行为表现与心理活动也有着极为丰富的多样性和显著的差异性。某一儿童是否属于"特殊儿童"，需要医学、心理学和教育学的专业人员从多个方面进行综合评估才能确定。

1990 年，美国制定的《障碍个体教育法案》，特意将"有缺陷"的说法改成"残障"。法律制定者认为，"缺陷"这个词具有侮辱性，"残障"的消极含义更少一些。但是，现在"残障"这个词也具有一定程度的侮辱特征，许多过去被称为残障的人，现在更希望被称为"生理受到挑战的"或者"能力上有差异的"人。但是，如果想让没有缺陷的人对有缺陷的人不产生消极态度或者偏见，创造一个类似的术语是非常困难的。不管这个词选择得多有技巧，都会带有一种消极的含义。[①]

（二）特殊儿童的分类

为了便于医疗、看护或教育，早在 18 世纪，人们就已经开始对特殊儿童进

[①] 罗伯特 J. 伯格，温迪 M. 威廉姆斯 . 斯滕伯格教育心理学（第二版）. 姚梅林，张厚粲，等，译 . 北京：机械工业出版社，2012.

行分类，并根据其特点进行安置。不过，早期的分类是很粗略的。缺陷严重、生活不能自理的，一般被送到医院或救济院里；有违法乱纪行为的，被送进监狱；缺陷比较轻的，可能被安置在学校里。[①]

分类虽有助于实际工作，但是，分类也会带来一些负面效应。例如，一个儿童一旦被归到弱智一类，就等于被贴上了一个"弱智"的标签。这个标签会和这个儿童变得不可分，让很多人忽略其首先是个儿童，有许多和普通儿童一样的品质和特征，智力落后只是其作为一个儿童所具有的某种特殊性。

自 20 世纪中叶以来，特殊教育界的专家学者对特殊儿童要不要分类、如何进行分类等问题展开过热烈的讨论。赞成分类的人认为，通过分类，可以对特殊儿童加以区分，并且进行恰当的安置；对特殊儿童做进一步的诊断和治疗；便于行政管理；便于研究者的研究；等等。反对分类的人则认为，分类容易导致乱贴标签，发生错误；强化了特殊儿童与普通儿童的区别，同时掩盖了他们的个体差异；分类和服务、教育之间并不存在必然的联系；分类使得一些被标记为残疾儿童的个体产生消极观念；分类不利于孩子的潜能发展。目前，人们关注的焦点已不再是要不要分类的问题，而是如何找到一种比较好的分类方法，尽可能地减少分类所带来的消极影响。

随着特殊教育的发展，特殊儿童的分类方法也发生了一些变化。过去人们关注的是儿童的残疾或障碍，一般以医学诊断作为分类的基础。从 20 世纪 70 年代起，人们尝试根据特殊儿童当前的表现以及所需要的教育和服务来进行分类。

1972 年，伊斯科和培恩提出，从以下三个方面共九个维度来对特殊儿童进行评估和分类：

（1）基本状况

①可见的生理偏差　②运动能力及局限　③沟通能力及问题

（2）调节状况

④同伴接受　⑤家庭干预　⑥自我尊重

[①] 韦小满. 特殊儿童心理评估. 北京：华夏出版社，2006：5.

（3）教育状况

⑦动机　⑧学业状况　⑨教育潜能

1992 年，美国智力缺陷学会在它的最新分类系统中也提出，应依照需要支持和辅助的程度对特殊儿童进行分类。该学会将智力缺陷儿童分成间歇的、有限的、广泛的和全面的支持辅助四个类别。

在美国，原先对特殊儿童的定义，局限在那些在情感、发展或心智方面存在困难，致使他们与其他群体相比处于不利地位的儿童，或者是由于这些方面的困难，而缺乏正常社会生活能力的儿童。近来，"特殊"的含义扩大为包括有学习障碍、残疾以及慢性病或绝症患儿。美国学生群体中，特殊儿童的比例约为13%。总的来说，男孩多于女孩。例如，多动症原来列入学习障碍中，现在单列为一项需要特别关注的状况。特殊儿童的分类方案很广泛，智力超群的儿童也被称为特殊儿童，在社区中，这些儿童及其需要也常被他人误解。[①]

各个国家或一个国家的不同地区在不同时期对特殊儿童的分类不完全一致。1975 年，美国第 94 届国会通过了第 142 号法令，即 94—142《所有残障儿童教育法案》。在该法令中规定，残疾儿童（狭义的特殊儿童）分为学习障碍、言语和语言障碍、弱智、重听、聋、视觉障碍、情感障碍、肢体残疾、其他健康损害、聋盲、多种残疾共 11 类。1990 年，美国在新颁布的《障碍个体教育法案》（ Individuals with Disabilities Education Act, IDEA ）中将重听和聋合并为听觉障碍一类，并增加了孤独症和脑外伤两类。另外，在 1973 年颁布的《职业康复法》和 1978 年颁布的《天才与特殊才能教育法》中还分别把注意缺陷多动障碍、天才和有特殊才能学生确定为特殊儿童。因此，美国由法律确定的特殊儿童共有 14 类。

在日本，特殊儿童指的是身心有障碍的儿童，分为以下七类：视觉障碍（盲、弱视）、听觉障碍（聋、重听）、精神薄弱、肢残、病弱／身体虚弱、言语障碍、

---

① 杰里·比格纳.亲子关系——家庭教育导论（第八版）.郑福明，冯夏婷，译.北京：高等教育出版社，2012：257.

酒店中供特需人士使用的按钮（万宇摄）

情绪障碍。

1997 年，我国台湾地区颁布了《特殊教育法》。根据这项法令，特殊儿童包括身心障碍和资赋优异两大类。其中，身心障碍儿童又分为智能障碍、视觉障碍、听觉障碍、语言障碍、肢体障碍、身体病弱、严重情绪障碍、学习障碍、多重障碍、自闭症、发育迟缓及其他显著障碍等类别；资赋优异分为一般智能、学术性向、艺术才能、创造能力、领导才能及其他才能等类别。

中国大陆至今尚未在法律中对特殊儿童的分类做出明确规定。不过，在一些与特殊教育有关的法令或文件中提到过几类特殊儿童。例如，在 1986 年颁布的《中华人民共和国义务教育法》中提到了盲、聋哑和弱智三类特殊儿童。在 1989 年国务院转发的《关于发展特殊教育的意见》的文件中提到了盲、聋、弱智、肢体残疾、学习障碍、语言障碍、情绪障碍共七类特殊儿童。

在我国，特殊儿童还包括因城乡发展不平衡而产生的留守儿童、流动儿童、因失业或其他因素处于经济弱势的家庭子女群体，以及罪犯子女和失足儿童，这些被边缘化的儿童均属于特殊儿童群体，这是广义上的特殊儿童，也是我们需要关注的特殊群体。

二、特殊儿童需要家庭的特别付出

对于特殊儿童所在家庭来说，一个特殊孩子的出生，这一状况让他们手足无措，忧虑、痛楚，充满失落感。每个父母的具体感受会受到多方面因素的影响，这些因素包括残疾子女"特殊需要"的性质、残障的程度、家庭系统的社会经济地位、是否能得到专业治疗、接受专业治疗所需的经济资源、家庭中是否有正常的孩子。①特殊儿童父母对待儿童的心理有一个漫长的适应过程。一般而言，特殊儿童父母要经历五个阶段，即拒绝接受，否认阶段，困惑、多方求治阶段，自责阶段，沮丧、绝望的接受阶段以及理解接纳和积极适应阶段。②

树和书（张家港24小时自助阅览室）（周晓舟摄）

儿童时期尤其是学龄前期是个体身心发展的关键期。美国心理学家布鲁姆（B.S.Bloom）通过追踪研究得出结论：一个儿童的智力发展，50%是在4岁之前完成的，30%是在4—8岁完成的，20%是在8—17岁时完成的。这就是说，儿童最初四年是智力发展的重要时期。

父母在特殊儿童早期家庭教育方面有着天然的优势：（1）家长是孩子的第一任教师；（2）家长关心自己的孩子，希望最大限度发挥孩子的潜能；（3）家长富有教育自己孩子的经验和知识，真正了解自己的孩子；（4）家长是儿童最自然的强化源，可以加快儿童学习的速度，使干预效果达到最佳状态；（5）父母最大限度地挖掘儿童的潜能、补偿缺陷的努力将极大地减轻障碍对其造成的不利影响，加速儿童认知的发展，促进儿童的社会化以及性格的平衡发展。总之，父母对特殊儿童适时的关心、疼爱、理解以及理性、科学的教育将对特殊儿童今后的发展产生不可估量的影响。

著名教育家陈鹤琴曾在《低能儿童之研究》中概括从事特殊儿童教育的教师

① 杰里·比格纳.亲子关系——家庭教育导论（第八版）.郑福明，冯夏婷，译.北京：高等教育出版社，2012：258.
② 程黎.特殊儿童早期干预.北京：北京师范大学出版社，2012：316.

的选择标准：①

（1）言语要清楚；（2）语言要庄重；（3）态度要和善；（4）说话要多反复；（5）态度要快乐；（6）态度要真诚；（7）对儿童要亲切；（8）对儿童要多鼓励；（9）对儿童的成绩勿奢望；（10）要有忍耐性；（11）要有音乐才能；（12）要有劳作才能；（13）要有看护本领；（14）要有高尚人格；（15）要会讲生动的故事；（16）要会做有趣的游戏；（17）要会做精巧的玩具；（18）要有敏锐的目光；（19）要有会意的本领；（20）要存同情的心理。

他又接着提出，从事特殊儿童教育必须有几个最基本的条件：

（1）曾有专业训练。凡从事特殊儿童的教育者应有专业的训练。

（2）要有学者的态度。低能儿童教育是要求很高的工作，教师须具备学者的态度，把教育作为不断研究的过程，随时发现问题，随时解决问题。

（3）要有医生的精神。医生对病者是无微不至、无微不察的。低能儿童教育，一方面固然说是教育的过程，同时，也正如医生对病者一样兼有医疗的过程。低能心理的停滞现象至为微细，教师对儿童的观察，须有这种医生精神。

（4）要有事业的意志。从事低能儿童教育的教师，不能视这种工作为寻常的职业。

（5）要有慈母的心肠。低能儿童需要我们去同情、去感化。一个低能儿童的教师，对儿童尤应视同自己的子女，以爱、以德来温暖儿童，使他们在心灵的深处获得人们的同情，因而安于自己的生活与学习。这些是对教师的期许，同时也是对家长的要求。特殊儿童所在的家庭也同样需要拥有更多的智慧，付出更多的艰辛。

特殊儿童的父母要本着开放的心态、交流的方法、合作的原则，将一般发展与特殊教育相结合，广泛使用行为改变技术，伴随特殊儿童的成长。家庭对于特殊儿童来说更具不可替代的重要性，父母需要的资讯、专业知识、经济基础及相

---

① 陈鹤琴.低能儿童之研究 // 陈鹤琴全集（第一卷）.南京：江苏教育出版社，2008：549.

关其他服务较正常家庭都要更多。父母为此需要重新规划自己的人生，放弃不切实际的理想，克服常人难以想象的困难。在此过程中，尤其需要注意的是父母及照顾人本身的身心状况，这是照顾一个特殊儿童成长的基础。特殊儿童父母及照顾者的身心变化、体力和精力、家庭关系、社会支持力度等因素，成为决定特殊儿童父母及照顾者能否以较好的心态日复一日地帮助特殊儿童成长的共同因子。而阅读是对特殊儿童家庭支持的重要组成部分。

三、不同类型特殊儿童的培育重点

《全国家庭教育指导大纲》中指出了对于不同类型特殊儿童的培育重点。

（一）特殊儿童的家庭教育指导

智力障碍儿童的家庭教育指导。指导家长树立"医教结合"的观念，引导儿童听从医生指导，拟定个别化医疗和教育训练计划。通过积极的早期干预措施改善障碍状况，并培养儿童社会适应的能力。引导家长坚定信心、以身作则，重视儿童的日常生活规范训练，并循序渐进、持之以恒。

听力障碍儿童的家庭教育指导。指导家长积极寻求早期干预，积极主动参与儿童语训，在专业人士协助下制订培养方案，充分利用游戏的价值，重视同伴交往的作用，发展儿童听力技能和语言交往技能，使其能进行一定的社会交往，逐步提高儿童的社会适应能力；加强对儿童的认知训练、理解力训练、运动训练和情绪训练。

视觉障碍儿童的家庭教育指导。指导家长及早干预，根据不同残障程度发展儿童的听觉和触觉，以耳代目、以手代目，提升缺陷补偿。对于低视力儿童，指导家长鼓励儿童运用余视力学习和活动，提高有效视觉功能。对于全盲儿童，指导家长训练其定向行走能力，增加与外界接触机会，增强其交往能力。

肢体残障儿童的家庭教育指导。指导家长早期积极借助医学技术加强干预和矫正，使其降低残障程度，提高活动机能；营造良好家庭氛围，用乐观向上的心态感染儿童；鼓励儿童正视现实、积极面对困难；教育儿童通过自己努力，积极寻求解决问题的方法，以获取信心。

情绪行为障碍儿童的家庭教育指导。引导家长营造良好家庭氛围，给予儿童足够的关爱；加强与儿童的沟通与交流，避免儿童遭受不良生活的刺激；多采取启发鼓励、说服教育的方式；支持、尊重和鼓励儿童，多向儿童表达积极情感；多给儿童创造与伙伴交往的机会，培养儿童集体意识，减少其心理不良因素。

智优儿童的家庭教育指导。引导家长深入地了解儿童的潜力与才能，正确全面地评估儿童；从儿童的性格、气质、兴趣和能力等实际出发，因材施教，循序渐进地开发儿童智力、发展儿童特长；坚持德智体全面发展，提高儿童的综合素质；保持头脑清醒，正确对待儿童的荣誉。

（二）特殊家庭的家庭教育指导

离异和重组家庭的家庭教育指导。指导家长学会调节和控制情绪，不要在儿童面前流露对离异配偶的不满，不能简单粗暴或者无原则地迁就、溺爱儿童；多与儿童交流沟通，给儿童当家做主的机会，鼓励儿童参与社会活动；定期让非监护方与儿童见面，不断强化儿童心目中父（母）亲的形象和情感；调动亲戚、朋友中的性别资源给儿童适当的影响，帮助其性别角色充分发展。指导重组家庭的夫妇多关心、帮助和亲近儿童，帮助减轻儿童的心理压力，帮助儿童正视现实；互敬、互爱、互信，为儿童树立积极的榜样；对双方子女一视同仁；加强家庭成员间的沟通，创设平和、融洽的家庭氛围。

服刑人员家庭的家庭教育指导。指导监护人多关爱儿童；善于发现儿童的优点，用教育力量和爱心培养儿童的自尊心；信任儿童，并引导儿童克服自卑心理；定期带儿童探望父／母，满足儿童思念之情；与学校积极联系，共同为儿童成长创造好的环境。

流动人口家庭的家庭教育指导。鼓励家长勇敢面对陌生环境和生活困难，为儿童创造良好的生活环境；处理好家庭成员之间的关系，为儿童创设宽松的心理环境；多与儿童交流，多了解儿童的思想动态；加强自身学习，树立全面发展的教育观念；与学校加强联系，共同为儿童创造良好的学习环境。

农村留守儿童的家庭教育指导。指导留守儿童家长增强监护人责任意识，认真履行家长的义务，承担起对留守儿童监护的应尽责任；家长中尽量有一方在家照顾儿童，有条件的家长尤其是婴幼儿母亲要把儿童带在身边，尽可能保证婴幼儿早期身心呵护、母乳喂养的正常进行；指导农村留守儿童家长或被委托监护人重视儿童教育，多与儿童交流沟通，对儿童的道德发展和精神需求给予充分关注。

（三）阅读障碍儿童与自闭症儿童的干预重点

需要特别补充的是阅读障碍儿童与自闭症儿童的干预重点。

1. 阅读障碍（dyslexia）是指个体在一般智力动机、生活环境和教育条件等方面与其他个体没有差异，也没有明显视力、听力、神经系统障碍，但其阅读或书写成绩明显低于相应年龄的应有水平，处于阅读或书写困难状态。阅读障碍在欧美已经逐渐形成一个独立的研究领域，并成立专门的研究机构，如国际阅读障碍协会（the International Dyslexia Association，简称 IDA）、（美国）国家学习障碍中心（National Center for Learning Disabilities）、美国学习障碍协会（Learning Disabilities of Association of America），澳大利亚、日本等国也有专门的阅读障碍协会。另外，国外出现了该领域的期刊，如 IDA 创办的《阅读障碍年报》（Annals of Dyslexia），同时，IDA 定期举行年会。国外研究者对阅读障碍的干预训练主要集中在两个方面：一是在语音意识方面，对儿童进行早期语音干预教学能够有效地改善儿童的阅读能力；二是在知觉加工方面，阅读障碍与眼动速度、空间感知、工作记忆等有关，因此，训练儿童基本知觉、记忆等心理过程对干预阅读障碍有帮助。西方成熟的阅读障碍干预策略在字母教学、流畅性指导、理解训练、教师干预技能培训和计算机干预技术等领域取得了丰硕的研究成果。可以总结为语音指导、单词认读训练、阅读流畅性干预和阅读理解干预四大途径。作为家庭，要充分地理解和支持阅读障碍儿童，制订亲子共读计划，跟孩子一起阅读，积极干预阅读障碍。

2. 自闭症，也称孤独症，又称孤独性障碍，是广泛性发育障碍的代表性疾

宁波蛋形阅读空间（周晓舟摄）

病。自闭症患者"有视力却不愿和你对视，有语言却很难和你交流，有听力却总是充耳不闻，有行为却总与你的愿望相违……"。自闭症谱系儿童的典型表现包括三方面：一是社会交往方面，缺少人际互动，缺乏人际交往技巧，交往行为异常，很难跟人建立良好的关系；二是语言发展方面，言语发展迟滞，或者无法进行正常的言语表达；三是社会适应方面，兴趣狭窄，存在刻板行为，环境改变时，会出现情绪行为。自闭症逐年增加的发病率，已经不容国际社会忽视。1975年，美国疾病控制与预防中心发布的数据显示，每5000个儿童中就有1个患有自闭症谱系障碍，而到2014年，每68名儿童就有1个患有自闭症谱系障碍，男孩患病率达1/54。[1]过去认为是罕见症的自闭症目前发病率为1/150，已经位居我国幼儿残疾发病率第二位，仅次于弱智。据联合国估计，全球有3500万自闭症患者，而我国自闭症患者人数在700万以上。[2]

[1] 数据显示：每68名儿童有1个患自闭症. [2015–07–10] http：//learning.sohu.com/20150408/n410961504.shtml.

[2] "自闭症"少年的教育难题. [2015–07–10] http：//www.lifeweek.com.cn/2012/1012/38799.shtml.

第二节　家庭阅读与特殊儿童

2011 年世界卫生组织《全球残疾人报告》称"目前有 10 亿人口带有某种形式的残疾，约占世界总人口的 15%"。在我国，残疾人指的是在心理、生理、人体结构上，某种组织、功能丧失或者不正常，全部或者部分丧失以正常方式从事某种活动能力的人。据 2006 年《第二次全国残疾人抽样调查主要数据公报》显示，我国 0—14 岁残疾儿童共 387 万人，占残疾人口总比例的 4.66%，其中 6—14 岁学龄残疾儿童为 246 万人，0—6 岁学前残疾儿童为 141 万人，占残疾人口总数的 1.7%，这还仅仅包括以下五类残疾——视力残疾、听力语言残疾、智力残疾、肢体残疾、精神病残疾，实际数字还远不止此。中国残疾人联合会主席张海迪女士曾说："我深知残疾人对于阅读的渴望，阅读可以帮助我们开阔眼界，拓展视野，获取知识，而知识可以改变命运。"

对幼儿施以及时、恰当的阅读教育，采用阅读疗法、角色扮演、发挥想象等多种方法相结合，可以最大限度地减轻特殊幼儿存在或潜藏的障碍，挖掘特殊幼儿的潜力，促进其身心发展，提高社会适应能力，对于建立良好亲子关系、改善特殊幼儿情绪、提升语言技能、学习认知能力都有很大的益处。

卡内基梅隆大学科学家蒂莫西·凯勒（Timothy Keller）和马赛耳·贾斯特（Marcel Just）发现，增强阅读能力的课程能使大脑回路重组，增加大脑白质，有效改善大脑内部的沟通机制。科学家证实大脑白质有重组的可能性。而行为介入治疗课程不但能增强认知能力，还能改变白质的细微结构，这对治疗与了解发育性问题是一个重大的突破，也将给现有阅读障碍、发育障碍以及自闭症的治疗方式带来极大的影响。

207

附录1：

全民阅读"十三五"规划发布，提出保障困难群体阅读需求①

为深入贯彻落实党中央、国务院关于开展全民阅读的重要部署，提升国民素质和社会文明程度，共同建设书香社会，根据《中共中央关于制定国民经济和社会发展第十三个五年规划的建议》《中华人民共和国国民经济和社会发展第十三个五年规划纲要》和《国家"十三五"时期文化改革发展规划纲要》，国家新闻出版广电总局编制该规划。其中提出了保障困难群体阅读的相关需求。

切实加强针对残障人士、外来务工人员、贫困地区居民等困难群体、特殊群体的阅读服务，保障其基本阅读需求。加快将进城务工人员阅读服务纳入常住地全民阅读服务体系，鼓励以社会文化机构、用工企业等为主体，满足进城务工人员的基本阅读需求，继续扩大"书香中国e阅读"工程的覆盖范围。

鼓励全民阅读设施管理单位及阅读推广人等进行定期阅读指导和服务，有针对性地向残疾人提供盲文出版物、有声读物等阅读资源、设施与服务。各类全民阅读设施应加强无障碍设施建设。建立和完善社会各界为特殊群体、困难群体开展志愿者助读、发放购书券、组织出版物捐赠等捐助和服务的渠道。

重点群体阅读促进工程：

一、盲文出版物出版与阅读推广工程

加强盲文出版基地建设，实施盲文出版工程，支持有声读物开发，扩大各类盲人读物有效供给，完善盲文出版物、有声出版物邮寄借阅平台，推动各级图书馆开设视障阅览室，面向视力障碍人群，提供阅读服务。

---

① 摘自2016年12月27日网易新闻的《全民阅读"十三五"规划发布，提出保障困难群体阅读需求》，http://news.163.com/16/1227/18/C9AGDLDE000187VE.html.

二、"书香中国e阅读"推广工程

以政府购买服务的方式，定期向全国进城务工人员、边疆民族地区手机用户推送国家新闻出版广电总局组织推荐的各类优秀图书、报刊等。2016年覆盖人群1000万人，到2020年覆盖5000万人。

附录2：

5月1日起施行修订后的残疾人教育条例公布[1]

据新华社报道，近日，国务院总理李克强签署第674号国务院令，公布修订后的《残疾人教育条例》，自2017年5月1日起施行。

《条例》调整了残疾人教育事业发展目标和理念，规定发展残疾人教育事业应当保障义务教育，着重发展职业教育，积极开展学前教育，逐步发展高级中等以上教育；残疾人教育应当提高教育质量，积极推进融合教育，优先采取普通教育方式。

《条例》完善了残疾人入学安排，规定统筹安排特殊教育资源，残疾儿童、少年按照其接受教育能力，就近进入普通学校、特殊教育学校接受义务教育，不能到学校就读的，通过提供送教上门或者远程教育等方式实施义务教育；扩大职业教育、学前教育招生规模，为残疾人接受非义务教育提供更多机会。

《条例》强化了对教育教学的规范，规定在义务教育阶段，招收残疾学生的普通学校应当将残疾学生合理编入班级，安排专门从事残疾人教育的教师或者经验丰富的教师承担教育教学工作；残疾人职业教育以提高就业能力为主，培养技术技能人才，并加强对残疾学生的就业指导。

《条例》加强了教师队伍建设方面的内容，规定了特殊教育教师任职的特殊要求，并要求合理配置教师，提高特殊教育教师和其他从事特殊教育的相关专业人员待遇。

---

[1] 摘自2017年2月24日新华社《5月1日起施行修订后的残疾人教育条例公布》http://www.mzyfz.com/cms/pufazhuanlan/pufazhongxin/pufayaowen/html/1172/ 2017–02–24/content–1254075.html.

附录3:

适合特需儿童的阅读书目

一、关于特殊儿童工作用书

1.《言语残疾评定工具》(另配评残表、定残表各 5 本),李胜利、孙喜斌、叶奇华编著,华夏出版社 2015 年 1 月版

《言语残疾评定工具》是《残疾人残疾分类和分级》国家标准(GB/26341—2010)起草小组专家精心设计的言语残疾分级评定工具,包括 1 册标准实施详解图书《言语残疾评定手册》、5 类评定测试图片、2 种工作用表格各 1 本。

言语残疾评定测试图片是言语残疾分级评定标准在组织实施评定过程中的配套工具,严格体现言语残疾 1—4 级的分级标准及评定原则。图片的编制综合考虑了言语清晰度及言语的理解、表达能力等方面,内容包括 1—4 级看图说话测试图片、语音清晰度测试图片和情景描述测试图片等共 110 张。图片对规范评定环境、评定方法及评定工作流程具有重要作用,为残疾评定工作者提供了科学、规范、便捷的评定手段。评定结果不但能明确言语残疾级别,还将为康复工作者制定康复方案提供重要依据。

2.《智能障碍儿童性教育指南:正确认识身体、界限和性》,特丽·库温霍芬著,华夏出版社 2016 年 5 月版

本书是一本谈论“如何教性”的教学专著,提供智能障碍者一生之中各种性问题的实用信息和教学理念。全书共分为 14 章,内容包括教导身体、青春期、触摸、隐私、情感、自慰、关系、社交技能、友谊与约会、婚姻、亲职、预防性侵害及性议题处理策略等理念与具体教学活动,并附有教学的图卡资源,适合于教师、家长、专业人士等参考。

3.《美术专业手语》，中国残疾人联合会教育就业部、中国聋人协会编，华夏出版社 2013 年 4 月版

《美术专业手语》是为了适应聋人美术教育的需要，规范美术专业术语的手势，促进聋人之间、聋人与健听人之间顺利开展文化交流和艺术切磋，中国残疾人联合会教育就业部于 2002 年委托长春大学特殊教育学院组织编写《美术专业手语》，作为《中国手语》专业手语系列丛书之一，进一步丰富手语词汇。《美术专业手语》编写过程正值我国特殊教育学校进行课程改革和听力障碍者中、高等职业教育的发展变革，因此，在词目选择和手势动作的研究设计方面数易其稿，花费了相当长的时间，可谓"十年磨一剑"。

4.《听力残疾评定手册》《视力残疾评定手册》《言语残疾评定手册》《肢体残疾评定手册》《智力残疾评定手册》《精神残疾评定手册》《多重残疾评定手册》，中国残疾人联合会、中华人民共和国卫生部组织编写，孙喜斌、王丽燕、王琦编著，华夏出版社 2013 年 1 月版

本手册由中国残疾人联合会和中华人民共和国卫生部根据《残疾人残疾分类和分级》国家标准（GB/26341—2010）组织编写。编写人员主要是承担国家标准起草工作并具有资深专业背景和残疾评定经验的专家。这套丛书按残疾分类分为七个分册，分别是视力残疾、听力残疾、言语残疾、肢体残疾、智力残疾、精神残疾、多重残疾评定手册。手册对各类残疾的标准、评定方法、评定工具、评定环境等做了深入、细致的讲解，对残疾评定工作进行了规范；同时，也适用于有关医务工作者、科研人员、残疾人工作者和残疾人及其亲友学习、掌握《残疾人残疾分类和分级》国家标准，了解有关残疾评定知识。

5.《理科专业手语》，中国残疾人联合会教育就业部、中国聋人协会编，华夏出版社 2011 年 9 月版

《理科专业手语》共收录词目 1305 个，其中新词目 1180 个，词目确定主要依据聋校科学课程教学内容，从中挑选常用、有代表性的专业基本词；同时收录聋校科学课教学中不要求学生掌握但在学习和日常生活中会见到和用到的专业术语，如"半衰期"。全书按物理、化学、生命科学、天文地理、实验五个部分编

排，并按部首索引检词。

6.《中国手语（修订本）》（上下），中国残疾人联合会教育就业部、中国聋人协会编，华夏出版社 2009 年 1 月版

20 世纪 90 年代初期和中期相继出版的《中国手语》首集和续集，对规范和统一全国手语，促进聋人参与社会生活，提高文化素质，特别是对普及听力残疾儿童义务教育，以及开展中外手语的交流活动起到了积极的作用，初步满足了广大聋人生活、学习和工作的需要。国内唯一的聋校专用教材和手语工具书。相当于中文学习中的《现代汉语词典》。

7.《中国盲文（第二版）》，滕伟民、李伟洪主编，华夏出版社 2005 年 1 月版

本书系统介绍了盲文的起源，中国汉语盲文的产生、发展、运用及研究成果。分别介绍现行盲文及其使用方法、汉语双拼音字及其使用、盲文音乐符号、盲文民族器乐符号、盲文数理化符号、盲文分词连号规划等。此外，还介绍香港、台湾现行盲文的有关知识。该书全面、系统、实用，是当今独一无二的汉语盲文知识小百科。

8.《聋人大学生汉语课程的开发》，张会文、吕会华、吴铃编著，华夏出版社 2009 年 6 月版

本书系统地阐述了聋人学习汉语时遇到的困难与存在的问题。作者结合多年的教学实践，查阅大量的相关资料，针对这些困难与问题，提出了自己的见解，回答了困扰聋教育界多年的聋人汉语教学的问题，并开发出了适合聋人大学生汉语学习的课程标准、课程内容、教学方法、汉语水平测试工具等。书中的内容既有对理论的思考，又有对实践的探索，具有较强的说服力，不仅有利于聋人高等教育阶段的汉语教学，对聋人基础教育阶段学习汉语也有很好的借鉴作用。

9.《特殊儿童心理学（第二版）》，方俊明、雷江华主编，北京大学出版社 2015 年 8 月版

《特殊儿童心理学（第二版）》主要介绍特殊儿童心理学的一般问题和各类特殊儿童的心理特征，给特殊教育与心理学研究人员、教学人员以及特殊教育需要

儿童家长提供参考，努力做到理论性与应用性相结合，让教师便于组织教学，让读者便于查找相关的研究资料。

10. 21 世纪特殊教育创新教材：《特殊儿童应用行为分析》《特殊儿童的感觉统合训练》《学习困难儿童的发展与教育》《特殊儿童的音乐治疗》《听觉障碍儿童的发展与教育》《视觉障碍儿童的发展与教育》等，方俊明总主编，北京大学出版社出版

《21 世纪特殊教育创新教材》立足理论与实践相结合、突出实践应用的指导思想，以国内外最新的研究成果为基础，结合撰写者的教学、临床咨询及实践经验，针对不同的特殊儿童进行编排，较为全面介绍感觉统合训练的基础理论知识和实践应用技术。

二、关于特殊儿童教育用书

1.《特殊儿童教育与康复文库》，丁勇总主编，南京师范大学出版社 2014 年 8 月精装版、2015 年 1 月平装版

《特殊儿童教育与康复文库》系国内唯一一套关注残疾儿童及其他特殊需要儿童生存与发展的系列图书。文库围绕特殊儿童教育与康复两个中心，按照阐释基本理论、揭示现实问题、提出合理化建议的逻辑框架，吸取国际上最先进的方法技术和理论，结合案例分析的叙事方式，系统阐述特殊儿童的教育与康复问题。

2.《特殊教育学（第二版）》，雷江华、方俊明主编，北京大学出版社 2016 年 2 月版

特殊教育学是特殊教育专业学生重要的专业基础课。本书内容涉及特殊教育理论、体系、法规、评估、特殊教育师资、特殊儿童家长教育以及各类特殊儿童的心理与教育等。本书努力做到理论性与应用性相结合，让教师便于组织教学，让读者便于查找相关的研究资料。第二版在第一版的基础上进行了修订，更换了部分内容，以突出教材的实用性和适用性。

3.《特殊儿童家庭教育》，江琴娣编著，华东师范大学出版社 2015 年 10 月版

《特殊儿童家庭教育》共有七章内容。第一章主要介绍了家庭教育的基本理论；第二章介绍了特殊儿童家庭的特点、功能和家庭成员的关系；第三章介绍了家庭周期理论在特殊儿童家庭中的表现；第四章介绍了特殊儿童家庭社会支持的类型和内容等；第五章介绍了特殊儿童面临转衔期时家庭教育的状况；第六章介绍了面对家庭教育问题，教师或其他专业人员与特殊儿童家庭的合作；第七章介绍了各类特殊儿童家庭教育的需求和辅导。

4.《特殊儿童教育诊断与评估（第二版）》，王辉主编，南京大学出版社 2015 年 8 月版

本书讲述了诊断与评估在特殊教育中扮演着关键性的角色，它被广泛应用于个别化教育计划的制定、教育效果的评价以及教育质量的监控中。文章从特殊儿童的特征及诊断与鉴别标准、特殊儿童的评估取向与范围、心理计量评估的基本知识和各种评估分为十九章进行阐述。

5.《特殊儿童安全技能发展指南》，弗蕾达·布里格斯著，张金明译，华夏出版社 2017 年 1 月版

安全和自我防范意识是每一位儿童在成长过程中都需要学习和掌握的。国际研究显示，障碍儿童在各类侵害中风险最高。本书为父母、老师和其他照顾者在帮助儿童（不论障碍还是非障碍）掌握个人安全技能方面提供了非常宝贵的信息，同时也详细说明了障碍儿童所特有的风险和顾虑。针对障碍儿童，书中介绍了自我保护的方式方法，为从轻度到重度障碍的儿童及青少年掌握安全技能提供了实用的课程理念和实践。这些方法和建议也同样适用于普通儿童。

6.《你好，我是阿斯伯格员工：从阿斯伯格综合征视角解析职场奥秘》，露迪·西蒙著，朱宏璐等译，华夏出版社 2016 年 1 月版

阿斯伯格综合征人群，是一个比孤独症人士更普遍但更没有受到关注的人群。他们往往显得不合于俗而孤独。但他们有着趣味盎然、与众不同的内心世界，更有属于自己的才赋和能力。然而阿斯伯格的障碍会让他们在职场遭遇各种阻碍，

甚至找工作都困难重重。

本书探讨这个人群在职场遇到的问题并给出各种实用建议。一方面以阿斯伯格人群的视角切入，帮助他们理解职场，学会如何扬长避短，解决社交困境；另一方面，也帮助老板和阿斯伯格的亲友了解这一人群，明白如何帮助他们融入职场、发挥所长。本书旨在帮助阿斯伯格综合征人群认识自我、融入时代，也帮助社会关注和尊重特殊群体的心理需求。

7.《孤独症和相关沟通障碍儿童治疗与教育》，加里·麦西博夫、维多利亚·谢伊、埃里克·邵普勒编，秋爸爸译，华夏出版社 2014 年 6 月版

"孤独症和相关沟通障碍儿童治疗与教育"（TEACCH）是美国北卡罗来纳大学心理学教授埃里克·邵普勒及其同事于二十世纪六七十年代开发的一套在尊重孤独症人士特点的基础上，以高度结构化的方式为其提供相关干预与教育的综合干预方案。TEACCH 自创立以来就受到美国政府及相关科研机构的认可与推广，到目前为止，已有二十多个国家和地区在 TEACCH 的基础上为数以万计的各年龄段的孤独症谱系障碍人士提供服务。

《孤独症和相关沟通障碍儿童治疗与教育》译自 TEACCH 项目团队的著作，系统地介绍了该方案的历史、发展及现状，并综合了大量的研究结果，说明了该方案的具体实施过程和效果。

8.《靠近另类学生》，迈克尔·J. 马洛、桃莉·海顿著，韩扬等译，华夏出版社 2015 年 3 月版

如何超越传统的课堂管理，建立一个学习环境，管理那些由于情绪障碍、行为障碍或因环境因素导致的难以靠近的学生呢？作者通过对关系驱动型课堂的描述，帮助教师了解如何改变而不是控制学生不当的行为，开发成功的课堂师生关系的基本技巧，正确地认识并教导受困的学生，在教育有挑战性的学生上更有成效。

9.《社交故事新编》，卡罗尔·格雷著，鲁志坚译，华夏出版社 2015 年 11 月版

社交故事（Social Story）是美国孤独症专家卡罗尔·格雷于 1991 年所提出的教学策略，也被美国国家孤独症中心认定为已有实证数据支持的成熟方法。针

对孤独症儿童核心问题之一——社交沟通障碍，它以故事形式展开干预，在写故事和说故事的过程中，都以孤独症儿童为视角，为他们描述不同的社交场合中适当的或可能出现的行为及态度，以及他人对这些社交行为的反应，从而引导儿童做出正确的社交行为、态度和反应。

该书收录了由卡罗尔·格雷专门编写的 158 个最受小朋友喜爱的社交故事。卡罗尔还简要介绍了社交故事的写作标准和方法，让教育者及家长可以依此编写符合需求的社交故事。

三、关于特殊儿童现状调查

1.《中国残疾儿童现状与需求调查研究》，中国残疾人联合会著，华夏出版社2011 年 5 月版

为推进我国残疾儿童保护工作，中国残疾人联合会和联合国儿童基金会共同实施了残疾儿童保护合作项目，旨在通过立法、政策等多种途径，推动我国残疾儿童各项权利的享有和实现，促进残疾儿童全面融入社会生活。2009 年，中国残联和联合国儿童基金会在广东省广州市和山东省东营市开展了残疾儿童现状与需求调查，掌握了当地残疾儿童身体状况、康复状况、受教育状况、家庭状况等方面的基础性资料，并组织专家对调查数据进行了深入分析研究，召开了多个关于保护残疾儿童的研讨会。现将相关成果汇编成书，作为我国保护残疾儿童立法和研究的参考资料。

2.《中国自闭症人士服务现状调查（华南地区）》，深圳市自闭症研究会主编，华夏出版社 2013 年 4 月版

自闭症人士由于其本身的特殊性，在生命全程中都需要得到科学有效的关照，但由于我国对自闭症的认识起步较晚，专业人士严重匮乏，国内自闭症人士及其家庭所能获得的服务和支持非常有限。作为国内较早发展起来的自闭症服务组织之一，深圳市自闭症研究会一直致力于对自闭症人士及其家庭的关照与服务，并利用从社会各界获得的支持，组织各方专家和学者，开展了国内第一次大规模的关于自闭症人士服务情况的调查。该调查以问卷、访谈为主，涵盖了服务于自闭

症人士及家庭的民办、公办机构和社会团体，以翔实的数据说明了自闭症人士在国内所面临的现状，有利于更好地了解自闭症人士现状，为未来制定相关的政策、计划提供依据。

全书以调查为主体，主要包括调查报告、访谈报告和数据分析三个部分，另外增加了社会各界人士对该调查及报告的反馈意见和建议，附录中列出了日本和我国香港地区自闭症人士服务现状和支持体系的介绍。本调查提供了国内自闭症人士服务现状的相关数据，具有一定的开创性。

3.《蜗牛不放弃：中国孤独症群落生活故事》，张雁著，华夏出版社 2016 年 4 月版

《蜗牛不放弃》围绕国内孤独症儿童家庭在就医、教育、情感纠葛、社会接纳等方面的种种遭遇，着重讲述了包括作者一家在内七个孤独症患者家庭生活的故事，共涉及十多个家庭的三十几位被采访者。作者力避祥林嫂式的悲情倾诉，而是以细致柔和的笔触描写孩子与父母、家庭与社会互相交流与牵引的故事。这部十万字的书中，所有的插图都是孤独症孩子们的作品，而书名则由作者的儿子——一位七岁的孤独症男孩题写。这些孩子不是天才，也不是"废人"，而是在不幸的命运中努力成长的蜗牛宝贝。

第七章

我国公共图书馆家庭阅读推广策略研究

家庭阅读倡导针对不同年龄特点、不同阅读习惯、不同需求的家庭成员的生理心理特点，推荐选择合适的阅读资料，培养人们正确的阅读方法，使人们在长期的阅读生活中获取知识，渐渐形成正确的思维意识、价值观念、行为规范、道德准则，使读书成为人们的一种生活方式。不管是孩子还是老人，男性还是女性，都能从中受益。家庭阅读不仅仅限于家庭，还需要更多的社会资源支持，公共图书馆就是有力的保障资源与推广阵地。

　　公共图书馆进行家庭阅读推广优势明显。首先是人力资源优势。图书馆有专业的馆员队伍，可以了解读者需求，规划家庭阅读推广活动，促进家庭阅读习惯的形成及维持，同时图书馆还可以利用自身的社会关系优势，广泛邀请专业领域的专家、学者，为家庭阅读推广提供专业的讲座、培训，以专业的理论来指导家庭阅读实践。其次是物质资源优势。公共图书馆有丰富的文献信息资源，是理想的学习、娱乐休闲场所，可以为家庭阅读提供信息资源和活动场地。这些年来，图书馆充分利用自身优势，通过开办"家长沙龙"等学习和交流的平台、提供家庭阅读资源、编制儿童阅读推荐书目和家庭阅读大纲等，潜移默化地引导着家庭阅读，培养万千家庭阅读习惯，涵养社会阅读风气。

　　在全民阅读背景下的今天，国家重视图书馆的建设，被作为"第三空间"推广的公共图书馆，必将在家庭阅读推广方面发挥更大的作用。

第一节　家庭阅读发展历程及影响因素

　　家庭阅读有两方面的含义，其一，家庭成员互相支持彼此读写能力的提高，其二，家庭成员可以分享阅读给他们带来的乐趣①。在一个具有浓厚阅读氛围的家庭中，家庭成员之间相互影响、相互督促，以亲子阅读等形式进行阅读，形成家庭阅读。家庭阅读具有以下作用：首先，家庭阅读可以促进人性和善、维护家庭，促进社会和谐稳定。家庭阅读倡导针对不同年龄阶段孩子们的生理心理特点，推荐选择合适的阅读资料，培养人们正确的阅读方法，使人们在长期的阅读生活中获取知识，渐渐形成正确的思维意识、价值观念、行为规范、道德准则，使读书成为人们的一种生活方式。其次，家庭阅读可满足多层次的、日益丰富的精神文化需求，使每个家庭成员在阅读中得到心灵的休憩，从而以更饱满的精神、更积极的心态投入到紧张的工作中去，以满足人们更高、更丰富的精神生活需求。此外，家庭阅读可培养公民良好的综合素质。家庭阅读引导人们广泛参与丰富多彩的阅读活动，在这种文化熏陶中认识人生、了解社会、增长知识。家庭阅读潜移默化地影响读者的思想、道德、心理、行为、知识结构等，从而提高人的综合素质②。

一、家庭阅读发展历程

　　自古以来，中华大地上就有家庭阅读这一传统。中华文化是一种伦理文化，

---

① 岳芙蓉编译.家庭阅读国际研究.山东图书馆季刊，2008（3）：44—46.
② 周海英.论图书馆在家庭阅读指导中的实践与探索.图书馆学研究，2008（8）：54，90—92.

先秦的《论语》《孟子》等典籍中的核心思想就是一个"德"字，古人认为，读书学习使人明理、修身，这些"德"的传承主要就是通过读书来获得的，因此，读书便成为中华先祖的一件"大事"。《颜氏家训》中写道："若能常保数百卷书，千载终不为小人也。"明人吴麟徵（1593—1644）在《家诫要言》中说："多读书则气清，气清则神正，神正则吉祥出焉，自天佑之。"中华先祖正是看到了读书对于一个人成长的重要，才谆谆教诲自己的后辈多读书。读书不仅关乎个人，还涉及整个家族的发展繁荣。此类认知直接通过"家训"这一形式而世代相传，后来演变出"耕读传家""诗书继世"这类古训，现今常见于门楼、牌匾、门楣、花窗、雕墙等的镂刻书画，昭示出主人强烈的读书愿望和理想。秉承"耕读传家"的理念，也就造就了古往今来无数的书香门第和书香世家。书香世家不单纯只是几代人爱读书，还必须具备相对雄厚的财力，才能购置藏书颇丰，并设家塾教育子弟。在这里，藏书量就可以成为一个衡量标准，若只有几十或几百本藏书，尚只能算作"耕读传家"，书香世家的藏书至少在千册以上。①

我国家庭阅读有着数千年的历史，这一家庭阅读传统经过秦汉、三国、两晋、南北朝、唐宋元明清历朝历代发展至今，由于社会压力增大，生活节奏加快，直接导致人们空余时间不足，家庭阅读成为一种奢侈。随着信息技术的发展，人们的生活环境发生巨大改变，书籍载体日新月异，随之而来的就是人们被各类电子产品弄得眼花缭乱，导致家庭阅读氛围的消失不见。据2008年10月至2009年2月第6次全国国民阅读调查结果显示，我国0—8周岁儿童2008年平均每人阅读图书3.11本，9—13周岁儿童2008年平均每人阅读图书6.98本，14—17周岁青少年2008年平均每人阅读图书8.66本。仅有27.4%的家长在孩子1岁前就开始引导孩子进行挂图、绘本、识字卡片等图书的阅读，另有25%和23.6%的家长分别在孩子2岁前和3岁前开始引导孩子早期阅读。②可见，我国青少年阅读量少且家庭阅读开始时间较晚，家庭阅读现状堪忧。

---

① 王玮.试论家庭阅读的重建.图书情报知识，2004（5）：13—16.
② 杨素音.少儿阅读推广之我见.图书馆学刊，2010（5）：69—71.

二、家庭阅读的影响因素

（一）环境因素

人们喜欢用潜移默化来形容人的思想、性格和习惯在不知不觉中受到外界影响而逐渐发生变化。家庭阅读孕育于一定的家庭环境中，环境因素对家庭阅读的影响不容忽视。影响家庭阅读的环境因素具体又可细分为显性的物质环境和隐性的心理环境，前者包括家庭藏书的种类、数量和质量，家庭阅读场所——房屋的装修设计、书桌书架的摆放位置等；后者包括父母及其他家庭成员的知识、学识、见识，家长的教养方式、态度与期望，亲子关系所构成的人际关系环境等。[①]多数家庭中的书桌、书架均是成年人用的，不适合学龄前儿童，为培养孩子形成良好的家庭阅读习惯，需准备一些适用于低龄儿童使用的书房、书橱、书桌，在这样一个物质环境下，才能为养成家庭阅读习惯提供基础。此外，家庭中良好的"书香"氛围，也能促进家庭阅读习惯的养成及持续发展。家庭成员对阅读的正确态度、良好的阅读习惯均能促进家庭书香氛围的形成，一些无知型、武断型、滥书型、训斥型的阅读倾向一定要剔除。

（二）策略因素

策略因素也称方法因素，家庭阅读要讲究方法。首先体现在选书策略上，有三大基本原则：一是不同年龄读不同的书。先读图画书，循序渐进，最后是文字书，这是儿童阅读必然要经历的一个过程，每个阶段都要有相当的阅读量，积累到一定阶段自然会进入下一阶段。尊重孩子的阅读发展规律，为孩子选择宜读图书，是选书的重要选择之一。二是选择孩子能懂、感兴趣的书。孩子会对自己感

---

① 李慧.对幼儿家庭阅读环境现状的调查.太原城市职业技术学院学报，2011（4）：91—94.

兴趣的书爱不释手，家长需要寻找、发现此类图书。此类图书可以是与孩子年龄相似的儿童主人公或是与孩子生活有关的事件，或是直线型的故事进程，亦或是语言具体鲜明，不复杂，陌生词语集中于人物名称和动作。三是选择样子好玩的书，从外在形式吸引小读者，慢慢养成阅读习惯。[①]其次，在阅读形式上推荐以亲子阅读为主的灵活多样的阅读形式。亲子阅读是儿童阅读习惯养成的必经阶段，通过亲子阅读激发孩子的阅读兴趣，提高阅读效果，还可创造亲密的家庭氛围，从而推进家庭阅读的发展。此外，父母还应通过一些公益培训，掌握必要的家庭阅读指导策略，恰当安排阅读时间引导孩子正确阅读。

（三）社会因素

社会因素包括政治、经济、文化、教育、科技等各类因素。社会动荡会阻碍家庭阅读氛围的养成，如战争使人颠沛流离，只求吃饭活命，不知读书为何物。社会经济的发展也给家庭阅读带来影响，自20世纪80年代改革开放以来，我国经济实现飞速发展，与此同时，人们的生活水平提高，各种娱乐活动层出不穷。

张家港24小时图书馆
（周晓舟摄）

① 杨宝忠. 儿童家庭阅读浅谈. 家长，2014（Z2）：55—57.

在教育实践中，教师自身的阅读素养与阅读能力会影响学生的阅读，教师需要充实自己，唤起学生对阅读的思考，激发学生对阅读的兴趣。在这些影响因素中，带来巨大影响的当属科技因素。科学技术的发展，带领人们走入读图时代、视听时代之中，人们感到生活节奏越来越快，想要静下心来读书越来越难，反之，其他娱乐活动，如手机游戏、网络游戏则充斥着人们的生活。

（四）其他因素

家庭以外的力量支持，也是影响家庭阅读发展的重要因素之一。如教育工作者，特别是语言类教师对家庭阅读的指引，再如公益性文化事业单位——各级公共图书馆、学校图书馆也为家庭阅读氛围的形成贡献着自身力量。其中，公共图书馆起到了积极的推动作用。例如，绥芬河市图书馆通过办理家庭一卡通，深入开展多主题家庭阅读特色活动，推行家庭阅读引导工作，举办特色品牌活动，积极推广阅读理念，开展家庭教育讲座等主要方式推进家庭阅读。[1]通过凝聚全社会的力量，合力推进家庭阅读长远发展。

---

[1] 郝世英.推广家庭阅读,关注家庭教育——以绥芬河市图书馆为例.河南图书馆学刊,2014,34（10）:27—29.

第二节　我国公共图书馆家庭阅读推广现状分析

一、公共图书馆家庭阅读推广实践

（一）开展家庭阅读指导培训

　　家庭阅读是倡导家长在家中参与到阅读推广活动当中，但是，由于知识水平有限，很多家长并不知道如何培养孩子的阅读兴趣，因此就需要公共图书馆参与进来，扮演一个阅读培训师的角色。国外公共图书馆的家庭素养服务就有所体现。在我国，阅读培训师角色扮演者更多为少儿图书馆，它们除了为少年儿童提供各种各样的服务外，还需要为家长提供一些服务，更多的就是阅读指导培训，如帮助家长正确教育孩子、引导孩子阅读等。苏州图书馆少儿园地（苏州少儿图书馆）为此开展了一项特色活动，名为"家长沙龙"，这一活动正是给家长提供一个学习和交流的平台。馆方邀请儿童教育专家、心理咨询师和家庭阅读成功示范家长，通过讲座与互动的形式，在家长之间、家长与专家之间建立一个面对面的交流平台，帮助大家解决家庭阅读，或是家庭教育中遇到的困惑和难题，让更多的家庭分享成功的亲子阅读经验和科学的育儿方法，帮助孩子轻松、愉快地迈出人生的第一步。①表 7-1 列举苏州图书馆少儿园地 2014 年 11、12 月份家长沙龙活动安排，以做参考。

---

① 苏州图书馆少儿园地 . 家长沙龙活动介绍 . [2014-12-25] http：//www.szlib.com/child/ParentsSalon/a.aspx.

表7-1 苏州图书馆少儿园地2014年11、12月份家长沙龙活动安排表①

	主题	主讲人	活动时间	活动地点
第一场	不惩罚、不骄纵，教您正面管教孩子	周琳（人力资源管理顾问，正面管教家长讲师，14岁女儿妈妈）	2014.11.9（周日）上午10：00-11：00	苏州图书馆少儿馆一楼悦读园
第二场	远离鼻炎和哮喘，轻松度过秋冬季	严永东（苏州大学附属儿童医院呼吸科三病区主任）	2014.11.15（周六）下午1：30	苏州图书馆南广场一楼多功能厅
第三场	解读数学绘本	新升甜妈（女儿五年级，对亲子阅读颇有经验）	2014.11.22（周六）上午10：00-11：00	苏州图书馆少儿馆一楼悦读园
第四场	亲子教育大于亲子关系——谈依恋	黄晓萍（国家二级心理咨询师，小学一级教师）	2014.11.30（周日）上午10：00-11：00	苏州图书馆少儿馆一楼悦读园
第五场	事半功倍育儿经——父母巧转变，孩子更优秀	丁万营（家长课堂讲师）	2014.12.7（周日）上午10：00-11：00	苏州图书馆少儿馆一楼悦读园
第六场	多姿多彩的亲子阅读	苏州图书馆少儿馆馆员	2014.12.14（周日）上午10：00-11：00	苏州图书馆少儿馆一楼悦读园
第七场	活在爱中的秘诀——如何营造幸福家庭	黄智德和王雅心夫妇（国家注册二级婚姻家庭咨询师，人社部认证婚姻家庭咨询师培训教员）	2014.12.21（周日）上午10：00-11：00	苏州图书馆少儿馆一楼悦读园
第八场	儿歌中感受母语之美	苏州图书馆少儿馆馆员	2014.12.28（周日）上午10：00-11：00	苏州图书馆少儿馆一楼悦读园

（二）提供多样家庭阅读资源

公共图书馆具备丰富的软硬件资源，在家庭阅读推广中，公共图书馆在扮演角色——"资源供应者"时，可着手两大块：一为提供文献，二为提供场所。在

---

① 苏州图书馆少儿园地活动公告.2014年11、12月份家长沙龙活动安排.[2014-12-25] http：//www.szlib.com/child/ParentsSalon/b_d.aspx?id=18.

调研时，奋笔疾书的"红
领巾"（万宇摄）

提供文献资源方面，公共图书馆需要为读者考虑，尤其是小读者（家庭阅读推广之源头），他们适合阅读什么书籍，图书馆应该提供什么书籍。苏州图书馆于2012年启动"悦读宝贝计划"，向本市（不包括五县市）户口的居民提供1000份0—3岁婴幼儿"阅读大礼包"，同时推荐亲子阅读书目。苏州图书馆希望通过"悦读宝贝计划"吸引更多孩子的父母参与到幼儿早期阅读指导活动中来，提升亲子阅读的质量和水平，促进家庭阅读。①公共图书馆因其休闲娱乐职能，可发挥其居民生活第三空间的作用，给人们提供一个休闲场所。在这个场所中，人们潜移默化地阅读，逐渐培养阅读习惯。杭州市少年儿童图书馆就提供了这样一个场所，它是一座花园式图书馆，建筑面积5482平方米，整体建筑分为地下一层，地上三层，与西湖名景"黄龙吐翠"毗邻，其近90%的面积用于开放，特别开设了玩具天地、绘本区、动漫区、英文区、电影放映室等特色区域，提供一个阅读、休闲场所。②儿童读者长期沐浴在公共图书馆营造的这种资源环境中，会对其生活方式、行为方式甚至是思维模式带来潜移默化的影响，与此同时，家长于此地在与他人接触过程中，也会有种阅读紧迫感，会推动家庭阅读的开展，重视

---

① 苏州新闻网.苏州图书馆将发放1000份"阅读大礼包".[2014-12-1] http：//www.subaonet.com/2012/0509/920924.shtml.

② 杭州市少年儿童图书馆.杭少图简介.[2014-12-1] http：//www.hzst.net/contact/4.html.

儿童阅读。

（三）进行家庭阅读辅助引导

由于家长缺少家庭阅读方面的专业知识素养，或缺少家庭阅读意识，在开展家庭阅读可能存在一系列问题，公共图书馆通过提供儿童阅读推荐书目、编写家庭阅读大纲，为家长提供阅读信息，开展主题书展、"书香家庭"评选活动，引导家庭阅读。广州少年儿童图书馆除了定期提供寒暑假图书推荐手册这类主题范围广的图书，还提供专门领域的图书推荐书目，如针对亚运会提供的"迎亚运图书推荐手册""文化遗产专题推介""学英语好帮手——影像资料专题推介""心理学书目文摘"等。[1]除去提供阅读推荐书目之外，广州少年儿童图书馆另辟专门二级网页"芝麻开门"提供更多阅读信息服务，如"信息技能技巧"栏目，提供搜索技术指南、图书馆寻宝、电脑使用技巧、上网冲浪秘籍，帮助家长和小孩在家中获取大量有用的信息资源[2]。"十佳书香家庭"评选是大连市少年儿童图书馆近年来举办的"与书为伴 · 共创明天"这一地区性读书活动中重点开展的一项内容，旨在推广亲子共读这种健康的读书和生活方式。自 2009 年至今，已经连续举办三届，先后有近 50 个家庭获得了"书香家庭"的荣誉称号。[3]此类"书香家庭"评选活动，能够宣传和扩大此类阅读推广活动的影响效应，引导全社会开展家庭阅读。

（四）开展阅读成果展示活动

公共图书馆担任资源供应者角色主要解决少儿在什么地方读书，抑或是在什

---

① 广州少年儿童图书馆.推荐书目.[2015-3-29] http：//www.gzst.org.cn/ydtd/tjsm/.

② 广州少年儿童图书馆.信息技能技巧.[2015-3-29] http：//www.gzst.org.cn/zmkm/xxjn/.

③ 大连市少年儿童图书馆."与书为伴 · 共创明天"读书活动之"十佳书香家庭"介绍.[2015-3-29] http：//www.greengarden.org.cn/dllib/web/information.do?actionCmd=view&id=3081.

么环境下读书，读什么书等问题。担任阅读培训师这一角色主要教导家长如何帮助孩子进行阅读。这两个角色所承担的一系列活动解决了孩子的阅读输入。只管输入不管输出犹如"茶壶里煮饺子——有货倒不出"，因此公共图书馆还应担任成果输出端这一角色，开展阅读成果展示活动，促进孩子以听、说、读、写等方式进行阅读输出。杭州少年儿童图书馆在扮演成果输出台这一角色方面，起到了一个模范作用。它举办"少年讲台"活动，鼓励五年级以上青少年独立或以组团方式报名，通过讲演的形式，传递知识、见解，促进儿童阅读输出①。杭州少年儿童图书馆还鼓励小朋友加入由其创办，并由著名诗人黄亚洲、儿童文学作家冰波、童话作家鹤矾等作为专家顾问团的"太阳风"文学社，通过参加文学沙龙、社会实践、名家互动、定期征稿等活动，提高社员写作能力。②

二、公共图书馆家庭阅读推广优势

（一）人力资源优势

公共图书馆人力资源优势主要体现在两个方面：一是图书馆本身所具备的专业馆员队伍，一是图书馆所能邀请到的专家、学者。专业馆员队伍主要从事两大类工作：一类是信息输入工作，即文献信息的搜集、整理和组织典藏工作，如文献的采集、分类和主题标引、编目、文献的组织和保管等，也称文献信息资源建设工作；一类是信息输出工作，即文献的使用和服务工作，如文献的外借、阅览、文献宣传、阅读辅导、参考咨询、文献检索及方法指导、网络信息导航等，也称用户服务工作或读者服务工作。这两部分工作都是完成图书馆任务不可缺少的，

① 杭州少年儿童图书馆."少年讲台"主讲人招募令. [2014-12-25] http：//www.hzst.net/news/322.html.
② 杭州少年儿童图书馆."太阳风"文学社招募社员啦. [2014-12-25] http：//www.hzst.net/news/261.html.

美国加州卡美尔小镇社区图
书馆外景（万宇摄）

共同构成了图书馆业务工作体系的主体。[①]如今，文献信息资源建设当中的大部
分工作可被业务外包，图书馆越来越重视读者服务工作，以读者需求为中心成为
当前各类型图书馆工作的主体。公共图书馆通过专业的馆员队伍了解读者需求，
规划家庭阅读推广活动，促进家庭阅读习惯的形成及维持。除专业的馆员队伍之
外，公共图书馆还可以利用自身的社会关系优势，广泛邀请专业领域的专家、学
者，为家庭阅读推广提供专业的讲座、培训，以专业的理论来指导家庭阅读实践。
公共图书馆可充分利用馆内和馆外两种人力资源优势，推广家庭阅读。

（二）物质资源优势

公共图书馆具备丰富的软硬件物质资源，分别是文献信息资源和图书馆学习、
娱乐休闲场地，它在推广家庭阅读中扮演着两种重要的角色，一是文献信息提供
者，二是场所提供者。公共图书馆存有以文字、图形、符号、声频、视频等方式
记录在各种载体上的知识和信息资源，包括图书、期刊、报纸、学位论文、政府
出版物等各类文献信息资源。除了提供有形的文献信息，图书馆还提供虚拟的电
子数据库资源，结合二者能够满足绝大多数读者需求。家庭阅读推广需要合适的

---

① 吴慰慈，董炎.图书馆学概论（修订二版）.北京：国家图书馆出版社，2008：174，
105.

文献信息资源来满足不同知识层次、不同年龄阶段、不同家庭背景的读者需求。在全民阅读背景下的今天，国家重视图书馆的建设，从上到下各级公共图书馆均有各具特色的馆舍建筑，除了提供文献仓储、流通这类功能之外，还能向广大用户提供活动、休闲娱乐场所。被作为"第三空间"推广的公共图书馆，能够面向家庭阅读推广对象——低龄儿童，提供具有浓厚读书休闲氛围的小书屋或是小活动室，在此举办亲子阅读、馆员讲故事等活动，能耳濡目染，促进低龄儿童将阅读变为习惯。

（三）服务经验优势

图书馆产生之初就是为了解决人们广泛庞大的信息需求与无序杂乱的信息资源之间的矛盾，怎么样通过便捷有效的途径获取有用的信息资源，成为广大图书馆员认真思考的问题。于是，人们对各种信息资源进行分析，提取相应特征，对其进行分类、编目、组织、排架，方便读者获取有效资源。在家庭阅读推广中，也遇到类似问题，针对不同家庭背景、不同年龄阶段的阅读推广对象，如何选择对他们来说合适的读物、合适的方法，如何激发他们的阅读兴趣，如何呵护他们的阅读兴趣，这成为图书馆员思考的新问题。图书馆员借鉴先前的服务经验，通过广泛阅读摘要、书评等文献资料，以及他人研究成果，结合自身经验，为广大读者提供推荐书目，为广大读者提供阅读指导。

安徽铜陵市新华书店的阅读角落
（周晓舟摄）

第三节 公共图书馆进行家庭阅读推广的具体策略

一、树立家庭阅读推广服务意识，准确定位图书馆角色

家庭阅读推广是在"全民阅读"这个大背景下，面向全国人民倡导家庭阅读。公共图书馆进行家庭阅读推广不能仅仅依靠省市级公共图书馆，还要依靠广大基层图书馆。积极推进家庭阅读推广服务在县级及县级以下公共图书馆落地生根，倡导全国上下各层级公共图书馆推广家庭阅读是一项基本举措。此外，公共图书馆在进行家庭阅读推广中还应注重推广的过程性、系统性以及完整性，准确定位图书馆角色。从信息提供到书目推荐，到指导培训、成果输出，再到阅读交流、效果评估，全过程均需明确角色。作为信息提供者，要面向公众提供家庭阅读活动信息；作为书目推荐者，要向家长及孩童提供家庭阅读适宜书目；作为指导培训师，要广泛联系馆内、馆外力量，为家长及孩童提供阅读培训；作为成果输出台和阅读交流地，要向广大群众提供一个阅读成果展示的舞台，与他人共享阅读成果，相互交流；作为效果评估师，在活动之后，对活动效果进行评估，以期为其他活动提供指导。

二、寻求多方支援，注重图书馆员的业务能力培训工作

公共图书馆在推广家庭阅读过程中具备人力资源、物质资料、服务经验等方面的优势，但不可否认的是服务资源有限、服务能力不足这两大问题也在时刻困扰着各层级公共图书馆。公共图书馆需寻求社会各方支援，由各类社会力量形成合力，共同推进全社会家庭阅读氛围的形成。面对人力资源不足这一难题，可向全社会召集家庭阅读推广志愿者，可联系该领域专家、学者、家庭阅读先进人物

进行讲演或提供指导培训。面对物质资源有限这一难题，可与公益组织或慈善机构，抑或慈善企业家进行联系，请求其提供物质资源支持。另外，还可发动各年级教师推广家庭阅读。图书馆员是提供家庭阅读推广服务的重要支撑，由于各种局限，图书馆员广泛存在业务能力不足、服务不专业、服务态度不端正等问题。针对这一难题，必须对家庭阅读推广馆员进行两方面的指导培训：（1）邀请家庭阅读推广经验者，面向馆员提供专业的、走在前列的服务指导培训；（2）还需对馆员进行思想教育，要求树立正确的服务观念，热情对待每一位活动参与者，提供尽己所能的服务质量。

三、用最有效的宣传形式，发动群众参与家庭阅读推广

公共图书馆在宣传家庭阅读推广活动时，要同时注意线上和线下两大宣传途径。首先，要充分运用在互联网时代背景下，广泛影响大众生活的社交网站，利用微博、微信、QQ 群等线上宣传途径，扩大活动影响力，引导社会公众参与。其次，还要运用公共图书馆本身所具备的线上宣传资源，通过图书馆主页向公众传递活动推广消息。再次，还要落脚到线下宣传，利用传统的宣传方式，如海报、画板在馆内或人流密集处进行宣传，以期发动群众参与。最后，还应对公共图书馆网站进行合理设计，认真规划各级栏目，组织各类信息，使得家长对于各类活动能够一目了然，短时间获取有效信息。[①]为解决公众参与度低这一问题，图书馆工作人员应认真调研，对群众业余空闲时间和活动地点做了解，科学规划、合理安排各类活动时间及地点。

四、注重对家庭阅读推广效果的评估，以经验指导实践

由上到下各层级公共图书馆由于经济文化、社会环境、服务对象的不同，所

---

① 曹娟 . 我国公共图书馆家庭阅读推广策略研究 . 合肥：安徽大学，2015.

安徽铜陵市新华书店里有
"魔幻楼梯"（周晓舟摄）

提供的家庭阅读推广活动理应各不相同。图书馆应根据本服务区实际情况规划制订相应的推广计划，实施相应的推广活动。另外，还可积极探索本区特色推广活动，作为家庭阅读推广活动品牌向全社会展示。除以上活动进行之前进行预测规划、效果评估以外，还应完善活动进行之后的活动效果评价，对比两者，总结经验，指导未来实践活动。注重对家庭阅读推广效果评估反馈，还需要建立家庭阅读档案。家庭阅读档案既应包括父母对在家中开展每次阅读活动的记载，还应包括图书馆的读者活动档案。通过记载家中、馆中两种阅读档案，在总结阅读经验的同时，还能根据相应的阅读记录，提供鼓励机制。

后记

　　谈谈家庭阅读，谈谈家庭在孩子阅读中所能起的作用，谈谈阅读赋予整个家庭成员以特殊的精神气质，谈谈阅读中温暖智慧的家庭生活，谈谈物质生活之外的家庭精神生活，是我长久以来一直都想要做的事情。

　　古人谈"家风"，谈"主雅客来勤"，谈"文化世家"，"谈笑有鸿儒，往来无白丁"，都是将"家""陋室"作为一个有趣的精神空间，它的外在也许只是简单的"草色入帘青"的简陋厅堂，但"阅读"赋予了它特别的文化气质与精神生活。是阅读使家闪闪发光，是阅读让有趣的灵魂散发香气。

　　现在，我们的物质生活可谓丰富，吃的，喝的，穿的，用的，都有着丰富的选择与各种讲究。但是，我们的精神生活呢？精致的书架上摆着穿越小说，宽大的客厅里终日响彻着电视机的声音，大人孩子都喜欢低头玩手机，何处能为我们的内心世界打开一盏安静温暖的阅读灯？我们的精神生活也需要拓展，灵魂需要滋养，需要一个超然于外在的物质世界独立存在的精神世界。而阅读，给构建这些纯粹的精神生活提供了一条简单的通道。

　　家庭是孩子成长的第一站，在这里，孩子们享受爱，接受教导，在他们的人生中迈出一个个第一步。阅读，对于儿童来说，就像空气和水，爱阅读的孩子会随时呼吸来自未知世界的新鲜空气。在这个精神世界里，儿童可以摆脱物质世界中的种种束缚，尽情放松，尽情想象，尽情创造，可以成为一个具有超能力的"奥特曼"。

　　首先，阅读于精神生活的滋养，来自于艺术的启蒙。如果说儿童身边的经验世界是具体的，是物质的，那么阅读所带给儿童的是一个抽象的，表达各异的，需要用多感官去体验、去学习、去思考的精神世界。多样性的艺术表达，在儿童读物中体现得非常丰富。经典绘本《小蓝与小黄》不炫技，用童稚的手法、简单的色块表达来表现故事，《点点点》也是用最基本的点来进行故事的描述，趣味感十足，时常看到小朋友颠过来倒过去地看这本书，咯咯笑个不停。至于为什么要这么看，你不妨亲自去翻翻看，找找答案。

其次，阅读对促进儿童的各项发展也大有益处。儿童的发展里程碑，婴儿期多集中在生理指标，身高、体重、头围、大肌肉小肌肉动作等，之后发育指标就慢慢地变复杂，儿童的各项能力都开始全面发展。语言的丰富性、思维能力的发展，想象能力的开拓，儿童越来越多地自阅读中汲取营养。从他们的阅读材料中，我们也能感受到儿童发展的轨迹。从充满感性形象的无字书、简单的字词句＋图片的认知类简单绘本、带简单的对话模式的故事书，到慢慢地开始阅读比较复杂的叙事体系的小说类型，儿童从需要感性体验的图像依赖，到摆脱图像提示完全靠抽象思维来理解、欣赏的纯文字类的作品，需要长时间的学习和阅读体验。在阅读的过程中，体现着儿童发展的不断进步，思维的不断成熟。同时，儿童对词汇的掌握以及叙述结构的把握都跟年龄、体验、阅读状况、思维发展有关，可以预见，爱阅读的小朋友，会发展得更为均衡全面。

再次，阅读在精神生活世界，为儿童提供文明的线索。文字作为传统与文明的传播者，可以传播各种各样的传统，不管这传统是文化、是家庭、是社会，或是自己经历的个人传统。因此，一段文字、一个故事、一本书可以超越一个短暂的个人生活的范围，传递各种思想、见解和联系。中国孩子需要中国的文明，而不仅仅是"汤姆""大卫""万圣节"。而用阅读来提供、传递文明的线索，也是为我们的孩子提供精神底色的最直接的方法。

同时，文字也可以作为跨文化的传递者。一段文字、一个故事、一本书可以体现不同的传统，它们的内容反映了那种文化所承认的规范、观念和行为准则，也提出了某种文化所能接受的解决问题的方法。思维模式、文化观念、价值观这些干巴巴的、抽象的内容，在宽松的阅读气氛中，变得生动、友好、易于接受。沉浸在幻想和隐喻的表达中，抵触与抗拒不见了。《田鼠阿佛》中，没有参加劳动的小田鼠没有遭受寒号鸟的悲惨命运，它所收集的颜色、词语变成一行行诗意的表达，"阿佛，你是诗人呢"，阿佛红着脸说"我知道"，温暖而有诗意的文字给了我们很多其他的启示。其实，吟诵着"冬田鼠有着一双小冰脚"的小诗人阿佛不正是孩子们的象征吗？有点羞涩、有点梦呓、有点小幻想。

最后，阅读之于儿童精神生活的最重要的价值在于"学会学习"。富于想象的故事，是口语与书面语应用的丰富表达，同时为儿童开拓一个无边无际的想象中的王国；类型丰富的绘本，色彩、造型、叙事，绘画中的艺术表达为儿童理解并应用多种素材奠定了基础；内容广泛的百科类图书，解答了儿童对未知世界的探索，无数的"为什么"其实是儿童对未知世界的触摸与思考……儿童在阅读中的探索与多类型图书的接触，其最重要的价值，还在于提供学习、探索的思维模式，是学会学习的基础。在阅读中，儿童在自由吸收营养的同时，也学会了学习，自主学习，依靠兴趣的推动去学习，无功利心地学习，终生学习。这些，都将是儿童成长中无价的财富。

有了这些，应试教育的阴霾就不会去笼罩这些兴致勃勃、精神生活丰富的孩子们，他们的世界充满了兴趣，充满了乐趣，充满了幸福。从这个意义上讲，在儿童的精神世界中，这些孩子们正兴致勃勃地走在"山阴道中"，享受着一路好风景，并向我们传递着创作的幸福与激情，散发着儿童所特有的朝气、想象力与无穷的正能量。

儿童阅读确实是家庭阅读的核心，但也不仅仅如此。也许，是爱读报纸的爷爷，也许是爱剪报的奶奶，也许是喜欢读小说的妈妈，也许是喜欢读杂志的爸爸，也许是爱看天文、军事的哥哥弟弟，也许是爱读生活杂志，爱读《读者》的姐姐妹妹。也许是餐桌旁一片讨论畅销小说的欢声笑语，也许是睡前爸爸妈妈爷爷奶奶给孩子们讲的故事，这些都是家庭阅读中最珍贵的点点滴滴。

灵魂是独特的个性，只有在丰富的精神生活中，灵魂才能逐渐成长，向美向善，散发香气。一个故事，一本好书，一次全身心的陪伴，一次全神贯注的倾听，进入精神生活的通道并不隐秘。这世界已经为我们准备好了在精神世界中的一条条小曲径，一座座小迷宫，一个个小角落，一段段好风景。

从现在起，开始为我们的精神生活做些什么。具体从何做起呢？这就是本书想要跟读者们讨论的问题。家庭阅读是整个全民阅读推广工作的起点，也是目前研究的薄弱点。我们往往会督促孩子们阅读，而对家庭其他成员的阅读就不够重视。家庭阅读是个阅读生态系统，每个子生态发展得好，才会使得整个家庭阅读的质量提升。不要犹豫，在开展家庭阅读的道路上当然还有很多未知与困难，我们是同行者。让我们共同去发现，共同去成长，在物质世界之外发现一个无限美好的精神世界吧。

本书由南京师范大学的万宇负责全书的提纲编写、设计、统稿工作，同时编写第一、二、三、四章；第五章由南京师范大学的周晓舟编写，第六章由金陵图书馆的李海燕负责编写，第七章由南京大学信息管理学院硕士研究生曹娟同学负责编写。另外，周晓舟担任全书的编务并负责挑选图片。在此，向参与本书的编写、设计、编辑等工作的所有朋友表示感谢。本书中有不当的地方，敬请方家指正。

万宇

2017 年早春于南京师范大学